Über dieses Buch 58jährig beschloß die Autorin, aus dem Leben zu gehen, wenn sie eines Tages Anzeichen von Vergreisung bei sich entdecken sollte. Sie wollte auch im Alter unabhängig sein und niemandem zur Last fallen. Die Tatsache, daß man 1978 bei ihr Brustkrebs in weit fortgeschrittenem Stadium entdeckte, veranlaßte sie, ihren Entschluß schon viele Jahre früher in die Tat umzusetzen. Ihr Buch ist eine Auseinandersetzung mit den Aspekten des Freitods und ein leidenschaftlicher Appell für die gesellschaftliche Anerkennung, ja, Förderung dieser Möglichkeit, das Leben ohne Qual und mit Würde zu beenden.
Sie selber bereitete diesen Schritt sorgfältig vor, sprach mit ihrer Familie, ihren Freunden und Ärzten darüber, bis sie alle von ihrer Auffassung überzeugt hatte. Und sie starb auf die geplante friedliche Weise: Sie schlief in den Tod hinüber.

Die Autorin Jo Roman war Psychologin und Malerin. Sie lebte in den USA.

Jo Roman

Freiwillig aus dem Leben

Ein Dokument

Aus dem Amerikanischen
von Ute Seeßlen

Fischer
Taschenbuch
Verlag

Die amerikanische Ausgabe dieses Buches ist unter dem Titel ›Exit House‹ bei *Seaview Books*, New York, erschienen. Veröffentlichung der deutschen Ausgabe aufgrund einer vertraglichen Vereinbarung zwischen Bantam Books, Inc., New York, und dem Kindler Verlag GmbH, München.
Das Foto auf dem Umschlag, das Jo Roman zeigt, wurde von ihrem Ehemann Melvin Roman aufgenommen.

Fischer Taschenbuch Verlag
Juli 1983

Umschlaggestaltung: Jan Buchholz/Reni Hinsch
Foto: Kindler Verlag

Fischer Taschenbuch Verlag GmbH, Frankfurt am Main
Lizenzausgabe mit freundlicher Genehmigung
des Kindler Verlages GmbH, München

Gesamtherstellung: Hanseatische Druckanstalt GmbH, Hamburg
Printed in Germany
880-ISBN-3-596-23836-6

Ich widme dieses Buch

voller Mitgefühl jedem, der Leben als zu schwierig oder nicht lebenswert empfindet,

voller Ermutigung jedem, der das Gemälde seines Lebens gut vollenden möchte,

voller Dankbarkeit denjenigen, die in meinen Lebenskreis traten und mir zu helfen wagten; einige sehr zögernd, einige sehr tapfer, manche voller Unbehagen, alle jedoch mit großer Liebe,

voller Ehrfurcht Mel, der mich tapfer bis zum Ende begleitete,

schließlich jedem, der die Menschheit von Ignoranz und verblendenden Glaubenssystemen befreien möchte,

ganz besonders der Jugend.

2. Juni 1979 Jo Roman

Inhalt

Der Wunsch, aus dem Leben zu scheiden,
ist grundverschieden von dem Wunsch,
das Leben zu zerstören.

Jo Roman

Vorwort

von Mel Roman

Nicht alle unserer Familienangehörigen und Freunde akzeptierten Jos Forderung nach einem »überlegten Freitod« ohne weiteres, als dieser Plan noch reine Theorie war – geschweige denn später. Was mich betrifft, so war die Zeit, die zwischen dem Ja meines Verstandes und dem Ja meines Gefühls lag, lang und quälend. Ich mußte mit meinem Egoismus und meinen Schuldgefühlen fertig werden, mit Problemen, die um die Achtung vor den Rechten anderer kreisten, mit Überlegungen in bezug auf mögliche Folgen für mich und andere. Ich kam zu der Erkenntnis, daß mein früherer Widerstand und mein Zorn zum großen Teil auf uneingestandene, verdrängte Ängste gegenüber der Realität des Todes zurückzuführen waren.

Zu dieser Zeit führten Jo und ich Gespräche, wie sie die meisten Menschen nie im Leben Gelegenheit haben zu führen. Mit der Zeit begann ich, die Einstellung meiner Frau zu akzeptieren aus Liebe zu ihr und aus Achtung vor ihrer Unabhängigkeit und Integrität. Während wir uns mit dem Gedanken an ihren bevorstehenden Tod befreundeten, stellte ich fest, daß ich nach und nach mehr Einsicht in ihr und auch in mein Leben gewann.

Es war wichtig für mich, für Jo da zu sein und bei ihr zu sein, als wir uns unserer Familie – und der noch größeren Familie des engeren Freundeskreises – eröffneten. Wir haben nie geglaubt, daß unsere Gespräche und Diskussionen und unsere schon im voraus erlebte Trauer den Schmerz über Jos Tod ausschalten würden, und sie haben es auch nicht vermocht – doch sie haben mir dabei geholfen, über den Verlust hinwegzukommen. Die Erfahrung, so schmerzlich sie auch war, hat mich verändert und bereichert, und damit stehe ich nicht allein. Viele, die einen Teil der letzten Monate mit Jo verbringen durften, meinen, daß sie dadurch tieferen Einblick in den Sinn ihres Lebens gewonnen haben.

Einige haben Einwände gegen den gesellschaftlich-politischen Aspekt von Jos Freitod geäußert, gegen die Tatsache, daß dieser letzte Schritt nicht vollkommen privat gegangen worden ist. Jo war ein Mensch, dem seine Privatsphäre äußerst wichtig

war, aber sie war auch ein politischer Mensch, der für die Verwirklichung von Menschenrechten kämpfte. Sie war empört über die bestehende Situation, die einem Menschen, der nicht mehr leben möchte, das Leben aufzwingen kann. Es entspricht unserer Philosophie und unserer früheren Lebenspraxis, in bezug auf Fragen sozialer und politischer Art öffentlich Stellung zu beziehen.
Obwohl wir uns der möglicherweise schädlichen Folgen für mich und vielleicht auch für andere Mitglieder der Familie bewußt waren, beschlossen wir schließlich, die Öffentlichkeit auf dieses Problem aufmerksam zu machen, und baten unsere Familie und Freunde darum, unsere Bemühungen zu unterstützen. Im Dezember 1978 machte Jo sich nach einer plötzlichen und unerwarteten Veränderung ihres körperlichen Zustands Sorgen darüber, daß sie zu krank sein könnte, um ihr Buch zu beenden, und wir beschlossen, unsere Diskussionen mit der Familie und mit Freunden an einem Wochenende auf Video aufzunehmen. Ein guter Freund machte die Videoaufnahmen, und aus den Bändern ist ein Dokumentarfilm zusammengestellt worden, der Jos Einstellung, ihre leidenschaftliche Überzeugung sowie ihr Eintreten für das, was sie für das höchste menschliche Recht erachtete, zeigt. Erfreulicherweise zeigt er auch Jos Sinn für Humor, ihren Mut und ihren Großmut.
Die letzte Woche von Jos Leben war uns gewidmet. Wir sprachen miteinander, nur wir beide – Marathongespräche. Und wir kamen mit Mitgliedern der Familie und engen Freunden zusammen. Das letzte Wochenende hat sie dafür reserviert, ihre Lebensskulptur zu vollenden und von mir Abschied zu nehmen. Diese Zeit war angefüllt mit Weinen und Lachen. Es war erstaunlich, daß ein Mensch – nur wenige Tage und Stunden vor seinem selbstgewählten Tod – so kreativ und lebendig sein konnte; und ich glaube, es ist wichtig zu bemerken, daß Jo ganz entschlossen und vollkommen ohne Angst war. Ich glaube nicht, daß ich es ertragen hätte, wenn ich auch nur die geringste Spur von Angst oder Zweifel in ihren Augen gesehen hätte – doch davon war nichts zu bemerken.
Wie wohl die meisten Menschen im Angesicht des Todes, bemühte sie sich darum, den Sinn ihres Lebens zu erkennen, und sie tat dies auf die ihr eigene visuelle Weise: mittels ihrer Lebensskulptur. Wir arbeiteten bis zum Morgen des letzten Tages ihres Lebens daran.
Schließlich sagte Jo, es sei gut; wir hörten mit der Arbeit an der Skulptur auf, weil wir uns bewußt wurden, daß nichts jemals

ganz vollendet, vollkommen realisiert, absolut verständlich ist; vielleicht muß das Leben so sein.
Jo kostete jeden Augenblick bis zum letzten voll aus und starb friedlich, im Schlaf, wie sie es sich gewünscht hatte. Ich glaube, daß ihre Entschlossenheit heroisch und überaus bewundernswert war. Sie hoffte, daß ihr Vermächtnis anderen dabei helfen würde, ihr Leben voll auszukosten und auf eine gute Art zu sterben. Diese Hoffnung teilen alle, die sie gekannt und geliebt haben.

Ein Brief von Jo Roman

Der folgende Brief wurde am 10. Juni 1979, dem Tag ihres Todes, an dreihundert Freunde und Familienmitglieder verschickt.

Von Mary Jo
Sunshine
Clodfelter
Wade
Caro
Roman mit Liebe

Wenn Ihr diese Zeilen lest, werde ich an dem Tag, den der Poststempel dieses Briefes vermerkt, meinem Leben ein sanftes Ende gesetzt haben. Dies wird einige von Euch – Familienangehörige, Freunde und Bekannte – vielleicht überraschen, vor allem, wenn die Umstände unserer wechselseitigen Beziehung es mir nicht ermöglicht haben, Euch über die Arbeit, die ich in bezug auf das Thema Freitod geleistet habe, auf dem laufenden zu halten. Deshalb laßt mich für all diejenigen von Euch, die nicht informiert sind, die von mir entwickelte Ansicht vortragen.
Vor mehr als einem Jahrzehnt bin ich zu dem Schluß gekommen, daß eine Selbsttötung nicht unbedingt pathologisch sein muß; außerdem, daß ein durchdachter, überlegter Freitod es einem Menschen ermöglicht, einen idealen Abschluß seiner Lebensspanne zu finden. Der Entschluß zu einem durchdachten Freitod erspart einem zunehmend zermürbendere Anstrengungen gegen eine unerwünschte Existenz.
Weit wichtiger als eine solch praktische Ökonomie ist jedoch der paradoxe, das Leben bereichernde Wert des Freitods. Die durch die Zufälligkeiten und Ängste eines offenen Endes umwölkten Lebensperspektiven werden kristallklar. Energien werden freigesetzt.
1975 hatte ich den Entschluß gefaßt, meinem Leben um 1992

herum ein Ende zu setzen. Ich war überzeugt davon, daß es mir nicht sehr schwerfallen würde, einen Suizidtermin zu bestimmen, wenn jenes Jahr heranrücken würde. Mein Entschluß traf diejenigen, die mir nahestanden, tief und zog auch weitere Kreise.

Meine Überzeugung ist stark. Ich möchte sie anderen mitteilen, um ihr Bewußtsein zu erweitern. Es ist mir auch deshalb wichtig, weil ich mich nicht selbst erniedrigen möchte, indem ich einen Akt verheimliche, der meiner Meinung nach Respekt verdient. Ebensowenig möchte ich Menschen schockieren, die meinen Entschluß nicht verstehen können und sich dadurch möglicherweise angegriffen fühlen. Und so habe ich mich seit Jahren darum bemüht, einer Kultur, die diesem Problem im allgemeinen ablehnend gegenübersteht, Verständnis abzuringen.

Von 1975 bis 1978 habe ich jeden von Euch, bei dem es mir möglich war, in Diskussionen über die komplexe Problematik verwickelt. Allmählich haben einige von Euch begonnen, meine Ansichten zu würdigen und/oder zu teilen und sie zu bereichern. Je tiefer wir in diesen Bereich vordrangen, desto stärker wurde meine Überzeugung. Pläne für meinen noch sehr entfernten Suizid begannen Form anzunehmen.

Wie gut, daß wir all diese Arbeit geleistet hatten! Als ich im März 1978 erfuhr, daß ich Krebs im fortgeschrittenen Stadium hatte, machte es mir unsere gemeinsame Achtung vor einem wohlerwogenen Freitod möglich, einige von Euch ins Vertrauen zu ziehen. Ihr hattet Verständnis dafür, daß ich das Datum meines Freitodes vorverlegt habe. Ihr habt das Bedürfnis, meinen Zustand geheimzuhalten, respektiert, so daß ich meine begrenzte Zeit und Energie nicht auf die Beschäftigung mit der Krankheit verschwenden mußte.

Nichts war so wichtig wie das Bedürfnis, so oft wie möglich mit meinen engsten Freunden zusammenzukommen und Zeit für die Arbeit zu reservieren, die ich auf jeden Fall zu vollenden wünschte. Ich konnte diese entscheidenden Ziele nur erreichen, weil sich um mich ein Kreis von Menschen gefunden hatte, die bereit waren, meinen Entschluß, das bestmögliche Ende für mich zu schaffen, zu akzeptieren, zu unterstützen und zu schützen.

Ich wußte von Anfang an, daß ich mich und die Menschen um mich herum nicht den emotionalen Belastungen und körperlichen Verheerungen von Krebs im Endstadium aussetzen wollte. Noch wollte ich unsere Lebensqualität und unsere Geldmittel aufs Spiel setzen, indem ich die mir verbleibende Zeit der aussichtslosen Suche nach einem Heilmittel oder einem Mittel zur Verzögerung meines unausweichlichen vorzeitigen Todes widmete. Statt dessen wollte ich auf die bestmögliche Weise eine Frist abstecken, innerhalb der ich mit ziemlicher Sicherheit in der Lage sein würde, zu meiner Zufriedenheit zu funktionieren.

Ich beschloß daraufhin, den Tag meines Freitodes festzusetzen und mich darauf vorzubereiten. Ich wollte diesen Termin so einrichten, daß er noch vor dem Beginn intensiver Beschwerden lag, die meine Chance verringern konnten, bei vollem Bewußtsein den letzten Pinselstrich auf das Gemälde meines Lebens zu setzen. Ich hoffte, daß der von mir bestimmte Termin so wohl gewählt und vom Glück gesegnet sein würde, daß es mir sehr gut gehen würde. Ich wollte in der Lage sein, den Tag mit anderen zu verbringen und zu genießen. Ich wollte, daß keiner von uns über meine emotionalen und körperlichen Zustand unnötiges Leid empfände.

Ich bedaure, gestehen zu müssen, daß ich zehn kostbare Monate lang enorm viel Lebensqualität und Zeit damit einbüßte, daß ich mich der Chemotherapie und ihrer entkräftenden Wirkung unterwarf. Es dauerte zehn lange und anstrengende Monate, bis mein Ärzteteam zu der Überzeugung kam und mir auch sagte, daß ich den von mir ausgewählten Todestag wahrscheinlich ohne allzu großes Risiko und ohne weitere Chemotherapie würde erreichen können. In der Tat glaubten die Ärzte in jenen Monaten, daß sie mehr Rechte über mein Leben besaßen als ich. Doch schließlich gaben sie mir die Information, die ich brauchte, und übertrugen damit die Bestimmung über mein Leben wieder an mich. Auf diese Weise blieben mir ein paar Monate Leben von höchster Qualität.

In der Zwischenzeit hatte sich der enge Kreis um mich herum zusammengeschlossen, um mir dabei zu helfen, meinen Tod auf die offenste, bequemste und sinnvollste Weise, die möglich war, herbeizuführen. Ich konnte mir die Zeit nehmen, mein Manuskript, an dem ich seit Jahren gearbeitet hatte, umzuschreiben. Der Arbeitstitel des Buches ist *Exit House.* Ihr werdet erfahren, wenn es – posthum – veröffentlicht wird. Und ich hoffe, daß es Euch neue Möglichkeiten, das Leben voll auszukosten, eröffnen wird. Mein Kreis ist auch zusammengekommen, um ein Wochenende mit Diskussionen über unsere gemeinsamen Erfahrungen zu filmen, woraus ein pädagogischer Film entstehen könnte. Außerdem hinterlasse ich als Bestandteil meiner Aussage eine Lebensskulptur.

Mein Kreis und ich haben Schmerz und Qual zu süßer Trauer transformiert. Wir haben bemerkenswerte Erfahrungen von Erleuchtung gemacht. Diese Menschen werden bei meinem Tod über mich hinauswachsen.

Keiner der Reichtümer meines Lebens – und es war ein sehr reiches Leben – ist wertvoller als das Wachstum, das ich durch die Annäherung an meinen Tod erfahren habe. Mir fehlen die Worte, um zu beschreiben, wie dankbar ich dafür bin, daß mir die traditionelle Isolation und der aufgezwungene Wille anderer erspart bleiben – und daß ich bis zum letzten Atemzug so liebevoll begleitet werde.

Ich kann jedoch sagen, daß ich glaube, die Zeit ist nahe, wo das Bewußtsein von der persönlichen Verantwortung für die Länge der Lebensspanne des einzelnen – ebenso wie für deren Inhalt – bewirken wird, daß der überlegte Freitod als ein grundlegendes Menschenrecht anerkannt wird und den Beistand sowie den Schutz der Gesellschaft erhält. Die gegenwärtige Praxis, Leben – durch medizinisch-technologische Methoden – auch dann zu verlängern, wenn dies unerwünscht ist, kann zur Bewußtmachung beitragen.

Der Unterschied zwischen Sich-selbst-Umbringen und seinem Leben ein verantwortungsbewußtes gutes Ende setzen ist der Unterschied zwischen Selbstmord im Affekt und überlegtem Freitod. Überlegter Freitod ist nach meiner Auffassung eine vernünftige und potentiell kreative Weise des Recyclings eines Körpers – den man bereit ist zu verlassen – in den universalen Kreislauf. Ich rate jedem von Euch, so früh wie möglich – für viele ist es vielleicht schon zu spät – darüber nachzudenken, wie Ihr das Ende Eurer Lebensspanne so gestalten könnt, daß es zeitlich auf Euer Leben eingestimmt und seiner würdig ist.

Beim Gedanken daran, daß Ihr mich überlebt, stelle ich mir vor, daß einige von Euch in diesen letzten ereignisreichen Monaten gern öfter mit mir zusammengekommen wären. Wenn das so ist, möchte ich Euch sagen, daß unsere geteilten Erfahrungen wichtig gewesen wären – wenn ich nur dazu in der Lage gewesen wäre. Ich stelle mir vor, daß Ihr vielleicht den Wunsch verspürt, zu reagieren oder mehr zu erfahren, als ich hier sagen kann. Vielleicht werdet Ihr Euch durch das Fehlen von Ritualen und traditionellen Abschlußfeierlichkeiten frustriert fühlen. Keine Bestattung. Kein Ort, an den man Blumen schicken kann. Bitte wißt, es geschah nicht in der Absicht, daß Ihr Euch hilflos fühlen sollt. Eure Gefühle zählen und sollten gehört werden.

Mehrere Freunde haben sich für Telefonanrufe bereitgehalten, und Ihr findet anbei Kontaktmöglichkeiten. Wenn Ihr an Erwägungen interessiert seid, ob ein Institut für überlegten Freitod gegründet werden könnte, würde Mel sich – vielleicht später – über Euren Anruf freuen.

Schließlich möchte ich, daß Ihr wißt, wie froh ich darüber bin, daß unsere Leben sich berührt haben. Alle diese Berührungen haben mein Leben voller und schöner gemacht, als ich mir zu erträumen gewagt habe. Ich hoffe, Ihr werdet daran arbeiten, Eucr eigenes Leben zu formen und ihm ein gutes, würdevolles Ende zu setzen. Dann gebt auch Ihr Euch dem Frieden hin!

»Exit House« – eine Realität

Es war um das Jahr 1965, als ich auf Papier Phantasien über ein »Exit House« auszubreiten begann, ein Institut, in dem der überlegte Freitod erforscht und Menschen bei seiner Verwirklichung geholfen werden sollte. Als ich diese Vorstellungen mit anderen diskutierte und durchdachte, wurde mir vollkommen klar, daß eine Selbsttötung nicht *unbedingt* pathologisch sein muß. Sie besitzt in der Tat eine bemerkenswerte potentielle Kraft, die Qualität der Lebensspanne des einzelnen auf positive Weise zu transformieren. Wenn man die Fähigkeit erringt, das Ende der eigenen Lebensspanne auf einer konstruktiven, bedachten Basis zu bestimmen – im Gegensatz zu einer pathologischen, depressiven oder impulsiven Basis –, eröffnen sich einem Möglichkeiten, die – paradoxerweise – das Leben befreien und bereichern.

1975, im Alter von 58 Jahren, war ich über das Denken in Allgemeinheiten hinausgewachsen und hatte meine persönliche Möglichkeit gefaßt, den Zeitraum meiner eigenen Lebensspanne zu kontrollieren. Meine Angehörigen hatten gewöhnlich ein Lebensalter von achtzig bis über neunzig Jahren erreicht und waren schließlich meist an Altersschwäche und nicht an einer Krankheit gestorben. Doch meiner Beobachtung nach fehlte ihrem Leben zu dem Zeitpunkt, wo sie achtzig wurden, die Qualität, die ich für mein eigenes Leben beanspruchte. Ich kam deshalb zum Schluß, daß ich lieber in meinen Siebzigerjahren sterben wollte. Doch wie sollte ich einen Zeitpunkt und ein Mittel bestimmen? Und wie würden meine Familie, meine Freunde und die Gesellschaft reagieren?

Ich steckte mir selbst ein Ziel, um einige Antworten zu finden. Ich wollte an meinem siebzigsten Geburtstag bereit sein, einen geeigneten Zeitpunkt zum Sterben auszuwählen, und zwar bevor ich in einen Zustand der Abhängigkeit geriet, den ich ablehnte. Ich mußte die besten Mittel für einen selbstgewählten Tod kennen und zur Verfügung haben. Ich wollte die mir nahestehenden Menschen vorbereiten, so daß sie meine Tat verstehen und akzeptieren könnten und sich nicht belastet zu fühlen brauchten.

Außerdem schien mir der Zeitpunkt, an dem ich siebzig sein würde, noch weit entfernt, und ich konnte mir nicht vorstellen, daß ich meinem Leben würde ein Ende setzen wollen, bevor ich, sagen wir, fünfundsiebzig wäre. Das wäre das Jahr 1992 gewesen. Ich schrieb auf einen Aktenordner 1992 und begann, mir Notizen zu machen. Mir war irgendwie klar, daß selbst ein Jahrzehnt eine furchtbar kurze Zeit zur Bewältigung dieser Aufgabe war. Immer wieder hatte ich Leute sagen gehört, daß sie es nicht hinnehmen würden, hinfällig und abhängig zu werden, um dann beobachten zu müssen, wie sie über diese Grenzlinie hinwegschlitterten. Die Leute wurden schwach, ob nun von vielen Freunden umgeben, die von ihrem starken Lebenswillen sprachen, oder nicht. Mir war klar, daß meine Aufgabe sehr schwierig war und viel Zeit in Anspruch nehmen würde. Ich lebte nicht in einer Welt, die bereit war, voller Respekt auf meine Wünsche zu reagieren. Es war keine Hilfe zu erwarten, wenn ich einen Zeitpunkt auswählen würde, an dem ich aus dem Leben scheiden wollte. Wenn ich mein Leben nach meinen eigenen Vorstellungen zu einem entfernten Zeitpunkt angenehm beenden wollte, ohne über meine Familie und meine Freunde Schande zu bringen, für die sie zahlen müßten, würde ich mir eine neue soziale Umwelt schaffen müssen.

Es war ein Glück, daß meine Überlegungen und Pläne so früh einsetzten, und noch glücklicher war der Umstand, daß meine Familie und meine Freunde bereit waren, mit mir über meine verwegenen Vorstellungen zu diskutieren. Sie waren zuerst nur nachsichtig, aber allmählich begannen sie, ihr eigenes Leben zu überdenken. Ich sage, es war ein Glück, weil mein Leben im März 1978 eine erstaunliche Wende nahm. In meiner linken Brust entwickelte sich ein Krebsgeschwür. Und später, als ich erfuhr, daß der Krebs unheilbar war, verlegte ich meinen Todestag vor – auf den 10. Juni 1979. Ich spreche mit solcher Gewißheit von meinem Todestag, weil ich weiß, daß ich meine Familie, meine Freunde und mich selbst den verheerenden Auswirkungen von Krebs im Endstadium weder aussetzen muß noch will. Viele meiner Freunde haben mir bei der Einschätzung meiner Möglichkeiten geholfen und mir ihr Wissen wie ihre Zuneigung zuteil werden lassen. Ihre Teilnahme erweist sich als der vollkommene Trost für ein verkürztes Leben.

So sehr ich es schätze, daß sie meinen persönlichen Schmerz darüber, daß mein Leben um mindestens ein Jahrzehnt verkürzt wird, auszugleichen trachten, gibt es etwas, das ich noch mehr schätze. Die Reaktionen der ungefähr sechzig Personen, die von meinem geplanten Freitod wissen und sich an der Vorbereitung beteiligten – es sind nicht alles intime Vertraute –, bestätigen mir, was ich vermutet hatte.

Erstens: Obwohl die Menschheit, ob aus guten Gründen oder eher unbedacht, die tiefe Überzeugung entwickelt hat, daß es lohnenswert ist, für die Verlängerung des Lebens um jeden Preis zu kämpfen, ohne zu berücksichtigen, wie der betreffende Mensch die Qualität seines Lebens einschätzt, muß es im Grunde ebenso eine Verletzung der Menschenrechte sein, einem Menschen gegen seinen Willen das Leben aufzuzwingen, wie es eine ist, einem Menschen das Leben zu rauben. Zweitens: Freitod ist immer eine Möglichkeit des Menschen gewesen. In unserer westlichen Kultur, wenn auch nicht in allen übrigen Kulturen, hält man ihn gemeinhin für einen pathologischen oder amoralischen Akt – obwohl wir zum Beispiel große wirtschaftliche Anstrengungen unternehmen, um unsere Nahrung und unsere Luft zu vergiften und junge Menschen dazu ermutigen, krebsfördernde Substanzen zu rauchen; ebenso wie wir Menschen dazu auffordern, in die unter der Bezeichnung Auto bekannte tödliche Waffe einzusteigen und selbstzerstörerische Impulse auszuagieren, die nicht nur ihr eigenes, sondern auch das Leben anderer zerstören oder schädigen können. Wir verbinden mit Freitod den Begriff Pathologie und/oder Amoralität, doch wir versäumen es, die nichtpathologische Seite und den moralischen Wert des Freitods zu betrachten. Wir versäumen es auch, seinen potentiellen Nutzen als Bereicherer und Befreier des Lebens zu sehen. Ich hoffe, daß mein Buch diesen Wert beweisen wird – denjenigen, die mit mir zusammen die Wahrheit dieses die Augen öffnenden Paradoxes erfahren, und auch anderen.

Es ist zweifellos wahr, daß ich in Kürze sterben werde.

Zuerst wußten es nur mein Arzt und ich. Mein Arzt war für mich ein Fremder, wenn auch ein sehr taktvoller und begabter Mensch. Er erwartete, daß ich auf die traditionelle, übliche Weise reagierte, daß ich vielleicht meine Familie anrufen oder in Wehklagen ausbrechen würde. Die Impulse dazu überwältigten mich fast. Ich nehme an, daß ich diesen Impulsen nachgegeben hätte, wenn nicht die Vorstellung von »Exit House« fest vor meinem geistigen Auge gestanden hätte. Sie stand in einem neuen Licht da, in jahrelanger Beschäftigung wohlbegründet und bis ins Detail ausgearbeitet und umgeben von vielen vertrauteren Vorstellungen, allgemein akzeptierten Alternativen, als es ein überlegter Freitod ist.

Da war zum einen das Krankenhaus. Es war gut für diagnostische Zwecke, aber gierig danach, die Verantwortung für mein Dasein zu übernehmen, bereit, sich um die Verlängerung meiner Lebensspanne zu kümmern, aber nur in zweiter Linie oder gar nicht daran interessiert, sich um die *Qualität* meines Lebens zu sorgen. Es würde mich ohne weiteres in ein Pflegeheim abschieben, wenn seine Möglichkeit, mein Leben zu verlängern, auf die bloße Erhaltung der Existenz reduziert wäre (oder wenn die finanziellen Mittel meiner Familie erschöpft wären).

Und da war das Pflegeheim. Eins von den besten, nicht eins von denen, die routinemäßig von der blühenden, geldschneiderischen Sterbeindustrie betrieben werden. Ich sah ein Heim vor mir, das mit den fortschrittlichsten Programmen zur Linderung physischer Leiden ausgestattet war, wo man mich vielleicht mit irgendwelchen Drogen in einen gloriosen psychedelischen Seelenrausch versetzen konnte. Es wäre mit dem hingebungsvollsten Personal besetzt, mit Leuten, die ihre Befriedigung in der Meisterung ihres Verlangens finden, sich von den Leidenden und Sterbenden abzuwenden; die helfen wollten, daß ihre Patienten und deren Familien die Zähne zusammenbeißen und sich mit ihren Todesagonien abfinden; die außergewöhnlich freundlich und voller Mitgefühl zuhören können und Verständnis haben. Wenn ich auf ihre Weise sterben wollte – und es scheint eine bessere Lösung zu sein, als die Menschen sie bislang kannten –, würde ich in der Tat dankbar dafür sein, in den Genuß ihrer Pflege zu kommen. Und ich bin froh, wenn Menschen die Möglichkeit haben, ihr Leben in einer solchen Umgebung abzuschließen. Doch mit meiner Vorstellung von »Exit House« konnten mich solche Alternativen nicht im geringsten verlocken.

Doch wie konnte Suizid ein wünschenswerter Lebensabschluß für mich sein, wo es doch ein reales »Exit House« nicht gab? Zuerst einmal dachte ich – selbst aufgrund der Konfrontation mit der noch immer sehr schmerzenden Mitteilung, daß ich Krebs hätte – ganz und gar nicht an Selbstmord. Ich verspürte zwar den Wunsch, zu schreien und zu toben, aber keineswegs die Neigung, spontan Selbstmord zu begehen. Ich wollte in meinem Leben noch zuviel erfahren und tun, als daß ich es schon hätte beenden können. Ich suchte ein »Exit House« aus sehr viel mehr Gründen als seiner spontanen Achtung gegenüber meinem Recht, Suizid zu begehen. Ich wollte die Sicherheit haben, daß mir, zu welchem Zeitpunkt auch immer ich mein Leben würde beenden wollen, die besten *Mittel* für einen Suizid sowie, falls es nötig wäre, ein Beistand zur Verfügung stehen würden. Ein »Exit House« würde mir helfen, von der medizinischen Welt genau zu erfahren, was sie von meiner medizinischen Realität hielt; und diese Information würde ich in einer Sprache erhalten, die ich deutlich verstehen konnte und nicht mühselig ausklügeln müßte. Und ein »Exit House« würde mir helfen, mit Leuten fertig zu werden, die die Nachricht von meinem Krebs mit offenem Mund aufnehmen und dann – nicht weil ihnen nicht an mir liegen würde, sondern weil sie ihre gesellschaftlich auferlegten Ängste in bezug auf ihr eigenes Sterben nicht aufgelöst hatten – ihr Zurückschrecken vor meinem Sterben unter distanzierenden, mitleidsvollen Blicken verbergen würden. Ich würde in der Lage sein, mit Leuten fertig zu werden, die gegen meine erklärte Suizidabsicht protestieren und ihr Hindernisse in den Weg legen würden – die darauf bestehen würden, meine Erklärung für einen Ausdruck der Verzweiflung zu halten, und die sich weigern würden, darin mein konstruktives Bemühen, mich vom Rest meines Lebens zu befreien, zu sehen. Und schließlich würde ein »Exit House« denjenigen helfen, die bei dem Gedanken, daß ich Selbstmord begehe, leiden würden – die sich Vorwürfe machen, weil sie nicht in der Lage sind, mich dazu zu bringen, eine unerwünschte Zeit meines Lebens zu durchleben, und die sich fragen, ob in meinem Kopf wohl alles stimme.

Ich wollte, daß meine Mitmenschen – das Personal eines »Exit House«, meine Familie, Freunde und andere – zu mir sagen: Jo, was für ein Schock, daß sich dein Leben verkürzt! Laß uns dir helfen, zu bestimmen, wie lang deine Lebensspanne möglicherweise sein kann. Und wie sie aussehen soll. Wir wollen dir helfen, sie so lebenswert wie möglich zu gestalten. Wir wollen nicht, daß du unnötig leidest – weder physisch noch psychisch. Wenn du dich und uns nicht dem Endstadium deiner Krebserkrankung aussetzen willst oder dem Zwang, irgendeine andere Form von unerwünschter Existenz leben zu müssen, dann sollst du wissen, daß wir dich nicht zwingen werden, gegen deinen Willen zu leben. Du sollst wissen, daß wir dir helfen werden, den besten Augenblick und den besten Weg zur Beendigung deines Lebens zu finden. Und wenn Selbstmord deine Wahl ist, laß uns dir helfen, unverzüglich und voller Selbstachtung zu sterben. Laß uns vor allem bis zu deinem Tod unser gemeinsames Leben so angenehm und kreativ wie möglich gestalten.

Vergangenen März, 1978, war ich allein und sehnte mich nach

einem »Exit House« und erblickte keins – außer dem in meiner Phantasie –, horchte auf die Worte, die ich hören wollte und von denen ich glaubte, sie müßten hörbar sein – und hörte doch nichts als das unverständliche Gesumm wie aus einem riesigen schwarzen Loch. Dann geschah – sehr langsam – etwas unglaublich Wunderbares. Ganz vorsichtig deutete ich Menschen, mit denen ich seit Jahren über das Konzept des überlegten Freitods diskutiert hatte, meine Situation und Absicht an. Und plötzlich war der kritische Punkt überschritten – wie beim Durchbrechen einer Schallgrenze. Plötzlich war meine Welt bevölkert mit Menschen, die meine Absicht, Suizid zu begehen, akzeptierten und bereit waren, mir dabei zu helfen, mein Leben zu einem von mir gewählten Zeitpunkt zu beenden – mit Menschen, die bereit waren, mir dabei zu helfen, die mir verbleibenden Tage lebenswert zu gestalten. Mein Leben und mein Heim waren in ein echtes »Exit House« umgewandelt, dessen Personal zuerst einmal meine Familie und meine Freunde bildeten. Die Jahre mit ihnen erwiesen sich als eine Zeit, in der wir alle gemeinsam trainiert und bislang verborgene und verbotene Möglichkeiten zur Steigerung unseres kreativen Lebens erforscht hatten. Als dann mein persönliches »Exit House« Realität wurde, erfuhren die Leute draußen allmählich davon, und zu meinem Erstaunen erklärten sich einige von ihnen spontan bereit, uns zu unterstützen.

Weil ich ernsthaft bereit bin, mein Leben zu beenden, um meiner Familie, meinen Freunden und mir selbst unnötiges Leid zu ersparen, ist mein Leben intensiver geworden, und ich bin umgeben von Menschen, die in der Lage sind, unsere Sorgen mit mir und miteinander zu teilen. Wir vergeuden unser Leben und unsere Geldmittel nicht mit der Suche nach Wunderkuren, obwohl wir alle gegenwärtigen Alternativen zur Behandlung von Krebs geprüft haben. Mein Leben ist intensiver geworden. Wenn ich bis in meine Siebzigerjahre hinein hätte leben können, wie ich erwartet hatte, dann wäre die Zahl von Menschen, die meinem Wunsch, mein Leben zu beenden, mit Achtung begegneten, und mir dabei geholfen hätten, sicherlich noch größer gewesen.

Doch was die Gegenwart anbelangt, so sind dies für alle von uns erstaunlich lebendige Monate. Meine Familie und meine Freunde haben mir ermöglicht, mein Heim in ein wirkliches »Exit House« zu verwandeln. Die besten Freunde sind um mich, singen, lachen, und ich habe die Absicht, meinen Körper friedlich zu verlassen, bevor er uns alle zerrüttet.

Aus der Landschaft meines Lebens

Welche persönlichen Gründe sind für die Erhellung von »Exit House« relevant? Erzähle ich Ihnen eine Anekdote, wie ich sie jetzt sehe oder wie ich sie zu einem früheren Zeitpunkt bereits gesehen habe? Wenn ich auf eine Begebenheit hinweise, werden Sie dann auch in der Lage sein, sie so zu sehen, wie ich es jetzt tue? Oder wird sie Ihnen so erscheinen, wie sie mir früher erschienen ist?

Der Wert dieser persönlichen Enthüllungen wird, wie ich hoffe, nicht in den Tragödien oder Triumphen bestehen, die ich erlebe, und auch nicht in den Neurosen oder der Stabilität, die ich offenbare. Unter dieser autobiographischen Verdichtung von einundsechzig Jahren verbirgt sich die Tatsache, daß sich von Geburt an ein Ich herausbildet und letzten Endes selbst formt. Kann eine Person das, womit sie geboren wurde, nehmen, seine Spannweite einschätzen und dementsprechend seine eigene Form schaffen? Es erscheint mir möglich.

Der Teil von mir, den ich am liebsten mag und vor dem ich die größte Achtung habe, ist der kleine Teil von mir, von dem ich das Gefühl habe, daß er meine eigene Schöpfung ist. Ich möchte, daß Sie in mir weder einen bedauernswerten Menschen sehen noch einen mächtigen, außergewöhnlichen und einzigartigen. Ganz im Gegenteil! Ich möchte, daß Sie die unglaubliche Lebenskraft in einem Kind sehen – eine Kraft, die sich ihren Weg durch Dunkelheit und Klüfte bahnt.

Ich wurde in einer Schneenacht am 3. Februar 1917 im Haus meiner Eltern in Cambridge, Massachusetts, geboren. Dr. Mary Parker (eine Ärztin im Jahr 1917! Das wirft vielleicht ein Licht auf meine Eltern!) holte mich aus dem Schoß meiner Mutter und verkündete, ich sei »das vollkommenste Baby«, das sie je gesehen habe. Ich wurde ihr zu Ehren Mary getauft. Mary Clodfelter – keine andere als die spätere Jo Roman.

Es war für meine Eltern eine Segenszeit. Ihr erstes Kind, auch ein Mädchen, war als Baby gestorben. Ich war ein von Gott gesandter, hochgeschätzter Ersatz. Sie richteten Dankgebete für ihre neugeborene Tochter an ihn und gelobten, mich zu der von ihm gewünschten Vollkommenheit zu formen. Sie würden mich von der Sünde fernhalten und mich dazu erziehen, in seinem heiligen Namen bereitwillig gute Taten zu tun. Sie zeigten mich meinem vierjährigen Bruder Fred. In seiner Unschuld nahm er einen flüchtigen Augenblick lang meine Persönlichkeit wahr und fragte dann: »Glaubst du, es macht *ihr* etwas aus, wenn ich sie berühre?«

Vater: Hochwürden Charles Winfield Clodfelter. Mutter nannte ihn »Claude«. Zweiundvierzig Jahre alt. Mutter: Adeline Lawrence. Vater nannte sie »Addie«. Siebenundzwanzig Jahre alt. Wie groß war ihre Liebe zueinander und ihre Hingabe an Gott. Sie hatten neun Jahre zuvor geheiratet. Sie besaß ein ländliches High-School-Diplom. Er nicht einmal das. Mutter war die einzige und angebetete Tochter einer Familie amerikanischer Pioniere, die eine große Farm in Missouri besaß.

Vater war der erste aus seiner Familie, der die Farm in Missouri verließ. Er entdeckte in Kansas City »Lesezimmer«, in denen er unaufhörlich las, um sich von seiner widerwärtigen Akne abzulenken. Die Welt des streng bibelgläubigen Fundamentalismus, aus der er stammte, machte ihn glauben, daß seine Akne Gottes Strafe für Sünden sei, und stellte ihm die ewige Verdammnis in Aussicht. In der Stadt verkaufte er verschiedene Erfindungen, strich Häuser an und wurde durch die Schriften von Emanuel Swedenborg inspiriert, einem Philosophen und Mystiker aus dem 17. Jahrhundert, in dessen Visionen Gott so barmherzig ist, daß er selbst noch nach dem Tod Möglichkeiten zur Erlösung bietet.

Claudes Leben erhielt Sinn und Hoffnung. Seine Akne vernarbte. Und was das Wunderbarste war, die reizende jungfräuliche Adeline mit ihrer prächtigen Krone aus langen, dicken, rotgoldenen Locken würde die Seine werden! Sie würde ihm folgen, wohin auch immer er ging. Mit wachsendem Missionarseifer gingen sie in die Slums von New York, um Seelen zu retten. Sie verließen New York, um die Swedenborgsche Theologieschule in Cambridge, Massachusetts, zu besuchen. Es war kurz vor seiner Ordinierung (am 3. Februar 1917), als Claude auf seine schöne Addie sah – noch naß vom Schweiß ihrer Wehen – und zwischen ihren Beinen ein vollkommenes weibliches Baby erblickte.

Ein paar Monate später zogen wir vier um nach Fall River, Massachusetts, die erste Gemeinde von Hochwürden Clodfelter. 1917 war Fall River eine Fabrikstadt, die von der schlecht bezahlten Arbeit von Einwanderern der ersten Generation, die fast alle dem katholischen Glauben angehörten, lebte. Die Mission meiner Eltern bestand darin, ihnen den barmherzigeren Gott nahezubringen, den der große Swedenborg in seinen visionären Begegnungen mit den Engeln Gottes entdeckt hatte. Gleichzeitig hatten meine Eltern noch andere Missionen. Eine davon war, ihre Tochter zu erziehen.

Gott sagte meinen Eltern, daß er ihnen ein vollkommenes weibliches Baby geschenkt habe und daß er sie, falls sie dieses Baby nähren und zu einer gottergebenen Frau, die gute Taten tut, formen würden, in den Himmel lassen würde, wo sie ihn persönlich betrachten und eins mit ihm werden könnten. Er sagte ihnen, daß diese Tochter ihr persönlicher Besitz sei, für den sie verantwortlich seien, bis sie mich ihm überantworten würden. Falls er auch daran dachte, ihnen zu sagen, daß ich in diesem Baby war, überhörten sie dies irgendwie. So waren Addie und Claude vernarrt in ihre kleine Tochter und planten mein Leben.

Zuerst muß ich mich einfach als Teil unserer vierköpfigen Familie gefühlt habe. Es gab kein Trauma, nur ein angenehmes Dahinleben und dann eine wachsende Bewußtheit. Als ich ungefähr zwei war, kam mein Bruder Fred zur Schule, was mich auf mich selbst aufmerksam werden ließ, nämlich auf den Unterschied zwischen Fred und mir und darauf, daß meine Eltern uns unterschiedlich behandelten. Denn während Fred sich auf seine Freiheit zubewegte, bewegte ich mich auf eine schreckliche Gefangenschaft zu. Als ich zur Schule kam, war die Umzäunung, die meine Eltern so liebevoll zu meinem Schutz um mich aufgerichtet hatten, gewissenhaft perfektioniert. Sie war in erster Linie auf einer eisernen Regel aufgebaut: Unter gar keinen Umständen durfte ich mit anderen Kindern sprechen oder spielen, außer gelegentlich einmal unter strenger elterlicher Aufsicht. Während Fred vor und nach der Schule spielen konnte mit wem er wollte, durfte ich mich in den nächsten Jahren – wie sich herausstellen sollte, bis ich elf war – niemals außer Sichtweite meiner Eltern, meines Bruders oder eines von meinen Eltern gebilligten Erwachsenen, beispielsweise eines Lehrers, begeben.

Von Anfang an sehnte ich mich danach, die Herrschaft meiner Eltern abzuschütteln, wie wohlgemeint sie auch immer gewesen sein mag. Sie diente dazu, mich von meinem wahren Ich abzuschneiden. Die Maßregeln meiner Mutter wurden immer rigider, die Details meiner Disziplinierung immer ausgeklügelter. Mir wurde befohlen, den Kopf zu heben und der Person, mit der ich sprach, direkt in die Augen zu blicken. Ich winselte: »Ich kann nicht.« Mutter verfaßte einen Spruch und hängte ihn über meinem Bett auf: »›Ich kann nicht‹ ist ein kleiner Zwerg, ›Ich will‹ ist ein starker Riese...« Ich stahl Pennies und Fünfcentstücke aus dem Klingelbeutel der Kirche. Welch ein schändliches Vergehen! Ich bekam keinen Pfennig, den ich frei ausgeben durfte. »Geld ist nicht gut für dich.« Ich log häufig. Mir wurde der Mund mit der gelben Fels-Naphta-Seife ausgewaschen. Eine Bestrafung folgte auf die andere, täglich setzte es Prügel. »Ich weiß nicht, was du heute Böses getan hast, aber du hast bestimmt etwas Böses getan oder schlechte Gedanken über deine Eltern gehabt, und dafür bekommst du jetzt Prügel.«

Ich litt unter der Demütigung und Pein, Einladungen von meinen Altersgenossen und ihren Eltern ablehnen zu müssen. Ich wütete gegen meine Gefängniswärter und versuchte, sie zu überlisten. Ich bettelte inständig um mehr Freiheit. Ihre Antwort lautete immer: »Vor Gottes Augen ist deine Mutter für dich verantwortlich. In seiner göttlichen Weisheit leitet er sie an, dich zu erziehen. Es erscheint dir vielleicht ungerecht, aber es ist Gottes Wille.«

Vater nahm mich häufig auf seine täglichen seelsorgerischen Besuchsrunden mit. Ich benahm mich in seiner Anwesenheit besser und fühlte mich auch behaglicher als mit Mutter. Wenn wir im Heim eines Gemeindemitglieds ankamen, schickte Vater mich gewöhnlich in eine Ecke, wo ich ruhig spielen und Essen, das mir angeboten wurde, höflich ablehnen sollte. Dem lag die Meinung zugrunde, daß die Pfarrkinder es sich nicht leisten konnten, ihr Essen mit jemandem zu teilen. Oder daß mir das angebotene Essen vielleicht nicht bekommen würde. Meistens achtete ich nicht auf das Stimmengewirr. Doch von Zeit zu Zeit ging es bei den Hausbesuchen meines Vaters so theatralisch zu, daß ich aufmerksam wurde. Nichts erregte meine Aufmerksamkeit so sehr wie schwere Krankheit, Sterben, Tod und Beerdigungen. Hochzeiten waren nicht so faszinierend; aber die Beerdigungen!

Die Bestattungsrituale – zumindest die vielen, bei denen ich persönlich anwesend war – fanden nicht in der Kirche statt. Die lieben Verstorbenen wurden statt dessen in einem Sarg oder manchmal einem Bett in ihrem eigenen Heim aufgebahrt. Die Jalousien waren immer heruntergelassen, so daß das Zimmer schwach erleuchtet war. Die Leute pflegten sich in einem anderen Zimmer zu versammeln und gelegentlich in das Zimmer hinüberzugehen, in dem die Leiche lag, um sie anzustarren,

zu beweinen oder zu küssen. Es war mir egal, in welchem Zimmer ich mich befand. Sie waren beide sehr interessant.
In dem Zimmer, in dem der Sarg stand, bemerkten die Leute meine Anwesenheit nicht einmal. Ich konnte beobachten, wie sie die Leiche berührten und weinten. Wenn dies niemand tat und ich allein war, stellte ich mich neben den Sarg und starrte die Leiche an. Es schien mir, als ob sie atmete, als ob sie nur schlief. Und dann hatte es den Anschein, daß ihre Augen sich öffneten. Wenn das geschah, kniff ich selbst meine Augen zu, und einen Moment später schaute ich wieder hin. Beim Nachhausegehen mit Vater fragte ich unaufhörlich, woher man wissen konnte, daß ein Mensch tot war und nicht nur schlief.
Schließlich spielte ich mit den Leichen eine Art Spiel, indem ich sie mir abwechselnd lebendig oder tot vorstellte. Inzwischen wußte ich jedoch, daß tot tot war. Ich konnte es feststellen, wenn ich die Leichen ansah oder berührte. Sie waren kalt und hart und leblos. Sie fühlten sich ganz anders an als eine lebendige Person. Eine Leiche war eigentlich keine Person.
Wenn man an einem Haus vorüberging und ein Blumengebinde über der Tür sah, wußte man, daß jemand gestorben war. Bei diesen Beerdigungen gab es keine Blumen außer denen über der Tür. Wenn die Schleife schwarz oder rot war, dann war der Verstorbene ein Erwachsener. Wenn sie weiß war, dann war ein Kind gestorben. Die Blumengebinde waren wunderschön.
Die Beerdigungen hatten noch etwas anderes, das mich besonders beeindruckte – das mich in der Tat mehr verwirrte als der Tod selbst. Zwischen den Todesfällen gab es fast täglich Gespräche über den Himmel. Die Art, wie mein Vater den Himmel schilderte, war wunderbar – da gab es Engel, und jeder fühlte sich göttlich. Die Leute hörten zu und schienen all diese Schilderungen wirklich zu lieben und auch daran zu glauben. Ich wünschte mir sehr, daß der Himmel real wäre. Er schien viel schöner zu sein als die Welt, in der ich lebte. Und die Abbildungen in der Bibel waren sehr hübsch.
Ich sah, daß es stimmte, was mein Vater sagte, daß nämlich die meisten Leute überrascht waren, von ihm zu erfahren, daß sie, selbst wenn sie Sünder waren, in den Himmel kommen konnten. Er ermahnte sie ständig, sich zu bessern. Vor allem wenn sie tranken oder Karten spielten. (Wenn auch getanzt wurde, so wußte ich nichts davon. Ich wußte jedoch, daß es eine Sünde war.) Ich beobachtete, daß praktisch alle voller Sünden waren, und alle dachten, daß es großartig sei, zu Gott in den Himmel zu kommen. Wenn jemand starb, änderte sich alles. Mein Vater

pflegte bei seiner Grabrede zu versichern, daß Gott die Sünden des geliebten Verstorbenen vergeben und ihn direkt zu sich in den Himmel geholt habe. Wenn man bei seinem Tod automatisch hineinkam, warum wurde dann vorher dieses ganze Aufhebens wegen Sünden gemacht? Ich hörte niemals eine Grabrede, bei der Vater nicht jedem versicherte, daß der Verstorbene bei Gott im Himmel sei. Nicht einmal dann, wenn der Verstorbene am Abend zuvor betrunken hingefallen war und seine Frau von seinen letzten Brutalitäten noch blaue Flecken hatte. Und außerdem pflegten all die Angehörigen, für die es eine so großartige Sache war, in den Himmel zu kommen, zu jammern und sich aufzuführen, als ob ihr Lamm Gottes gerade in die ewige Verdammnis der Hölle gestoßen worden sei. Ich machte mir eine Menge Gedanken über diese erstaunlichen Dinge.
Im Alter von zehn Jahren war mir klar, daß ein personifizierter Gott eine Phantasievorstellung war, mit der man Unerklärliches erklären und verschiedene – sonst nicht zu verstehende – Gebote rechtfertigen konnte. Der Gott, der für meine Eltern so klar und absolut war, unterschied sich grundlegend von dem ebenso absoluten Gott meiner Großeltern. Wie ich herausfand, unterschied er sich auch von dem Gott der Eltern jener Kinder, die draußen vor meinem Fenster spielten. Und er unterschied sich von dem Gott meiner Lehrer. Wenn wir in der Schule das Vaterunser beteten, mußte ich einen anderen Text sprechen, um deutlich zu machen, daß ich nicht katholisch war. Ich ließ bestürzt über meine erzwungene Andersartigkeit den Kopf hängen.

1928 wünschten einige Leute in Lancaster, Pennsylvania, ein Pastor der Swedenborgschen Richtung sollte bei ihnen eine Gemeinde bilden, und unsere kleine fünfköpfige Familie – mein jüngerer Bruder John war inzwischen drei – zog dorthin, damit Claude dieses Amt übernehmen konnte. Die neue Umgebung belebte Addie und Claude. Die Einwohner von Lancaster kamen ihnen weniger fremdländisch vor, führten ein einfaches, sauberes, bäuerliches Leben und waren nicht überwiegend katholisch. Addie und Claude mußten ihre Gemeinde fast aus dem Nichts heraus aufbauen. Dabei stellten sie fest, daß es eine sinnvolle Aufgabe war, junge Leute heranzuziehen, vor allem für Fred, der inzwischen fünfzehn war. Und daß sie es riskieren konnten, mir, der elfjährigen Mary, ein bißchen mehr Freiheit zu lassen.
Ich stürzte wie aufgestautes Wasser durch die entstandene

Öffnung. Mir war von Anfang an klar, daß ich mein Glück nicht aufs Spiel setzen durfte, indem ich den Eindruck von Ungehorsam erweckte. Ich versuchte mich auf eine Weise zu verhalten, die meine Eltern glücklich machte. Sie waren erfreut und erleichtert über meine Veränderung, und so gab es bald eine neue Regelung. Ich durfte – endlich! – mit anderen Kindern sprechen. Ich durfte mit ihnen spielen, vorausgesetzt, wir spielten in meinem Elternhaus, wo Vater und Mutter ihre Eignung sowie die Möglichkeit, sie in die Sonntagsschule zu locken, überprüfen konnten. Ich begegnete derartigen Restriktionen mit einer Schärfung meiner Fähigkeit zur Verschlagenheit. Ich entdeckte, daß ich ein Doppelleben führen konnte: eins für meine Eltern und das andere, das in kleine Spalten gezwängt war, für mich selbst.

Obwohl ich ein Neuankömmling war, nahmen meine Altersgenossen mich freundlich auf. Vielleicht weil ich so überglücklich darüber war, mit ihnen zusammen zu sein – unter welchen Umständen auch immer. Sie waren fasziniert von der Entdeckung, wie ich hinter dem Rücken meiner Eltern lebte. Einige von ihren Eltern nahmen es übel, daß ich nicht in ihr Haus kommen durfte, obwohl ihre Kinder in meinem Elternhaus spielen durften. Nach einiger Zeit ließen sie mich heimlich bei sich ein. Ich wußte, daß sie davon nichts verraten würden.

Addie begann Pfadfindergruppen für Mädchen in Lancaster zu gründen und zählte dabei stark auf meine Freundlichkeit, durch die ich junge Mädchen anziehen sollte. Den Mädchen machte es Spaß, zu Pfadfinderinnentreffen in unser Haus zu kommen. Manchmal ließen sie sich dazu überreden, meine Sonntagsschule zu besuchen. Aber war es denn überhaupt meine Sonntagsschule? Nicht eigentlich. Meine Eltern wünschten, daß ich eine Klasse unterwies. Ich ging nur zur Sonntagsschule, weil ich mich dem nicht entziehen konnte. Und was meine Lehrtätigkeit anbelangte, so erwies ich Mut. Vater sagte, daß es meine Pflicht sei. »Aber Gott würde bestimmt nicht wollen, daß ich etwas lehre, woran ich selbst nicht glaube«, entgegnete ich. »Ich kann Kindern zwar Geschichten erzählen, durch die sie verstehen lernen, wie wichtig es ist, gut und freundlich zu sein, aber ich kann ihnen nicht mit gutem Gewissen sagen, daß ich an Gott glaube.« Eine Ungeheuerlichkeit für die Familie des Geistlichen, aber Realität.

Mit zwölf hatte ich meine ersten engen Freundschaften. Ich war ein neuer Mensch und hatte das Gefühl, ich müßte die Veränderung offiziell, real machen. Ich wollte meinen Namen ändern. »Ich bin von jetzt an Mary Jo Anne«, sagte ich, und meine Freundinnen waren begeistert. Wem sonst hätte so etwas einfallen können? Wir kicherten alle und nannten einander bei unseren neuen Namen. Ich trug mich in einer neuen Schule als Mary Joanne ein. Ich *wurde* Mary Joanne, und ich liebte es, mich selbst zu erschaffen. Ich wechselte mehrmals. Jeder neue Name war eine neue Identität, ein Zugehen auf eine neue Zukunft, eine Trennung von einer unerwünschten Vergangenheit. Ich machte meinen Highschool-Abschluß als Mary Joan. Meine Eltern waren verwirrt, als sie bei der Verleihung des Diploms meinen Namen hörten, aber sie stellten mich deswegen nicht zur Rede. Später, als ich Mary Jo genannt wurde, akzeptierten sie meinen Wunsch nach einer neuen Rolle und nannten mich ebenfalls bei diesem Namen. Schließlich wurde Mary weggelassen, und ich hieß nur noch Jo.

Obwohl mein Highschool-Abgangszeugnis schlecht war, wurde ich in dem am Rand von Lancaster gelegenen Millersville State Teacher's College zur Probe aufgenommen. Ich hatte zum erstenmal das Gefühl, daß mein wahres Ich zum Vorschein kam. Ein neuer Name, eine neue Umgebung und ein neuer Hunger nach Wachstum und Wissen. Unter meinen vielen neuen Bekannten befand sich Mary Butts, die erste gute Freundin in meinem Leben, die ebenso stark an Gott glaubte wie meine Eltern. Sie verstand mich irgendwie und half mir und war ein unheimlich lieber und guter Kerl. Auf dem College ahnten weder Mary noch ich, auf welche Weise unsere Lebenswege sich eines Tages ineinander verschlingen würden. Statt dessen saßen wir stundenlang auf den Rasenflächen des Collegegeländes und redeten und redeten. Meistens hörte ich zu, wenn Mary sich ausmalte, wie sie die Frau eines Geistlichen werden, Gottes Willen tun und Kinder haben würde. Obwohl wir so verschieden waren und ich keiner der vielen Vorstellungen von Gott, die uns umgaben, Glauben schenkte, hörte Mary mir aufmerksam zu, wenn ich ihr von meinem gesellschaftlichen Leben und meinen Träumen erzählte. Sie fühlte nicht den Drang, meine Gedanken und Gefühle zu kritisieren oder zu kontrollieren. Sie staunte nur und freute sich mit mir über meine hart erkämpfte Freiheit.

Es war in unserem vorletzten Studienjahr, als wir einander anvertrauten, daß sich für jeden von uns die Träume zu verwirklichen schienen. Mary, die selten Verabredungen mit jungen Männern gehabt hatte, liebte Ehrhart, einen Theologiestuden-

ten von einem anderen College in Lancaster. Ich verliebte mich in Bill Wade, der nicht einmal den Highschool-Abschluß hatte. Marys Liebe war vernünftig. Meine nicht, und ich versuchte, mich dagegen zu wehren.
Bill arbeitete bei einem Eisenwarengrossisten zusammen mit dem Freund meiner Freundin Connie, Jobie – beide waren von Jugend an befreundet und hatten nicht die Collegereife erlangt. Bill drängte Connie und Jobie, mich mit ihm zusammenzubringen. Ich fand, daß Bill komisch aussah, aber schließlich erklärte ich mich bereit, mich mit ihm zu treffen. Es war überraschend angenehm, mit ihm zusammenzusein, doch ich dachte nicht, daß etwas Ernsthaftes daraus entstehen könnte. Auf dem College war ich bei den jungen Männern beliebt und wurde oft um Verabredungen gebeten. Bill drängte mich zu immer häufigeren Zusammentreffen, und trotz meiner Zurückhaltung gefiel er mir mit der Zeit immer besser, so daß ich schließlich zu meiner Überraschung feststellen mußte, daß ich ihn liebte. Wie mir Jahrzehnte später klar wurde, lag das Geheimnis darin, daß er sich wie ich von seiner Familie getrennt fühlte und sich selbst erschuf. Doch das wurde uns nicht bewußt, und wir sprachen auch nicht darüber. Bill und ich unterhielten uns endlos über das Leben, das wir führen wollten.
Wir begannen damit, unsere Träume in die Realität umzusetzen. Ich war noch Jungfrau und sehr gegen vorehelichen Geschlechtsverkehr voreingenommen. Wir beschlossen zu heiraten; Bills Mutter hatte nichts dagegen. (Sein Vater lebte nicht mehr.) Meine Eltern mochten Bill zwar, aber sie wollten, daß wir erst später heiraten sollten. Wir heirateten heimlich im März 1937 und lebten weiter getrennt. Ich machte meinen Collegeabschluß und begann als Volksschullehrerin zu arbeiten. Bill arbeitete tagsüber als Buchhalter und studierte abends an der Wharton Business School der Universität von Pennsylvania. Nachdem er dort im Juni 1939 seinen Abschluß gemacht hatte, ließen wir uns meinen Eltern zu Gefallen und zur Bekräftigung unserer Beziehung in großem Rahmen kirchlich trauen. Wir richteten zwei Haushalte ein: einen für Bills Mutter und einen neuen für uns. Am 30. Juni 1940 wurde unser Sohn Tom geboren. Am 21. Februar 1942 kam unsere Tochter Timmy zur Welt. Wir wurden richtige Mittelamerikaner mit einem eigenen Heim, einem Auto und einem Boot. Doch wir waren beileibe keine Traditionalisten. Unser wichtigstes Anliegen war unsere Vorstellung, nichtpossessive Eltern zu sein, die ihren Kindern gemeinsam dabei halfen, sie selbst zu werden.

Wir schlossen einen Pakt. Wir wollten unsere Kinder lieben und ihnen dabei helfen, sich selbst zu entdecken.
Am 27. März 1943 war unser sechster Hochzeitstag. Tom war zweieinhalb, Timmy ein Jahr alt. Bill war fast dreißig. An jenem Morgen war Bill zu einer Bruchoperation ins Krankenhaus bestellt. Ich war knapp sechsundzwanzig. Unsere Freundin Pat kam in der Morgendämmerung, um bei unseren friedlich schlafenden Kindern zu bleiben, während wir ins Krankenhaus fuhren. Ich streichelte und küßte die Kinder und war glücklich über die frische Farbe von Timmys Wangen, die von ihren seidigen blonden Löckchen umrahmt wurden. Ich lachte leise über die Art, wie Tom sich seinen Socken über die Hand gezogen hatte und ihn auf seine ganz besondere Weise gegen die Oberlippe gepreßt hielt. Mutter würde etwas dagegen einzuwenden haben. Doch ich war sehr glücklich.
Am späten Morgen erhielt Bill für die Operation eine örtliche Betäubung, aber nur so schwach, daß er meine Anwesenheit noch wahrnahm. Wir hielten uns an der Hand und sprachen über die Kinder. Wir sprachen davon, wie rasch dies hier vorüber sein würde. Ich dachte daran, daß ich vielleicht gern Ärztin geworden wäre, und es gelang mir, die Erlaubnis zu erhalten, bei der Operation zusehen zu dürfen.
Bevor Bill in den Operationssaal gerollt wurde, teilte er dem Arzt mit, daß sein Arm schmerzempfindlich sei, und daraufhin gab ihm der Arzt eine Vollnarkose. Nichts Besonderes. Ich sah bei der Operation zu, und alles verlief glatt. Wir rollten Bill in sein Zimmer zurück, wo er aus der Narkose aufwachen sollte, und ich hielt seine linke Hand, während die Krankenschwester an seiner rechten Hand den Puls überprüfte. Plötzlich gab es in Bills Innerem ein seltsames Geräusch. Die Schwester eilte davon. Ärzte kamen gelaufen und schickten mich hinaus. Ich saß draußen auf der Treppe und sah zu, wie eine ganze Reihe von Sauerstoffbehältern in das Zimmer geschoben wurden. Ich erinnere mich, daß ich dachte: Oh, das werde ich Bill erzählen! Ich wußte, daß ernstlich etwas nicht stimmte, aber niemand kam und teilte mir mit, daß sie Bills Körper dort in seinem Zimmer noch einmal aufgeschnitten hatten. Ich konnte mich nicht von dem Anblick der Tür trennen, obwohl die Schwestern mich wiederholt in einen Aufenthaltsraum zu schicken versuchten. Mein Blick fiel auf das Telefon eines benachbarten Patienten. Selbst in meiner Benommenheit war ich erstaunt über die Tatsache, daß ich meine Mutter in ihrer Arbeitsstelle anrief und nicht meinen Vater, der sich in der Nähe aufhielt, eher

abkömmlich war und dem ich mich näher fühlte. Warum Mutter? Ist es ein verzweifelter Wunsch nach einem Wunder? Ein Gefühl, daß sie eine einzigartige Kraft besitzt? Sie saß neben mir auf der Treppe. Ich sah ihre Liebe und ihren Schmerz, aber ich wollte weder mit ihr reden noch sie berühren. Sie hatte keine Zauberkraft anzubieten. Der Arzt kam niedergeschlagen auf uns zu, und der Schmerz, den es ihm bereitete, mir mitzuteilen, was ich bereits begriffen hatte, brach mir fast das Herz. Bill war tot. Er hatte eine Koronarthrombose erlitten.

Es dauerte einige Tage, bis ich Leute empfangen konnte, Leute, die mir ihr Beileid ausdrücken und meine Qual lindern wollten. Ich erinnere mich daran, daß ich meine Küchentür öffnete. Pat fütterte Timmy, die auf ihrem Kinderstühlchen saß. Ich konnte Timmy nicht in die Augen sehen und sie in diesem schrecklichen Augenblick zu einer Waise machen. Ich konnte mich plötzlich nicht mehr ertragen. Ich saß erstarrt – wie eine Tote – im angrenzenden Zimmer. Ich war ebenso tot wie Bill, nur daß ich einen unergründlichen Schmerz verspürte.

Meine Augen sahen, wie Tommy vergeblich versuchte, Kontakt zu mir aufzunehmen. Sein strengster Test bestand darin, daß er – auf meinen Knien sitzend – alle Süßigkeiten aus der Schale auf dem Kaffeetisch aufaß. Ich sah den Ausdruck in seinen Augen, sah, wie er sich fragte, weshalb ich ihn nicht zurechtwies. Ich sah, wie alle diese Leute hereinkamen. Ihre ernsten Gesichter. Ihr Schweigen. Die Zukunft war absolut leer. Sie existierte nicht.

Es gab keine Bestattungsfeierlichkeiten. Bill und ich waren übereinstimmend der Meinung gewesen, daß die Leute fühlen, was sie fühlen. Wir wollten keine Rituale, keine Aufbahrung. Ich wollte meine eigenen Erinnerungen behalten.

Schließlich hatte ich alle Besucher überredet, mich in meinem Heim alleinzulassen. Die Kinder schliefen bereits, als der letzte ging. Ich ging in der Abenddämmerung durchs Haus. Meine Augen waren zwar trocken, aber innerlich war ich wie verdorrt und hatte keinen Lebensmut mehr. Ich sehnte mich danach, ebenfalls tot zu sein. Mein Vater hatte mir oft gesagt, daß ich eines Tages ein Erlebnis haben würde, das mich reifen und zu Gott führen würde. Ein Augenblick wie dieser? Es geschah nicht. In einem Moment wilder Hoffnung auf ein Wunder hatte ich Mutter gerufen. Es kam mir nicht einmal in den Sinn, Gott anzurufen. Bill war tot. Ich wünschte, ich wäre es ebenfalls. Ich dachte immer wieder daran: Bill ist tot. Ich möchte ebenfalls tot

sein. Und ich könnte tot sein. Ich könnte meinem Leben ein Ende machen. Aber...
Ich beugte mich über die schlafenden Kinder. Ich konnte mir nur das Leben nehmen, wenn ich ihnen zuerst das Leben nahm, denn ich konnte sie so nicht im Stich lassen. Und ich wußte so genau, wie ich nur je etwas wissen kann, daß mir ihr Leben nicht gehörte. Ich hatte weder den Wunsch noch das Recht, ihr Leben zu beenden. Ich konnte nicht sterben.
Ich war zwar dem Gefängnis meiner Eltern entronnen und hatte eine großartige Freiheit erlangt, aber was für eine Art Leben stand mir jetzt bevor? Zumindest geht es den Kindern gut, und ich bin frei, dachte ich. Doch was für eine Bürde lag auf meinen Schultern! Wie konnte ich sie tragen? Wie konnte ich uns erhalten? Wie konnte ich Bills Schranktür öffnen? Wie konnte ich den Kindern helfen? Was bedeutete Tod für sie? Wenn Timmys Spielzeug zerbricht und Tommy sagt: »Wenn Daddy nach Hause kommt, macht er es wieder heil«, wie konnte ich ihnen dann sagen, daß Daddy nicht nach Hause kommt? Doch ich wußte, daß ich überleben mußte und entschied mich, zu überleben.
Am Tag der Beerdigung saß ich auf dem Hof, und die Sonne schien auf Tommy, Timmy und mich. Unsere Wunde begann zu heilen, selbst als ich ihnen die Wahrheit zu sagen versuchte; und ich war dankbar dafür, daß unser Schmerz nicht durch Zeremonien verunstaltet wurde. Aus dieser Landschaft wachsen Fasern für ein »Exit House« und für die, die meinen Tod überleben.

Das naheliegendste für mich war, als Lehrerin in Lancaster zu arbeiten und zu versuchen, uns drei zu erhalten. Doch dann beschloß ich, mir etwas anderes auszudenken. Ich mußte mich von Selbstmitleid freimachen. Ich mußte einen neuen, eigenen Weg finden. Ich durchforschte mich selbst, und ich durchforschte die Bücherei. Und ich trat in ein Leben voll weitreichender Veränderungen ein. Der Zweite Weltkrieg wütete, und Alaska war ein neues Grenzland. Mir wurde klar, daß ich dort trotz meiner Beschränkungen erfolgreich als Innendekorateurin würde arbeiten können, da ich keine Konkurrenz hatte. Bevor ich unser Haus verkaufte und Lancaster verließ, wußte ich schon, in welches Viertel von Juneau, Alaska, wir – wegen der dortigen Schulen – ziehen würden. Wir brauchten fünf Tage mit dem Zug und fünf Tage auf See, um hinzugelangen, und wir trugen alle drei braun-weiß gestreifte Leinenanzüge, um unsere Zusammengehörigkeit zu demonstrieren. Wir reisten ab in dem Wissen, daß uns alle, die wir liebten, wiederliebten und uns alles Gute wünschten. Und während der ganzen Reise erhielten wir Unterstützung von freundlichen Menschen. Unser Abenteuer war so fesselnd, daß es niemals Grund gab, zu trauern oder zurückzublicken. Wir waren unterwegs zu unserem Ziel. Seit Bills Tod war ein Jahr vergangen.

Welche Fasern meines Lebens in Alaska nähren die Wurzeln von »Exit House«? Es fanden eingreifende Ereignisse statt. So viel Heilung. Ein so eifriges Verströmen von Energie und Entschlossenheit und Liebe und Mut und Arbeit und neue Ziele und Träume und Freude an der Entwicklung der Kinder. Wir fanden wunderbare neue Freunde. Und die erstaunliche Fügung, daß ich in das bereichernde und gesellschaftlich rege Leben von Gouverneur Ernest Gruening und seiner Frau Dorothy aufgenommen wurde.
Bevor wir Lancaster verließen, hatte ich an die Handelskammer in Juneau geschrieben, und mein Brief dort hatte die Aufmerksamkeit von Dorothy Gruening erregt. Ich wurde ihr – kurz nach unserer Ankunft – vorgestellt, und sie lud mich in das Haus des Gouverneurs ein, um ihren Mann kennenzulernen. Als die beiden mich dort herumführten, stellten sie mich als ihren Ehrengast vor.
Bei dieser Gelegenheit stellte mir Ernest auch seinen Adjutanten, Leutnant Warren Caro vor (der später dann Oberleutnant wurde). Mir gefiel sein Gesicht – sanft und einladend, nicht allzu verführerisch. Warm. Er sah so vornehm aus in seiner Uniform mit den goldenen Epauletten. Ich erfuhr, warum mir sein Gesicht so bekannt vorkam – auf der Überfahrt von Seattle nach Juneau war er an Bord und jeden Abend nach dem Essen hatte er ganz ungezwungen im Salon Klavier gespielt. Schon damals hatte ich mir sein Gesicht jeden Abend genau angesehen – nachdem ich die Kinder zum Schlafen in die Kabine gebracht hatte, im Salon saß und von unserem neuen Leben träumte.
Nun begann unser Leben eine neue Form anzunehmen – Anfang 1944 wurde unsere Zukunft bestimmt.
Doch diese heilenden farbenprächtigen Ereignisse sind nicht die Fasern, die »Exit House« nähren. Viel eher waren es die vielen Stunden nächtlicher Schlaflosigkeit. Ich konnte nicht den Kopf aufs Kissen legen, ohne daß ich mich in Gedanken

unablässig mit Dekorationsarbeiten beschäftigte oder daß mich erbarmungslose Todeswünsche überfielen; quälende Gefühle der Unfähigkeit, den Kindern zu helfen, so heranzuwachsen, wie Bill und ich es uns vorgestellt hatten, wie ich es mir wünschte. Ich wußte, daß ich ihnen alles gab, was ich konnte, aber ich war durch die viele Arbeit zu stark in Anspruch genommen. Es war Krieg, und ich konnte keine Hilfskraft bekommen. Ich arbeitete als Designerin und beaufsichtigte gleichzeitig die Kinder. Erschöpfung drohte. Ich beschloß, meine Ängste als vollkommen private Angelegenheit zu sehen. Niemand wußte davon. Ich allein wußte davon, und das Wissen war schmerzhaft. Ich arbeitete bis in die frühen Morgenstunden und nahm Beruhigungsmittel, um schlafen zu können. Ich spürte deutlich ihre zerstörende Wirkung. Die Kinder wachten in der Morgendämmerung auf und waren erstaunlich lieb und verantwortungsbewußt; sie zogen sich selbst an, machten etwas zu essen und spielten in unserem Hof, bis ich aufstand. Aber ich hatte ein schreckliches Gefühl, wenn ich mit ihnen zusammen aufstand. Manchmal fuhr ich sie an, und dann konnte ich mich nicht ausstehen. Wie gut äußerlich auch alles zu laufen schien, ich hatte das Gefühl, daß ich niemals genügend Kraft aufbringen würde, um uns zu gesunden, vollwertigen Menschen zu machen.

Meine Energie schwand, und ich hatte den Wunsch zu sterben. Wie konnte ich die Kinder davor schützen? Ich wußte, daß ich ihnen schaden könnte, wenn ich so weitermachte, aber ich sah keine Möglichkeit, mein Problem zu lösen. Von psychologischer Beratung hatte ich noch nie etwas gehört. Ich begann nach einer sichereren Alternative für die Kinder zu suchen, und schließlich kam mir Mary Ehrhart, meine wunderbare Freundin vom College, in den Sinn. Sie war gutherzig, sehnte sich nach Kindern, kannte meine Wertvorstellungen, und sie konnte in ihrer eigenen Ehe keine Kinder bekommen. Die Kinder wären bei ihr sicher aufgehoben, wenn sie zusammenbleiben konnten und liebevolle Nähe fanden.

Die Kinder traten in Marys und Eldens Leben. Ich sagte mir, daß es nur vorübergehend sei, aber ich irrte mich, denn ich wußte, ein Teil von mir dachte bereits, ich könnte endlich sterben, wenn die Kinder in liebevoller Sicherheit getrennt von mir wären. Ich kann die Gefühle nicht beschreiben, die ich hatte, als ich Tommy und Timmy zum Abschied zuwinkte, während sie lebhaft wie immer – in Begleitung einer Freundin – zu Mary fuhren. Ich wußte nicht, wie ich meinem tiefen Schmerz Luft machen sollte.

Einige Jahre lang spielte ich meine energische Elternrolle weiter, während ich gleichzeitig eine Karriere anstrebte, die mich in die Lage versetzen sollte, uns alle zu erhalten. Doch die Kinder gediehen unter Marys und Eldens Leitung. Sie wuchsen ohne mich auf, und zwar sehr gut. Tommy und Timmy, ihre Pflegeeltern und ich selbst hatten ein gutes Gefühl dabei, als wir 1946 beschlossen, daß Mary und Elden die legalen Adoptiveltern der Kinder werden sollten. Gut im Sinne einer liebevollen Sicherheit für die Kinder. Gut für meine Freunde, die gern Kinder bekommen wollten, aber nicht konnten. Und gut für mich, weil ich das Gefühl hatte, daß die Kinder bestens aufgehoben waren. Natürlich hatte ich dabei auch ein tiefes Verlustgefühl.

Anfang 1946 fuhr ich nach Pennsylvania, um Mary, Elden, Timmy und Tommy sowie meine Eltern und meinen jüngeren Bruder zu besuchen. Mein Vater zeigte großes Verständnis für die Adoption, denn er vertraute darauf, daß ich meinen Entschluß genau bedacht hatte. Ich war traurig, meinen Vater so rasch altern zu sehen, und darüber, daß er seinen Beruf nicht mehr ausüben konnte. Mutter bemühte sich tapfer darum, ihre Bitterkeit zu verbergen – sie hatte bei der Adoption nicht mitzubestimmen; oder war sie nur verbittert, weil sie – schon relativ alt – gezwungen war, für sich und Vater den Unterhalt zu verdienen? Mutters Lieblingssohn, John, mein jüngerer Bruder, teilte ihr mit, daß er sie verlassen würde, um zu heiraten. Ich empfand mehr Mitleid mit Mutter als Zuneigung zu ihr und war um ihretwillen froh darum, daß mein Bruder wenigstens beschloß, in der Nachbarschaft zu bleiben.

Nach meinem Besuch in Pennsylvania fuhr ich nach New York, aber ich wußte nicht genau, wie es weitergehen sollte. Ich war aus zwei Gründen nach New York zurückgekehrt: Um noch einmal von vorn zu beginnen und um in der Nähe von Warren Caro zu sein, der nach seiner Entlassung aus der Marine hierher zurückgekehrt war. Wir hatten ein ernsthaftes Verhältnis und erwogen sogar, zu heiraten. Meine Kinder waren gut untergebracht, und ich legte allmählich meine Elternrolle ab (obwohl ich für den Rest meines Lebens in engem Kontakt mit Mary und Elden geblieben bin und meine Kinder, die ich liebte, regelmäßig immer wieder gesehen habe). Ich war außerdem beschäftigungslos und hatte fast kein Geld mehr.

Ich hatte Warren entscheidend unterstützt und ihm zugeredet, seinen Wunsch zu verwirklichen und zum Theater zu gehen. Er gab seine Laufbahn als Jurist auf, die zwar erfolgreich gewesen war, die er jedoch in erster Linie seiner Eltern wegen eingeschlagen hatte. Jetzt half Warren mir dabei, abzuwägen, welche Möglichkeiten es für mein kinderloses, partnerloses Leben gab. Es war ein entmutigendes Thema, denn meine Möglichkeiten waren durch meine kümmerliche Bildung, meinen Geldmangel und meine vagen Interessen begrenzt. Ich wußte genau, daß ich das, wozu ich durch Zeugnisse qualifiziert war, nicht tun wollte – nämlich als Volksschullehrerin arbeiten. Ich besaß kaum mehr als eine kümmerliche High-School-Bildung. Ich hatte sehr wenig gelesen und hatte auf dem College nie gelernt, richtig zu studieren. Was auch immer ich anfing, ich würde mich von ganz unten heraufarbeiten müssen. Ich sah keine Möglichkeit, meine künstlerischen Neigungen ökonomisch zu nutzen. Außerhalb von Alaska gab es keinen Markt für mein Designertalent. Ich fühlte einen starken Drang zu erforschen, was Menschen und Familien bewegte, ihr Leben bestimmte; ich war neugierig in bezug auf die Sexualität. Die einzige Möglichkeit, mich in dieser Richtung zu engagieren, bestand darin, Psychologie zu studieren. Aber ich war der Meinung, daß ich dafür weder genügend Fähigkeiten noch genügend finanzielle Grundlagen besaß. Warren lenkte meine Aufmerksamkeit auf eine Presseveröffentlichung. Darin stand, daß sich in New York eine Gruppe gebildet hätte – eine Vereinigung der Eheberater (American Association of Marriage Counselors = AAMC). Ohne ihm vorgestellt worden zu sein, rief ich deren Präsidenten an, einen Psychiater namens Robert Laidlaw, um von ihm Ratschläge für meine künftige Laufbahn zu erhalten. Er hörte sich meine Geschichte an und lud mich ein, an AAMC-Treffen teilzunehmen. Ich war begeistert. Bei diesen Treffen kam ich mit führenden Persönlichkeiten auf diesem Gebiet zusammen – einschließlich Alfred Kinsey, dessen Werk bald das gesellschaftliche Bewußtsein von Sexualität revolutionieren sollte. Ich erhielt eine Einladung, zusammen mit Robert Laidlaw und seinen Kollegen im April 1946 in Philadelphia, an der National Conference on Family Relations, teilzunehmen. Dort lernte ich Dr. Ernest Groves und seine Frau, Dorothy Groves, kennen und erfuhr von ihrer Pionierarbeit. Sie hatten das erste wissenschaftliche Institut für Familienbeziehungen, nämlich an der Universität von North Carolina in Chapel Hill, gegründet. Ernest leitete das Institut innerhalb der Soziologischen Fakultät. Sie waren im Begriff, ihr jährliches festliches Ereignis, die Groves-Konferenz, zu veranstalten, die ungewöhnlich viele

Wissenschaftler und auch Nichtwissenschaftler anzog. Dr. Laidlaw sorgte für meine Einladung.

Ich hatte das Gefühl, eine Tür würde sich öffnen und frische Luft ströme herein. Am letzten Tag der Groves-Konferenz stand ich vor dem angesehenen Präsidenten der Universität, Dr. Frank Graham, und konnte kaum fassen, was er mir mitteilte. Er sagte, Dr. Groves wünsche, daß ich seine graduierte Assistentin werde, und die Universität sei bereit, auf die üblichen Voraussetzungen akademischer Ausbildung zu verzichten und mir ab sofort ein Stipendium zu gewähren. Es waren vielleicht sechs Wochen vergangen, seit ich Laidlaw angerufen hatte.

Mich überkam ein Gefühl von Stärke und überwältigender Unabhängigkeit. Ich atmete zum erstenmal seit Bills Tod wieder tief durch. Meine Selbstmordgedanken waren restlos verschwunden. Meine schlaflosen Nächte verbrachte ich mit eifrigem Lesen – meine Assistentenstelle erforderte, nichtgraduierte Studenten zu unterrichten, und ich arbeitete hart, um mir meinen Lehrstoff anzueignen. Ich begann meine Schlaflosigkeit zu meistern und kam manchmal zehn Nächte lang ohne Schlafmittel aus. Es ging mir so gut, daß ich es sogar wagte, an der Juristischen Fakultät der benachbarten Duke University Vorlesungen über Familienprobleme zu halten.

Gut, daß die Kinder sich auf ihre Weise entwickelten und ich mich auf die meine. Gut, daß ich unverheiratet war und keine Elternrolle zu spielen hatte. Ich fühlte mich großartig, wie ein neuer Mensch. Ich hatte mir Vorwürfe gemacht, weil ich nur eine armselige Bildung besaß, aber jetzt begriff ich, daß mein Leben selbst mich gebildet hatte. Ich fand in mir selbst Kräfte und Reserven, auf die ich bauen konnte. Ich war prima! Nein, ich war mehr als prima! Ich blühte vor Selbstvertrauen auf.

Meine sechswöchige Euphorie im Frühling dieses Jahres scheint atemberaubend schnell vergangen zu sein, aber sie ist nichts im Vergleich zu der Geschwindigkeit, mit der meine sommerliche Blütezeit ein Ende fand, als Groves unerwartet im August 1946 starb und das Institut für Familienbeziehungen der Universität von North Carolina aufgelöst wurde.

Unter meinen neuen Kollegen hatte keiner eine für mich geeignete offene Stelle. Ich bestand darauf, daß die Universität von North Carolina mir mein Stipendium weitergewährte. Auf der Suche nach einem anderen Gebiet innerhalb der Psychologie, in dem ich mein Interesse an der Familie ausweiten konnte, stieß ich auf die »Graduate School of Psychology« der Universität und wurde nach anfänglichem Zögern von ihr übernommen. Ich sah zwar, daß sie mehr auf experimentelle als auf klinische Psychologie hin ausgerichtet war, bemerkte aber anfangs den gravierenden Unterschied nicht. Dr. Harry Crane war der einzige klinische Psychologe der Abteilung. Ich wurde ihm als graduierte Assistentin und Lehrbeauftragte unterstellt.

Es fiel mir nicht allzu schwer, rasch zu lernen, wie man Tests durchführt und auswertet oder wie man Elementarkenntnisse lehrte. Doch die Kurse in Experimenteller Psychologie, an denen teilzunehmen von mir verlangt wurde, waren etwas anderes. Ich besaß keinerlei Grundlagen in Chemie, Physik, Mathematik oder Wissenschaftstheorie, was es mir fast unmöglich machte, mit Laborkursen und den berüchtigten schwierigen psychologischen Statistiken zurechtzukommen. Als ob das alles nicht schon genügend Anlaß zum Versagen gewesen wäre, überredete ich die zuständigen Professoren dazu, mich an Elementarkursen in Anatomie und Physiologie an der Medizinischen Fakultät der Universität teilnehmen zu lassen. Vielleicht war ihre erstaunliche Nachgiebigkeit nur Ausdruck der Erwartung, daß ich sowieso bald wieder aussteigen würde. Sie irrten sich.

Mir wurde ein Büro zugeteilt, das ich mit zwei männlichen Kollegen, die ich einfach Sam und Bob nennen werde, teilen mußte. Sam und Bob waren sehr kluge, graduierte Wissenschaftler und Lehrbeauftragte. Beide waren einige Jahre jünger als ich. Sie fühlten sich spontan dazu herausgefordert, mich durchzubringen, und sie erwiesen sich als großzügige, geduldige und humorvolle Sklaventreiber. Sie warfen mir nie vor, daß ich nicht die Ausbildung besaß, die ich zum Verständnis meiner Arbeit benötigte. Sie brachten mir bei, wissenschaftlich zu denken. Sie provozierten und kritisierten mich und gingen mit äußerster Geduld die schwierigsten Probleme mit mir durch.

Diese zwölfmonatige Studienzeit stand ich bemerkenswert gut durch, und es erstaunt mich, daß mein Körper den Anforderungen gewachsen war. Während meiner monatlichen Perioden hatte ich starke Blutungen, und kurz vor meinem dreißigsten Geburtstag mußte ich eine Hysterektomie über mich ergehen lassen. Vorher lag ich mit einer seltenen Infektion im Krankenhaus, die meine Augen-, Nasen- und Nebenhöhlenkanäle zuschwellen ließ und erforderte, daß beide Ohren mit einer Lanzette geöffnet wurden. Ich war eine starke Raucherin. Obwohl ich mir Mühe gab, meine Abhängigkeit von Seconal zu beenden und zeitweise damit Erfolg hatte, hielt meine Schlaflosigkeit an. Gelegentlich schuf Warren Abhilfe – durch ein Wochenende mit ihm in New York oder Washington. Einmal arrangierte er einen zauberhaften Weihnachtsurlaub in Puerto Rico, wo wir Gäste von Gouverneur José Pinero waren. Ich fühlte mich durch Warrens Liebe und die Liebe meiner Familie unterstützt.

Sam, Bob und ich freundeten uns rasch an. Gelegentlich pflegten wir auf übermütige Weise etwas Dampf abzulassen. Chapel Hill ist eine »trockene Stadt«, und so fuhren wir per Autostop oder mit dem Bus nach Durham, einer »nassen Stadt«, und kauften uns Alkohol. Wir tranken uns einen an, besuchten verschiedene auf dem Weg gelegene Studentenbuden und kehrten dann Stunden später auf unsere jeweiligen Zimmer zurück. Sam war der Sohn eines Geistlichen, und wir brachten Bob etwas respektlos bei, mit uns zusammen Hymnen anzustimmen. Bob lehrte uns dafür unanständige Lieder, die er in seiner Studentenzeit in Kenyon gelernt hatte.

Bob und ich fingen ein Verhältnis miteinander an. Ich konnte es selbst kaum fassen, da ich noch immer mit Warren liiert war. In meinen Ohren hallten noch die Worte des Abscheus, die meine Mutter bei der Vorstellung geäußert hatte, daß ich jemals sexuelle Beziehungen zu jemand anderem als Bill haben könnte, der, wie sie glaubte, treu im Himmel auf mich wartete. Warren, der mir an Jahren und Weisheit um zehn Jahre überlegen war, sexuelle Dinge nicht so verklemmt sah und geographisch von mir getrennt war, akzeptierte meine Affäre in Chapel Hill ohne weiteres, und ich war froh, daß ich ihn nicht anlügen mußte.

Das Examen rückte heran. Ich hatte mein Studium einigermaßen unter Kontrolle, aber die Anspannung wuchs. Ich konnte alles schaffen, wenn ich nur genügend Schlaf bekam. Mir war das Seconal fast ausgegangen, und da ich am Ort keinen Hausarzt hatte, ging ich in die einzige Arztpraxis, die ich – in der Main Street – bemerkt hatte. Eine Frau in Schwesterntracht saß im überfüllten Wartezimmer an einem Schreibtisch. Ich fragte, wann ich den Arzt sprechen könnte. Sie antwortete mir, das könne sie mir erst sagen, nachdem ich ihr erzählt hätte, weshalb ich ihn zu sprechen wünschte. Ich erklärte ihr vorsichtig, daß ich unter Examendruck stünde und mir von ihm ein paar Seconal verschreiben lassen wolle. Sie sprang zornig auf und sagte heftig: »Mein Mann versorgt keine Drogensüchtigen!« Alle Köpfe drehten sich nach mir um. Ich entfloh. Drogensüchtige! Ich hatte mich nie als drogensüchtig betrachtet. Drogensüchtige waren Kriminelle, die in Großstadtgettos lebten. Ich bin nicht drogensüchtig, dachte ich. Ich benutze Seconal nicht, weil es mir Spaß macht! Ich brauche es! Ich erlebte meine erste Anwandlung von Panik. Kein Seconal bedeutete Bedrohung für die letzten kritischen Stunden meiner Vorbereitung aufs Examen. Was sollte ich tun? Ich akzeptierte das Etikett »drogensüchtig« noch immer nicht und ging zur Krankenabteilung der Universität. Meine Panik war mir deutlich anzumerken, und so wurde ich vernünftigerweise an die Universitätspsychiaterin verwiesen, ausgerechnet die Frau des klinischen Psychologen der Universität. Ich hatte Glück. Sie war eine reife Psychiaterin, die mich geschickt dazu brachte, ihr von meinem Kampf, meine Selbstmordgedanken und meine Schlaflosigkeit loszuwerden, zu berichten. Sie unterstützte und ermutigte meine Anstrengungen und respektierte meinen Kampf. Sie erzählte mir von Entspannungsübungen und verschrieb mir Seconal.

Einige Tage später stellte ich neben meinen neuen Vorrat an Seconal einen Krug mit Wasser und ein Glas auf meinen Schreibtisch. Es war eine tödliche Dosis. Ich kam zu einem Entschluß – ich wollte meinem Leben ein Ende machen. Es stimmte zwar, daß es ein lebenswertes und vielversprechendes Leben war. Aber es stimmte auch, daß ich einfach maßlos erschöpft war! Ich fand keinen Schlaf, der lang oder tief genug war, um meine Energie und meine alte Lebensfreude wiederherzustellen. Ich hatte fast kein Geld mehr und fand den Gedanken, um Seconal betteln zu müssen, unerträglich. Ich wollte meine Selbstmordgedanken und meine Erschöpfung und die unbarmherzige Strapaze des Nach-oben-Kletterns einfach hinter mir lassen. Ich hatte genug.

Die Erleichterung, die ich empfand, war erhebend. Ich schmiß Sachen weg, für die andere kein Interesse haben würden oder die von ihnen als belastend empfunden werden könnten. Ich schrieb wohlüberlegte Briefe und bereitete sie so vor, daß Bob sie abschicken konnte, wenn ich tot war. Ich war traurig, als ich diese Abschiedsbriefe schrieb und mich darum bemühte, sie so zu formulieren, daß die Empfänger über unsere Trennung so leicht wie möglich hinwegkommen konnten. In aller Ruhe machte ich einen Spaziergang über das Universitätsgelände. Wie verschieden alles aussah und wirkte. Früher war mir gar nicht aufgefallen, was für eine schöne Form der Baum dort hatte. Ich ließ mir Zeit, wenn ich Kommilitonen und Fakultätsmitglieder traf, weil mir bewußt war, daß dies unsere letzte

Begegnung sein würde. Der Unterschied zwischen dem Wissen und dem Nichtwissen um mein Geheimnis ließ einige Bemerkungen amüsant erscheinen. Aber in erster Linie empfand ich für jeden besondere Wärme und drückte dieses Gefühl auch aus.

Ich setzte mich allein unter einen Baum und dachte nach. Ich empfand weder Niedergeschlagenheit noch Verzweiflung oder Panik. Und doch gab es wohlmeinende Leute, die mich einsperren und mein Leben mit abscheulichen Schimpfworten herabsetzen würden, wenn sie gewußt hätten, was ich vorhatte. Ich dachte an das Spektrum von Personen, für die mein Tod nicht nur ein Moment des Zusammenzuckens sein würde, sondern die sich langsam daran gewöhnen müßten. Am einen Endes Spektrums befanden sich zwei Menschen, die äußerst verschieden voneinander waren und denen es aus ebenso verschiedenen Gründen am schwersten fallen würde, meinen Tod zu akzeptieren. Es waren Mutter und Warren.

Warren würde sich wahrscheinlich mit dem Gefühl herumquälen, daß ich nicht in einen solchen Zustand der Erschöpfung geraten wäre und mein Leben nicht beendet hätte, wenn er mehr Bereitschaft gezeigt hätte, mich zu heiraten. Eine Ehe mit Warren wäre heilsam für mich gewesen, aber ich wollte nicht, daß er sich vorwarf, mein Lebensproblem zu diesem Zeitpunkt unseres Lebens nicht gelöst zu haben. Ich beschuldigte ihn nicht. Und ich konnte nur hoffen, mein Brief an Warren würde ihn schließlich zu der Einsicht bringen, daß er weder für mein Leben noch für meinen Tod verantwortlich war. Warren hatte in meinem Leben unheimlich viel Gutes bewirkt, er hatte mich zu einem neuen Planeten emporgehoben und mir die Augen für neue Welten geöffnet. Ich liebte ihn. Was immer er für Schwächen haben mochte, sie verblichen vollkommen neben den Freuden und der Freiheit, mich zu entfalten, die er mir gegeben hatte. Vorstellungen von Warrens Schmerz ließen in mir mehr als alles andere den Wunsch aufkommen, von meinem Entschluß abzulassen.

Was meine Mutter betraf, so sah ich mit meinem geistigen Auge ihre Qual vor mir, wollte auf sie zugehen und sie trösten und fühlte die kalte Abwesenheit von Liebe zwischen uns – der Liebe, die so voller Vertrauen ist, daß jeder den andern berühren kann, daß man zusammen weinen und lachen kann. Ich hatte noch nicht damit begonnen, ihre Abneigung dagegen, mich eben mich selbst sein zu lassen, zu verstehen und hegte unglücklicherweise noch immer Mißtrauen gegen sie. Ich

glaubte, sie würde mir nicht verzeihen, daß ich ihr nicht erlaubt hatte, aus mir das Kind ihrer Träume zu machen. Ich fragte mich, warum sie dazu neigte, Mißgeschicke und Enttäuschungen in Bitterkeit zu verwandeln. Ich hatte noch nicht begonnen, zu begreifen, wie hart sie das Leben erfahren hatte. Mein Mitleid mit ihr war noch unentwickelt.
Die während meiner Suizidvorbereitungen stattfindende Selbstkonfrontation war gründlich und dauerhaft. Sie entzog sich Bobs ernsthafter, liebevoller Suche nach Gründen für eine Meinungsänderung. Mein Selbstmord würde einen furchtbaren Verlust für Bob bedeuten, und ich weinte nachts bei dem Gedanken daran. Doch ich wußte zweifellos, daß Bob in keiner Weise verkrüppelt aus dieser Erfahrung hervorgehen würde. Er war jung und stark und dabei, sich zu entwickeln. Wir wußten beide, daß das Problem meines und nicht seines war. Angesichts der Verantwortung, die ich für meinen eigenen Tod auf mich nahm, konnte ich die Verantwortung für das Leben, das ich geführt hatte, übernehmen.
Vater? Ich stellte mir meinen Vater weinend vor, und ich weinte mit ihm. Ich schätzte seine Achtung vor mir. Vater würde weder sich noch mich wegen meines Todes anklagen. Er würde versuchen, Mutter zu trösten, aber ich wußte, daß zwischen ihnen nicht genug Vertrauen bestand, um eine heilende Erleichterung herbeizuführen.
Meine Kinder? In den täglichen Anstrengungen des Heranwachsens würde ich bei ihnen schnell in den Hintergrund treten. Doch ich fürchtete das Unausweichliche. Der kleine Tommy und die kleine Timmy würden irgendwann der Tatsache meines Todes ins Auge sehen müssen. Wahrscheinlich in der Pubertät oder als junge Erwachsene. Ich konnte nur hoffen, daß ihre eigenen Kräfte sowie ihre Identifizierung mit Mary und Elden sie dann abschirmen würden. Die Alternative für die Ehrharts, am Leben festzuhalten und dann vielleicht später zu scheitern, überzeugte mich nicht. Von Illusionen, aber auch echter Zuversicht erfüllt, beschloß ich, das Wagnis einzugehen.
Ich saß in der Mitte meines Zimmers, umgeben von den Dingen, die mir am meisten bedeuteten, und sortierte meine Schätze. Photographien meiner Familie und von Alaska. Skizzen, die ich entworfen hatte und die meinem kritischen Auge noch immer gefielen. Gebrauchsgegenstände aus Alaska. Bunte Decken auf dem Bett, dem Boden und an den Wänden. Korbwaren, Elfenbeinschnitzereien. Erinnerungsstücke. Alben. Am Ende des Lebens seine Schätze zu sortieren, kann

eines der stärksten Erlebnisse des Lebens sein – wie konfrontierend es auch immer sein mag. Diese im außerordentlichen Licht der Zeit betrachteten Schätze waren voller Erinnerungen, die sich aufgrund der Endlichkeit der Zeit mit voller Macht auswirkten. Einige funkelten vor Gelächter, einige waren von Tränen benetzt. Was würde aus ihnen werden? Was konnten sie anderen bedeuten? Ich stieß an eine Grenze meines jungen, erschöpften Lebens.

An einem Donnerstagabend nahmen Bob und ich sentimental voneinander Abschied. Ich erklärte ihm, daß ich seine Liebe schätzte und mich darauf verlassen würde, daß er mich nicht verriet. Er war durch seine eigenen Kräfte und alles, was ich ihnen hinzufügen konnte, gewappnet. Unsere Gefühle waren durch unser beider Bedürfnis nach Selbstbeherrschung deutlich gedämpft. Es war leichter für mich als für Bob. Er ging überschwemmt von sich jagenden, turbulenten Gedanken davon, ein wenig erleichtert nur deshalb, weil er – ohne wirkliche Überzeugung – vor kurzem vorgeschlagen hatte, uns gemeinsam das Leben zu nehmen. Ich wollte Bobs Tod nicht, war aber damals trotzdem auf das Phantasiespiel eingegangen und hatte seinen Bluff aufgedeckt. Nachdem er sein vorgetäuschtes Angebot zurückgenommen hatte, war ich ebenso erleichtert wie er. Meine Teilnahme an dem flüchtigen, makabren Spiel bezeichnet in der Landschaft meines Lebens weniger einen Tiefpunkt als vielmehr den Höhepunkt meiner Beschämung. Es schmerzt selbst heute noch, an jene Momente zu denken und die gefährliche Risikobereitschaft und Fähigkeit in mir selbst zu sehen, so unsensibel zu sein für den hinter Bobs melodramatischer List verborgenen Schmerz. Unsere Ansichten über das, was geschehen würde, mußten verschieden sein. Wie immer sie aussehen mochten, Bob würde an jenem Abend seine Gedanken verdrängen und in den Schlaf entfliehen.

Ich stand in der Abenddämmerung jenes Tages vor dem Spiegel und hielt mehrere leuchtendrote Kapseln in der Hand. Ich hatte bisher nie versucht, mehr als eine auf einmal hinunterzuschlucken. Ich füllte ein Glas mit Wasser. Ich dachte: Wenn ich versuche, alle diese Kapseln einzeln hinunterzuschlucken, sinke ich vielleicht in Schlaf, bevor ich die tödliche Dosis zu mir genommen habe. Um sicherzugehen, wollte ich sie alle einnehmen. Ich beschloß, jedesmal so viele wie möglich hinunterzuschlucken. Die erste Gruppe glitt ohne weiteres hinunter. Ich versuchte beim nächstenmal mehr zu nehmen. Es war schwieriger, und ich mußte Wasser nachtrinken. Ich brachte sie alle hinunter. Ich dachte, wie gut es sei, zu wissen, daß mein Kampf vorüber war. Ich blickte noch einmal in den Spiegel und nahm von mir selbst Abschied – irgendwie überrascht davon, wie einfach und quallos, wie sanft das Ende meines Lebens war. Ich machte die zwei Schritte zu meinem Bett und legte mich hin. Ich lächelte über mich, weil ich gern attraktiv daliegen wollte. Mir kam in den Sinn, daß ich mit einem Lächeln auf den Lippen sterben wollte. Ein paar Augenblicke lang war mein Geist angefüllt mit den Vorstellungen derer, die mir am nächsten standen. Ich weiß nicht, welche Form mein Lächeln annahm. Bob hat kurze Zeit später folgende Aufzeichnungen niedergeschrieben:

»Verwirrt und abwesend hielt ich meine Freitagsvorlesung ab und nahm dann an einem anderen Seminar teil. Danach begann ich herumzuwandern – eine plumpe und vollkommen wirkungslose Art von Flucht. Ein chaotischer Kampf begann in meinem Bewußtsein zu wüten – Abscheu, Liebe, Angst, Schmerz, der unverhüllte Schmerz um den Verlust einer geliebten Person, Selbstverdammung. Langsam verging die Zeit. Ich preßte jede Minute aus. Ich ging und ging, obwohl es mich furchtbar anstrengte und mein Körper wie aus Holz war. Ich legte mich im Kiefernwald nieder und versuchte zu schlafen, aber diese Bemühung erschöpfte mich nur. Das unkontrollierte Durcheinander von Vorstellungen und Gedankensegmenten hörte nicht auf, mich zu belästigen. Als es dunkel wurde, ging ich nach Hause und brach zusammen ... Schließlich keimte in mir eine irrationale Hoffnung auf ... Es war eine Erleichterung, ihr nachzugeben ... Ich zog mich an und ging zu Jos Zimmer. Die Tür war verschlossen ... Ich hämmerte wieder und wieder dagegen. Ich hörte ein Geräusch, und dann fragte eine benommene Stimme, wer da sei. Ich verlor einen Augenblick lang das Bewußtsein, kam aber wieder zu mir und wartete und wartete, während sie zur Tür kroch und taumelte und am Schloß herumfummelte. Ich trug sie zurück zu ihrem Bett, und sie sank fast sofort wieder in Schlaf und wurde erst nach einigen Stunden wach genug, um sich artikulieren zu können. Die Nachwirkungen waren fast so unangenehm wie das Erlebnis, sie zu verlieren. Sie schlief beinahe einen ganzen Tag lang und wachte zwischendurch immer wieder auf, doch wenn sie wach war, war sie sich nur gewöhnlicher körperlicher Bedürfnisse und ihres gescheiterten Suizidversuchs bewußt. Die sogenannten höheren Verhaltensmuster funktionierten noch nicht wieder. Sie verlangte Essen und Wasser, was sie schamlos hinunterschlang und dann wieder von sich gab. Die ganze Nacht über und den ganzen nächsten Tag pflegte ich sie und sprach mit ihr. Gegen Abend hatte sie sich von dem Medikament genügend erholt, um auf den Beinen stehen und Mitleid empfinden zu können. Wir zogen unsere besten Sachen an, gingen zum Essen und trafen unsere Freunde. Niemand ahnte, was passiert war.«

Anscheinend war die Dosis, die ich zu mir genommen hatte, nicht groß genug gewesen, um meine Selbstmordabsicht auszuführen.
Meine Wiedergeburt wurde leider Gottes durch meine scheußliche Übelkeit beeinträchtigt. Zu viel Wasser? Zu schnell hinuntergeschluckt? Egal, denn etwas wirklich Wunderbares war mit mir geschehen. Allmählich wachte ich auf – tief ausgeruht und von Grund auf verändert. Ich war auf eine unerklärliche Weise erneuert. Mein überwältigendes Gefühl von Erschöpfung war verschwunden. Ich würde mein ganzes Leben lang nie mehr den Wunsch verspüren, tot zu sein!
Jetzt plane ich wieder eine Selbsttötung – gegen die sich der Körper hoffentlich nicht wehren wird –, doch paradoxerweise bin ich nie wieder selbstmordgefährdet gewesen. Das ist etwas ganz anderes!
In den auf meinen Selbstmordversuch folgenden Tagen legte ich meine Examina ab. Diese fielen mir wegen der Ruhepause, die ich gehabt hatte, relativ leicht. Ich war in Versuchung, um eine Verlängerung meines Stipendiums zu bitten, weil ich glaubte, ein Anrecht darauf erworben zu haben. Doch ich wußte, daß ich lange genug beim Rattenrennen mitgemacht hatte. Wie immer meine zukünftige Karriere aussehen mochte, auf jeden Fall war das weitere Studium der experimentellen Psychologie nicht die Vorbereitung, die ich brauchte. Ich beschloß, Chapel Hill zu verlassen. Bob und ich wußten beide sehr wohl und akzeptierten – wenn auch zögernd –, daß der Zeitpunkt gekommen war, unsere Romanze zu beenden. Für Außenstehende war das gewiß unverständlich. Doch wir hatten so viel Achtung vor der Individualität des anderen und mit solcher Wertschätzung dessen, was einer dem anderen bedeutet hatte, daß keiner an den anderen die Erwartung stellte, unsere Beziehung zu verändern und sie zu etwas zu machen, was sie nicht war. Freunde fürs Leben.
Gegen Frühlingsende 1947 kehrte ich nach New York zurück,

im der Hoffnung, dort durch meine kürzlich gewonnenen Kontakte und Freunde, die sich mit Familienfragen befaßten, eine Anstellung zu finden. Dr. med. Abraham Stone und Dr. med. Lena Levine, letztere Direktorin des Margaret Sanger Research Bureau, das die Leitung für Geburtenkontrolle und Familienplanung hatte, schufen eine Stelle für mich. Ich entwarf Fragebogen und führte Nachforschungen darüber durch, wie die Klienten jeweils ihre persönlichen Informationen über Sex erworben hatten und wie sie es vorgezogen hätten, sie zu erwerben. Die meisten hatten sie sehr umständlich erworben und hätten eine elterliche Aufklärung vorgezogen. Die meisten wünschten auch, ihre Kinder selbst informieren zu können, glaubten aber, daß sie nicht in der Lage sein würden, dies zu tun.

Warren und ich genossen es, wieder zusammen zu sein. Nachdem er von meinem Selbstmordversuch erfahren und meine Hysterektomie mit durchgestanden hatte, beschlossen wir, nicht nur von der Möglichkeit einer Heirat zu reden, sondern sie auch durchzuführen. Der Beginn unserer Ehe am zweiten November 1947 markierte die nächste Phase meines Lebens. Sie unterschied sich in der Tat sehr von allem, was vorangegangen war. Sie hat mit »Exit House« insofern zu tun, als ich mich nun einer klassischen Psychoanalyse bei Dr. med. Henry A. Bunker unterziehen konnte. Dr. Bunkers Tod im Jahr 1953 ereignete sich, als ich zweieinhalb Jahre Analyse hinter mir hatte, und trug unausweichlich zu meinem wachsenden Bewußtsein von der Hinfälligkeit des Lebens bei. Anschließend machte ich weitere zweieinhalb Jahre Analyse bei Dr. med. Maria Hoefer.

Unsere Ehe trug noch in anderer – signifikanter – Weise zu »Exit House« bei, indem sie mir die Weiterführung meiner Ausbildung ermöglichte. Ich erlangte einen Magistergrad in psychiatrischer Sozialarbeit, der mich dazu qualifizierte, innerhalb meines Kompetenz- und Interessenbereichs zu arbeiten. Dies ergab sich alles ganz allmählich; viel gute Laune und, ja, noch mehr Liebe begleiteten mich. Mein Leben erschien mir jetzt wie verzaubert, obwohl es auch seine Schattenseiten hatte. Ich wußte, daß ich echte Liebe für Warren empfand und ihm zu Dank verpflichtet war. Doch ebenso sah ich auch bald keine Möglichkeit mehr, die Person zu sein, die Warren für sein Theaterleben benötigte, und gleichzeitig das Wesen, das ich selbst werden wollte. Mir wurde klar, daß Warren und ich uns trennen mußten. Ich sah mich nicht mehr in der Lage, meine

eigene Entwicklung fortzusetzen. 1952 ließen wir uns – nach fünfjähriger Ehe – scheiden.
Unsere Scheidung war für beide Teile schmerzlich. Wir waren zueinander höflich und voller Achtung – ja sogar voller Liebe, könnte man sagen. Nach einer gewissen Zeit erholten wir uns und überlebten und begannen eine platonische Freundschaft, die mein ganzes Leben lang anhielt.
Für mich erforderte es mehr Mut, unsere Scheidung einzuleiten, als ich zu meinem Selbstmordversuch gebraucht hatte. Ich schaffte den Übergang von den Nachwehen der Trennung von Warren zu dem Wagnis, eigenständig und unabhängig zu leben. Aus eigenem Entschluß heraus! Es war selbst im reifen Alter von dreißig Jahren ein sehr beängstigendes und zu Kopf steigendes Wagnis. So, als ob man den Entschluß faßt, geboren zu werden. Mühsam. Ich hätte mir gewünscht, länger als zwei Jahre in diese Phase hineinzureifen, bevor ich Mel Roman begegnete. Aber das Schicksal hat mich nicht um meine Meinung gefragt.

Kann ich heute, im Jahr 1979, auf meine zweiundzwanzig Jahre mit Mel zurückblicken und seine Bedeutung für meine Idee von »Exit House« erklären? Kann ich das tun, während ich gleichzeitig die furchtbare Aufgabe habe, mich freundlich von ihm zu verabschieden; ihn in ein neues Leben hineinzugeleiten? Ist mir das möglich? Ich vermute, daß das Abschiednehmen leichter sein wird als eine solche Erklärung. Wie soll ich es anstellen?
Zu der Zeit, als Mel und ich uns 1952 begegneten, hatte ich drei Jahre lang im psychiatrischen Dienst des Hillside Hospital in New York gearbeitet und war gerade in die psychiatrische Behandlungsklinik von New York City's Domestic Relations Court übergewechselt, wo ich mit Delinquenten und ihren Familien arbeitete. Mel, ein begabter Psychologe, hatte sich dort hervorgetan. Ich freute mich mit allen anderen über seine sanfte Stärke und seine Fähigkeit, Schwächen in liebenswerte Qualitäten umzuwandeln. Unsere Arbeit brachte uns immer mehr zusammen.
Unsere Hintergründe waren sehr verschieden, und es machte uns Spaß, sie zu erkunden. Mel liebte es, über seine Familie von mitteleuropäischer, jüdischer Herkunft zu erzählen. Sie unterschied sich überraschend von Warrens deutsch-jüdischem Hintergrund, und meinen weißen, angelsächsischen Wurzeln. Um meine Bildung zu erweitern, nahm er mich mit in sein eigenes

Haus sowie in das Haus seiner Eltern, wo er mich mit ihren Sitten, ihren spezifischen Eßgewohnheiten – und ihrem Geschichtenerzählen bekannt machte. Im Unterschied zum Familienleben bei meinen oder Bills oder Warrens Eltern (Bobs habe ich nie kennengelernt) zeichnete sich das Familienleben von Mels Eltern durch bemerkenswerte Wärme, Zuneigung, durch viel Fröhlichkeit und endloses Erzählen von Anekdoten aus. Man gab mir das Gefühl, willkommen zu sein, obwohl ich eine Nichtjüdin war.

In Mels eigenem Haus schien ich ebenso willkommen zu sein, aber es fröstelte einen darin, Wärme fehlte auf eigenartige Weise. Mel und seine Frau schienen entfernt voneinander zu sein und waren nicht aufeinander bezogen, außer – allerdings verschiedener Meinung –, was ihre dreijährige Tochter Lisa betraf. Ich war verwirrt, und erst Monate später verstand ich ihr Getrenntsein. Seltsamerweise hingen ihre Probleme ebensosehr mit den kulturellen Gegensätzen und Unterschieden zweier jüdischer »Untergruppen« zusammen wie mit den allgemeinen Ehekonflikten. Seltsamerweise? Finden Protestanten keine Reibungspunkte, wenn sie mit ihren »Untergruppen« zusammenkommen?

Als Mel mir mitteilte, daß er an eine Scheidung dachte, war ich nicht überrascht. Und es war auch nicht überraschend, daß wir uns ineinander verliebten. Es verwirrte mich auf eigenartige Weise, daß ich mich in jemanden verlieben konnte, der zehn Jahre jünger war als ich. Vielleicht fühlte ich mich in die Jugend zurückversetzt, die ich bei Bills Tod verloren hatte. Vielleicht glaubte ich, unsere Beziehung würde zu »einer Affäre« werden, wie ich sie mit Bob erlebt hatte. Doch nichts hat uns je voneinander getrennt – bis sich durch »Exit House«, etwa zwanzig Jahre später, eine gewisse Wendung unserer Entwicklung vollzog.

Ich verließ den Domestic Relations Court, um Verwaltungsleiterin und erste psychiatrische Sozialarbeiterin der Psychiatrischen Klinik des Universitäts-Armenhauses zu werden. Endlich war ich unabhängige Karrierefrau! Mel arbeitete auf Teilzeitbasis in der Klinik. Unsere »Affäre« entwickelte sich neben Mels schwieriger Scheidung, wenn sie auch nicht der Anlaß dazu war. Mel hatte wenig Bedenken, seine Frau zu verlassen, aber er litt sehr darunter, daß ihm sein Kind genommen wurde. Dies war mit ein Grund dafür, daß er eine Koronarthrombose erlitt. So ernüchternd dieses Ereignis auch war, so diente es doch auch dazu, den Altersunterschied

zwischen uns aufzuheben. Zweifel in bezug auf eine Eheschließung wurden plötzlich unbedeutend. Seine Scheidung wurde durchgesetzt und machte uns frei zu heiraten und ein neues Leben zu beginnen. Von Anfang an und die ganze Zeit hindurch hat unsere Ehe in jedem von uns das Beste genährt und unsere Kreativität gefördert.
Wir organisierten unser Berufsleben um und kamen zu einer Lösung, die Mel von seiner früheren Gewohnheit befreite, zusätzlich zu seiner Privatpraxis weitere Jobs auszufüllen. Seine wichtigste Beschäftigung war die am Einstein College of Medicine, wo er zusammen mit anderen ein soziales und kommunales psychiatrisches Programm entwickelte. Wir kamen überein, daß er weniger arbeiten und mehr Ruhepausen einlegen sollte als sonst.
Wir bezogen eine Wohnung und richteten einen Häuserblock davon entfernt ein Büro ein, so daß Zeit und Energie nicht mit Fahrerei verschwendet wurden. Ich gab meine Stelle auf und verlegte meine eigene kleine psychotherapeutische Privatpraxis in unser neues Büro. Durch meine flexible Arbeitseinteilung hatte ich Zeit, für unsere Wohnung und unsere häuslichen Bedürfnisse zu sorgen. Mels Kraft kehrte langsam zurück, sein Einkommen stieg trotz kürzerer Arbeitszeit stetig an. Wenn einem von uns ab und zu auffiel, daß ich immer weniger verdiente, so wurde dies nicht zum Problem.
Gleichzeitig machten wir eine der aufregendsten Entdeckungen in unserem Leben: Wir waren nicht nur an Kunst interessiert, wir waren *Künstler*! Wir schufen sogenannte »Interaktionsgemälde« und wurden aufgefordert, sie auszustellen. »Interaktionsgemälde« waren Gemälde, an denen wir gemeinsam arbeiteten, etwa so, wie Jazzmusiker miteinander arbeiten. Erst spätere Ausstellungen zeigten unsere individuellen Arbeiten. Bald mieteten wir einen Dachboden für unsere künstlerische Arbeit. Wir begannen unsere Sommer in Provincetown auf Cape Cod zu verbringen. Es waren wunderbar erholsame und anregende Sommer, ausgefüllt mit Malerei und Bildhauerei. In einem Sommer, 1963, gab es so viele Bürgerrechtskonflikte, daß wir uns entschlossen, in Mississippi für das Ärztliche Komitee für Menschenrechte zu arbeiten. Diese und andere Erfahrungen mit der Friedensbewegung beeinflußten über Jahre hinaus Mels künstlerische Arbeiten sowie seine gemeinsame Bemühung mit anderen, neue Einrichtungen für geistige Gesundheit in New Yorks südlicher Bronx, einem der schlimmsten Gettos des Landes, zu eröffnen.

Die Sommer in Provincetown wurden zur eigentlichen Quelle unserer Energien. Zuerst lebten und arbeiteten wir in Karl Knaths Studio, wo wir uns mit Karls Geist und Kunst auseinandersetzten und unser Denken gegenseitig befruchteten. Später konnten wir uns leisten, ans Meer zu ziehen, und in unserem letzten Jahrzehnt lebten wir in einem Strandhaus, das Standish genannt wurde. Aus jeder Wohnung, in der wir gelebt hatten, hatten wir ein Heim gemacht, das wir liebten, doch Standish erforderte praktisch keine Umgestaltung! Für jeden von uns gab es genügend Platz zum Arbeiten. Das beste am ganzen Haus war das geräumige Wohn-Eßzimmer mit einem großen Kamin. Das Zimmer lag direkt vor unserem Privatstrand am Ufer der Bucht von Provincetown. Kein Naturschauspiel hat je mein Wohlbefinden so gesteigert. Die ständig und dramatisch wechselnden Gezeiten und Veränderungen von Licht und Wetter durchflossen mein Sein; sie heilten und nährten mich und stimmten mich auf die universelle, ewige Kraft des Lebens ein. Das Strandgut, die blauäugigen Kammuscheln, die »Herman-Krebse« (wie die kleine Lisa, Mels Tochter, die Einsiedlerkrebse nannte) und die »Segals« (wie sie die Möwen nannte) kamen und gingen.

Unsere Sommerfreunde waren eine Abwechslung in unserem gesellschaftlich verarmten Stadtleben. Der gesellige Kreis bildete sich an den meisten Nachmittagen an unserem Strand, man trennte sich dann – widerstrebend – bei der nach Sonnenuntergang aufkommenden kühlen Brise und versammelte sich später am Abend wieder im Haus des einen oder anderen.

Während jener Jahre hatte ich vorsichtig versucht, Reaktionen auf meine Vorstellung von einem überlegten Freitod zu testen. Wie groß war die allgemeine Abneigung dagegen! Besorgte Blicke trafen mich und ernsthafte Diskussionen über dieses Thema stießen auf Widerstand. Freunde begannen mir Vorwürfe zu machen, weil ich immer wieder auf dieses Thema zu sprechen kam. Als wir zu Beginn eines jener Sommer – fluchend wie üblich – nach Provincetown fuhren, teilte ich Mel schließlich mit, daß mir die Idee gekommen sei, die Gedanken mitzuteilen, die ich mir zum Problem des überlegten Freitods gemacht hatte. Ich hatte vor, über eine Einrichtung namens »Exit House« zu schreiben, in der das Recht der Menschen, ihr Leben zu beenden, respektiert werden und die zu einem Freitod in verantwortungsvoller Weise Beistand leisten würde. Ich würde aufhören, mich mit Fragen zu quälen, wie eine solche Einrichtung zustandekommen könnte. Statt dessen würde ich

diese Einrichtung einfach erfinden und sie als Modell präsentieren, durch das die positiven Kriterien des Freitods ans Licht kämen. Mel hielt dies für eine großartige Idee. In jenem Sommer begann ich damit, mehr Zeit an der Schreibmaschine als im Studio zu verbringen. Wenn ich »Exit House« doch nur hätte malen können! Ich empfand die Arbeit mit Wörtern als eine nahezu unmögliche Anforderung an mich. Doch die Idee drängte mich dazu, die Anstrengung auf mich zu nehmen.
Sie bedrängte mich auch über Jahre unseres Stadtlebens. Sie gärte in meinem Geist, was auch immer ich während unserer unglaublich fruchtbaren Jahre tat.
Ich kam vom Malen ab und begann den Tastsinn als Kunstmedium zu erforschen. Ich entwickelte »Tastkästen«; Kästen, in die man nicht hineinsehen, deren Inneres jedoch mit Hilfe der Hand erkundet werden kann. Ich war von vielen Aspekten dieser Experimente fasziniert, vor allem von der Entdeckung, daß vertikaler Raum sich vom Tastsinn her anders anzufühlen scheint als horizontaler. Gleichzeitig hielt ich nach einem Gebäude Ausschau, in dem Mel und ich unsere Büro-, Wohn- und Atelierbedürfnisse kombinieren konnten. Mel und ich hatten im Grunde keinerlei Ersparnisse; dies war sowohl auf mein geringes Einkommen als auch auf die Entscheidung zurückzuführen, die wir nach seiner Herzgeschichte getroffen hatten: daß wir jeden Tag voll auskosten wollten, ohne uns wirtschaftliche Sorgen um das Morgen zu machen. Dennoch konnte ich der Versuchung nicht widerstehen, unsere Freunde, Rachel und Jackie Robinson, zu fragen, ob sie daran interessiert seien, zwei Klinkerhäuser mit uns zu teilen. Ich wollte es auf mich nehmen, das Innere der Gebäude umzugestalten, sie horizontal aufzuteilen und einen Aufzug installieren zu lassen, so daß Mel leicht zum Atelier im Obergeschoß Zugang hatte, selbst wenn er wieder krank werden sollte. Die Robinsons sollten die unteren Stockwerke bewohnen, so daß sie sich im Garten betätigen konnten. Ihre Antwort war ein spontanes Ja.
Ich stieß auf Manhattans ungewöhnliches West-Side-Projekt. Die Stadt war anfangs bereit, Leuten fast noch Geld dafür zu geben, daß sie in eins der Häuser in den berüchtigten Slums dieses Stadtteils einzogen und es renovierten. Ich war gerade auf dem Höhepunkt meiner künstlerischen Laufbahn – meine Tastkästen sollten auf der Madison Avenue in der Castellane Gallery ausgestellt werden. Plötzlich war ich Leiterin einer Organisation von dreißig Familien, die eine Reihe von neun aneinandergrenzenden Klinkerhäusern erwerben wollten (in

meinen Häusersuchnotizen wird auf dieses Vorhaben unter 9g Bezug genommen. Das war der Beginn der 9G Cooperative, Inc. Vier Jahre später, ich war noch immer Vorsitzende des Vereins, trat ich mit Mel über die Schwelle unserer neuen Wohnung. Rachel und Jackie waren unsere Nachbarn.

Mel und ich leben in einer Wohnung, die sich über die Obergeschosse von drei der neun Klinkerhäuser erstreckt! Kein Zentimeter blieb unausgenützt, wir haben alles, was wir brauchen, haben alles an einem Ort – außer Mels Büro im Einstein College –, und wir sind nicht weit von der U-Bahn entfernt. Mel hatte anfangs wenig Lust zu all den Umzügen aus unseren alten Räumen, aber bald war er von unserem neuen Heim fast ebenso begeistert wie ich.

Als wir in 9G einzogen, gingen wir davon aus, daß wir nun ein geruhsameres Leben führen würden. Ich nahm meine Privatpraxis wieder auf. Wir hofften darauf, uns erneut der Malerei und der Bildhauerei widmen zu können. Aber das Leben erwies sich wieder einmal als unvorhersehbar. Zwei Ereignisse griffen bestimmend in unser Leben ein.

Eine Ausstellung der architektonischen Visionen Paolo Soleris in der Corcoran Gallery in Washington regte uns an, dazu beizutragen, humane, ökologisch gesunde Städte zu schaffen – sogenannte »Arkologien«. Mel wurde Paolos enger Freund und Berater. Ich entwarf einen Plan für die Entwicklung von zwei Restaurants in Arcosanti, eine in Arizona entstehende Arkologie. Doch trotz meines lebhaften Interesses hatte ich – außer guten Zuspruch – wenig anzubieten. Mels Arbeit mit Paolo dagegen ließ ihm nur noch wenig Zeit, im Atelier zu arbeiten.

Das zweite Ereignis übte einen noch stärkeren Einfluß aus und bezieht sich auf »Exit House«. Es war unsere Begegnung mit dem Leben und Werk des Künstlers Jochen Seidel. Seidel lebte und arbeitete in einem Dachgeschoß, das an das unsere angrenzte. Wir bewunderten sein Werk und hatten von den Prüfungen und Leiden seines persönlichen Lebens gehört. Zu dem Zeitpunkt, als wir in 9G einzogen, war Seidel zu dem Entschluß gekommen, sein Künstlerdasein zu beenden. Er hatte keine Familie. Er war total desinteressiert daran, eine neue Karriere aufzubauen. Er wollte nicht mehr leben. Er unternahm einige sehr ernsthafte Selbstmordversuche, die jedoch alle vereitelt wurden. Er hatte es mit Tabletten und Gas versucht, war aber jedesmal aufgefunden und ins Krankenhaus gebracht worden, und jedesmal hatte er sich wieder erholt.

Es war dieses Vereiteln von Seidels Freitod, das sich in der Ecke meines Bewußtseins, aus der »Exit House« hervorgehen sollte, festsetzte. Zweimal hatte ich bei seinen Suizidversuchen eingegriffen und einmal hatte ich ihn dazu überredet, sich in psychiatrische Behandlung zu begeben.
Doch schließlich gelang es Jochen Seidel, seinem Leben – 1971, im Alter von siebenundvierzig Jahren – ein Ende zu setzen. Ich betrat sein Dachgeschoß und sah die Leiche meines Freundes an einem Balken hängen. Ich empfand tiefe Erleichterung darüber, daß seine Leiden endlich beendet waren. Ich erinnerte mich daran, daß er mir gesagt hatte, er wolle friedlich sterben und sich nicht selbst verletzen. Ich empfand Zorn auf die Ärzte, die es wagten, stolz darauf zu sein, einem Menschen das Leben aufgezwungen zu haben, der nicht mehr leben wollte. Ich war zornig auf die Ärzte, die sagen, sie haben nicht das Recht, das Leben eines Menschen, der sterben möchte, zu beenden, weil sie damit, wie sie erklären, Gott spielen würden. Ich war zornig auf jene Ärzte, die meinen Freund dazu zwangen, sich selbst zu verletzen, weil er kein anderes Mittel hatte, sein Leben zu beenden. Ich wollte die Leiche meines Freundes abschneiden und in ein Krematorium bringen, so daß ihre Asche zum Recycling verwendet werden könnte. Aber das war natürlich nicht gestattet. Die Leiche war ja nicht mein Freund, sondern nur dessen Überreste.
Während des folgenden Monats, in dem ich mich in 9G einlebte, meine Privatpraxis wiederaufzunehmen versuchte, Seidels Kunstsammlung rettete und unseren komplexen Haushalt führte, spürte ich ständig den Stachel der Vereitelung von Seidels Freitod. Es gelang mir, ihn zu ignorieren, bis . . .
Plötzlich brach Zelee Isum, die Mutter meiner Freundin Rachel Robinson, zusammen. Ohne zu zögern, begann ich mit einer Mund-zu-Mund-Beatmung. Zuerst arbeitete mein Gehirn wie wild und versuchte sich an Anweisungen, die ich gelesen hatte, zu erinnern. Mein Herz klopfte vor Freude, als ihr zusammengesunkener Brustkorb sich mit Luft füllte und sich rhythmisch mit meinen Inhalationen bewegte. Ich verlegte mich auf einen bestimmten Rhythmus – und da begann mein Geist zu reflektieren. Auf einmal. Was tat ich da! Warum gab ausgerechnet ich mir Mühe, Zelee, eine alte Frau, eine Halbinvalidin, die mühsam, mit einem Herzschrittmacher, leben mußte, wiederzubeleben? War dies für sie kein angemessener Zeitpunkt zu sterben? Warum vereitelte ich ihren Tod?
Ich wollte mit der Beatmung aufhören. Im Zimmer war nie-

mand, der meinen Rückzug hätte sehen können, aber ich zögerte. Angenommen, Zelee hatte aufgrund meiner Bemühung angefangen, wieder zu leben? Wenn ich jetzt aufhörte, würde ich sie dann töten? Spielte ich Gott, wenn ich aufhörte? Oder wenn ich sie weiter beatmete? Wer konnte das beurteilen? Bei wem lag die Verantwortung? Ich war ganz allein. Ich mußte selbst entscheiden. Was waren die Alternativen? Ich hatte keine – nur die Pflicht, nach meinem besten Wissen und Gewissen zu handeln. Und wie sah das aus?

Unter Tränen stellte ich mir die Hauptdarsteller in diesem Drama vor. Ich sah Rachel, die verzweifelt um Zelees Überleben kämpfte. Rachels Wunden – durch den Tod ihres Mannes und ihres Sohnes, der vor ein paar Jahren bei einem Autounfall gestorben war – bluteten noch. Würde ich Zelee für sie retten, wenn ich könnte? Das würde ich sehr gern tun. Aber es war Zelees Leben. Zelee, die ich kaum kannte. Zelee, von deren Leben ich den Eindruck hatte, daß es leidvoll geworden war. Zelee hatte nach ihrem Zusammenbruch Frieden gefunden. Doch trotz meiner Überzeugung versuchte ich alles, um sie zu retten. Es war jedoch schon zu spät. Zelee starb trotz meiner Bemühungen.

Mir dämmerte, daß mein Zorn auf die Ärzte ein bißchen unberechtigt war. Ich hatte nicht nur versucht, Zelee zu retten, um ihre Erlösung von einem Leben fragwürdiger Qualität zu vereiteln, sondern mir wurde auch in vollem Ausmaß bewußt, daß ich – ich selbst! – auf eine wirksame Weise zur Vereitelung von Seidels Freitod beigetragen hatte. Ich war von Fragen überflutet. Konnte das bedeuten, daß es in mir einen Trieb zur Erhaltung des Lebens um jeden Preis gab? Einen Trieb, der stärker war als der Intellekt? Spontan hatte ich mich darum bemüht, Zeeles Leben zu retten, obwohl ich wußte, daß seine Qualität fragwürdig war. Spontan hatte ich mich darum bemüht, Seidels Leben zu retten, obwohl ich seinen Wunsch, seinem Leben ein Ende zu machen, kannte und respektierte.

Diese persönliche herausfordernde Konfrontation führte mich – über eine schwierige, gewundene Hindernisbahn – zu einem unvorhergesehenen Schluß. Meine Suche brachte mich zu der tieferen Überzeugung, daß man in dem Maß, in dem man Methoden entwickelt, die das Leben erhalten und verlängern, ein gesellschaftlich akzeptiertes und geschütztes Recht (für Erwachsene) schaffen müsse, abzulehnen, daß einem das Leben gegen seinen Willen aufgezwungen wird. Was mich überraschte, war die Einsicht, daß die ideale Möglichkeit für einen

Menschen, sich vor einem aufgezwungenen Leben zu schützen, darin besteht, in verantwortlicher Weise die Bestimmung der eigenen Lebensspanne – nicht nur der Länge des Lebens – zu übernehmen. Dies bedeutete, daß ich, um so verantwortungsbewußt wie möglich zu sein, das Ende meines eigenen Lebens bestimmen mußte!

Ich war – im pathologischen Sinne – nicht im geringsten suizidal. Ich war im Gegenteil leidenschaftlich vom Leben gefesselt. Doch ich betrachtete den Suizid als einen rationalen, verantwortungsbewußten Akt, den ich zu planen hatte. Zum Glück war ich erst achtundfünfzig, und so glaubte ich, noch viele gute Jahre vor mir zu haben, in denen ich all das würde tun können, was ich gern tun wollte. Ich wollte diese Jahre haben, um in meiner eigenen Lebensspanne das beste, was ich konnte, aus mir zu machen, um die Früchte meiner Bemühungen genießen zu können und um noch mehr vom Leben zu erfahren.

Während der vielen Jahre, in denen ich über die Probleme von »Exit House« nachgedacht hatte, war ich meist ein einsamer Entdecker gewesen, obwohl ich allmählich andere Menschen gefunden hatte, die bereit waren, mir beim Bahnen eines Pfades zu helfen. Aber als ich entdeckte, daß es meine Aufgabe war, das Ende meines eigenen Lebens zu planen, hatte ich das Gefühl, mich in den Weltraum katapultiert zu haben, wo es keine menschliche Kommunikation mehr gab. Es erschien mir seltsam und außergewöhnlich, daß ein normaler Mensch, der fest mit beiden Beinen auf der Erde stand und täglich mit seinem Partner, seiner Familie und seinen Freunden Umgang hatte, gleichzeitig den Außenraum des inneren Geistes erforschen konnte.

Die wichtigsten Fragen, die ich untersuchen mußte, waren für mich erstens die Konsequenzen meines Suizids für diejenigen, die mich überlebten, zweitens Vorbereitungen, die ich mit mir selbst treffen wollte oder mußte, drittens Vorbereitungen, die ich mit anderen treffen wollte oder mußte, viertens die Wahl des Zeitpunkts für den Tod, fünftens die Bestimmung und Aneignung von Mitteln für den Tod und sechstens die Beschaffung von Beistand. Die Erwägungen waren so miteinander verknüpft, daß ich manchmal das Ziel aus den Augen verlor. Mein tägliches Leben war so reich und stand mit diesen Erwägungen so wenig in Zusammenhang, daß mir klar wurde, ich könnte mich glücklich schätzen, wenn ich beizeiten meinen Weg durch dieses Dickicht fand. Ich wünschte mir, schon Jahre zuvor mit dem Ganzen angefangen zu haben. Ich wünschte mir

einen Gesprächspartner. Ich wünschte ihn mir so sehr, daß ich den Gedanken erwog, Mel von meinem Entschluß und meinen nicht aufzuhaltenden Gedanken zu erzählen. Ich wußte, wie sehr es mir helfen würde, sein Denken mit dem meinen zu konfrontieren, Meinungen auszutauschen.
Angenommen, Mel wäre empört darüber, von meinem Plan zu hören, mein Leben in meinen späteren Jahren zu beenden? Diese Frage ließ mich zögern auf meinem Weg. Ich dachte daran, umzukehren, konnte es aber nicht. Es gibt keine Erkundung ohne Wagnis, und hier befand ich mich an einem äußerst beängstigenden Ort.
Ich gelangte ziemlich leicht zu der Erkenntnis, daß ich mit siebzig über sichere Mittel für einen Freitod verfügen und die Wachsamkeit entwickelt haben wollte, nach einem geeigneten Zeitpunkt für meinen Tod Ausschau zu halten. Ich stellte mir vor, daß die Zeit für meinen Freitod mit großer Wahrscheinlichkeit nicht schon mit siebzig, aber vielleicht mit fünfundsiebzig kommen würde, vielleicht würde ich auch – mit unvorhergesehenem Glück – bis achtzig leben wollen. Aber länger sicherlich nicht. Mein Zeitrahmen basierte auf einer Kombination der in unserer Zeit üblichen Lebenserwartung mit der in der Geschichte meiner Familie gewöhnlich gesunden Langlebigkeit; außerdem auf den Beobachtungen, die ich über die letzten Jahre bei meinen Verwandten gemacht hatte. Und natürlich auch auf meinem stark ausgeprägten Sinn für persönliche Vorlieben. Und so nahm ich an, daß ich 1987, im Alter von siebzig Jahren, bereit sein würde, mein Leben zu beenden, um diesen Entschluß dann wahrscheinlich 1992, im Alter von fünfundsiebzig Jahren, auszuführen. Ziemlich einfache Berechnungen. Doch was würde das für Mel bedeuten? Angenommen, ich würde aus irgendeinem Grund mit siebzig sterben wollen. Mel wäre dann erst sechzig! Und mit sechzig Witwer zu werden, könnte für einen Mann furchtbar sein! Dies war das erstemal, daß der Altersunterschied in unserer Ehe eine ausschlaggebende Rolle spielte.
Je mehr ich darüber nachdachte, desto klarer wurde mir, daß ich mich dazu überwinden mußte, mit Mel über meine Freitodabsicht zu sprechen. Sein Leben war davon ebenso betroffen wie das meine. Ich wollte mich weder schuldig machen, indem ich ihm die Teilnahme an der Entscheidung über solche lebenswichtigen Fragen aufdrängte, noch dadurch, daß ich sie ihm vorenthielt. Mir wurde klar, daß ich eine Bombe in der Hand hielt. Vielleicht hat nichts mir die Kraft und Weisheit, die darin

liegt, den Suizid als ein verantwortliches Mittel zur Vollendung der eigenen Lebensspanne zu betrachten, mehr vor Augen geführt als die Erkenntnis, daß Mel vielleicht weder die Intensität meines Vorhabens noch die sich daraus ergebenden Konsequenzen ertragen könnte. Die wichtigste Beziehung in meinem Leben stand auf dem Spiel. Welche Ironie, daß gerade diese Beziehung meine Seelenstärke bis zu dem Punkt genährt hatte, daß ich es eventuell riskieren würde, allein weiterzumachen. Ich zitterte. Es war das Jahr 1975, und Mel war achtundvierzig. Lange von mir geliebt. Unsere gemeinsamen Jahre hatten in ihm die besten Fähigkeiten zutage gefördert. Ich war stolz auf seine Kraft und Menschlichkeit, seine Kühnheit und Intelligenz. Er war inspirierend und anregend. Ich hatte ihn nicht immer als gutaussehend empfunden, aber nun tat ich es. Er teilte all dies mit mir und zeigte mir Zuneigung und Achtung. Ich wollte ihn nicht verletzen. Ich wußte, daß er stark war. Doch er war menschlich und erschütterbar. Ich wollte ihn nicht einmal ins Wanken bringen, aber das würde bedeuten, daß ich meine eigenen Überzeugungen sowie mein Vertrauen in seine Stärke mißachtete.
Mit achtundvierzig näherte sich Mel einem Höhepunkt seiner beruflichen Fähigkeiten und Anerkennung. Es war sowohl ein guter als auch ein schlechter Zeitpunkt, um mich ihm mitzuteilen. Aber es war der einzige in Frage kommende Zeitpunkt – und ich tat es.

Wenn ich mir die Entwicklung unserer Beziehung in den nächsten drei Jahren, 1975 bis 1978, der Zeit vor der Entdekkung meiner Krebskrankheit, ansehe, so scheint unser Leben sich wenig um »Exit House« gedreht zu haben – außer auf einer ständig präsenten unterschwelligen Ebene, auf der Mel sich bemühte, mit meinem Plan, ihn, wenn er in den Sechzigern sein würde, zu verlassen, fertig zu werden. Die Geschichte dieser Jahre scheint mehr von ihm als von mir zu handeln, obwohl wir natürlich beide eine Rolle darin spielen.
Mel entfaltete sich mit wunderbarer Kraft und Geschwindigkeit. Er wurde von vielen geliebt und ganz besonders von mir. Unsere Liebe war wie ein köstlicher, reifer Wein. Wir tranken ihn genüßlich und spürten seine Sensibilität. Mels künstlerische und berufliche Arbeit waren für andere kraftvoll und anregend, aber die Anstrengung ließ das Zwinkern in seinen Augen verschwinden und grub neue Linien in sein Gesicht. Seine Schultern waren vornübergebeugt, während er den Kopf neig-

te, um auf seine Schritte zu achten, statt mit hocherhobenem Haupt nach vorn zu blicken, wie er es getan hatte, als der vor ihm liegende Weg sich noch so deutlich abzuzeichnen schien. Er hatte das Gefühl, daß ihm der Boden unter den Füßen entglitt.

Es war meine Mitteilung, daß ich um 1992 herum sterben würde, die all dies bei ihm ausgelöst hatte. Warum? Warum nur bestand ich darauf, dem ins Auge zu blicken, bedrängte mich Mel. Einverstanden, Jo, stirb dann, wenn du mußt. Ja, ich glaube, es ist vernünftig von dir, dein Leben dann zu beenden. Aber warum muß ich das jetzt erfahren? Warum? Ich habe das Gefühl, daß du mich im Stich läßt. Ich höre dich sagen, daß du mich nicht verlassen wirst, bevor es an der Zeit ist, und ich weiß, ohne daß du es mir sagen müßtest, daß es nichts Außergewöhnliches wäre, wenn du dann einen normalen Tod stirbst. Aber zu *wissen,* daß du dann sterben wirst – das hasse ich. Es erfüllt mich mit Gefühlen von Verlassenheit und Wut und entfremdet mich von dem Leben, an dem ich mich erfreut habe.

War es falsch von mir gewesen, es Mel mitzuteilen? Soweit es mein eigenes Leben betraf, war ich in meiner Überzeugung nicht wankend geworden. Ich empfand sogar eine Bestätigung des Wertes, dem Tod direkt ins Gesicht zu sehen. Besonders dem eigenen. Vielleicht in gleicher Weise dem von Menschen, mit denen man tief verbunden ist. Aber ich spürte aus Mels innerem Kampf, daß er das Gefühl hatte, es sei besser, weiter in die Zukunft zu schreiten, ohne den unvermeidlichen Realitäten seines eigenen Todes oder des Todes derjenigen, die ihm nahestanden, ins Auge zu sehen. Ich erkannte, daß nicht Mel, sondern ich aus dem Takt geraten war. Aber ich fühlte mich vermutlich wie derjenige, der entdeckt hat, daß die Erde nicht flach, sondern rund ist.

Damals, als ich Mel sagte, daß ich das Ende meiner Lebensspanne selbst bestimmen möchte, hatte Mels Mutter Krebs. Ich kümmerte mich um sie, als sie ins Krankenhaus kam. Ich hatte sehr gewünscht, ihr ihre Krankheit nicht verheimlichen zu müssen. Aber ich wurde von der gesamten Familie überstimmt. 1975 entwickelte sich der Krebs zurück, und sie schien fast wieder ihr normales physisches Selbst zu sein. Eine offene Beziehung zu ihrer geliebten Familie war nicht möglich. Ich war der Meinung, daß es sie weniger mitgenommen hätte, wenn man sie über ihren Zustand informiert hätte. Mels Mutter glaubte, daß sie Krebs hatte, aber ihr wurde von den Ärzten und ihrer Familie eingetrichtert, sich das nur einzubilden. Die

Familie war, angestachelt durch die Ärzte, die Konvention und ihre eigenen, damit übereinstimmenden Überzeugungen, anderer Meinung als ich. Unerschütterlich – wenn auch wohlmeinend, was ich schätzte.
Mel und ich saßen stundenlang im Krankenhauskorridor vor der Zimmertür seiner Mutter. Wir hielten uns an der Hand, und ich versuchte auf diese Weise schweigend, mit ihm zu kommunizieren. Wir hatten sie bewußtlos aufgefunden, und Mel hatte sofort so gehandelt, wie er programmiert war zu handeln – genauso wie ich mich gegenüber Jochen Seidel und Zelee Isum verhalten hatte. Mel hatte seine bzw. unsere Befehlsgewalt über die Kräfte ignoriert, die auf jemanden einwirkten, der uns so nahe stand. Wir ließen Kräfte frei, die das Mitleid und Wissen nicht kennen konnten, das einzusetzen nur wir imstande waren. Ich verstand Mel und wußte, daß ich selbst genau dasselbe hätte tun können. Dennoch hatte ich das Gefühl, daß es furchtbar falsch war. Ich wünschte, ich hätte nicht die Polizei gerufen, wie es Mel getan hatte. Aber hätte ich mich gegen die verängstigte, fordernde Kontrolle eines Zeugen – Moms älterer Schwester – behaupten können? Ich wußte es damals nicht. Ich weiß es eigentlich auch jetzt nicht.
Moms vom Krebs zerfressener Körper – ihr Gesicht gezeichnet von der Bürde eines langen Lebens – lag zusammengekrümmt auf dem Boden des Badezimmers, während ein Notarzt versuchte, ihr Herz wieder zum Schlagen zu bringen. Als Mel und ich im Krankenhauskorridor saßen, war Mel unüberbrückbar weit von mir entfernt – nur seine Berührungen waren da und die Schwingungen zwischen uns. Ich hatte das Gefühl, er befinde sich vor Benommenheit ganz erstarrt in einem unendlich großen Loch. Von Zeit zu Zeit tauchte kurz ein uns unbekannter Arzt auf. Er sagte ebenfalls kaum etwas. Er brauchte nur seinen Kopf von einer Seite zur anderen zu bewegen, um uns mitzuteilen, daß Moms Herz noch immer schlug, obwohl sie sonst keine Lebenszeichen von sich gab. Ich fand den Gedanken fast unerträglich, daß Mom in ihr trauriges Krebsdasein – das von jetzt an wahrscheinlich noch armseliger sein würde als vorher – zurückgebracht werden sollte. Warum? wollte ich schreien, warum lassen wir diese Ungeheuerlichkeit zu? Gütiger Himmel, haben wir denn kein Gewissen? Kein Mitleid? Ich wollte in das Zimmer stürzen und Mom von den Schläuchen abhängen. Ich argumentierte mit mir selbst über Rechte. Wer hat das Recht, das zu tun? Gut, aber wer hat das Recht, es *nicht* zu tun?

Ich sagte mir, daß ich nicht das Recht dazu hatte. Sie war Mels Mutter und nicht meine. Zorn wallte in mir auf. Das ist keine ausreichende Rechtfertigung. Ich dachte: Sie mag seine Mutter sein, und er mag sie sehr und ganz anders lieben, aber das kann an der Tatsache nichts ändern, daß Mom und ich echte, liebevolle Nähe miteinander geteilt haben und daß ich sie genug liebe, um zu hassen, was ihr angetan wird, und daß ich es beenden möchte. Sie war ein Mensch, und ich wollte schreien über meine Feigheit, nicht nach meiner Überzeugung zu handeln. Ich wollte Mel drängen, diese furchtbare Szene zu beenden. Doch ich wurde daran gehindert durch meine Angst vor Gefängnisstrafe, meine Liebe zu Mel, mein Bewußtsein von seinem Kampf und meine Bereitschaft, Mom für ihn zu opfern. So saß ich in der uns umgebenden Stille. Wartend, geduldig. Geduldig und benommen.

Ein ganzer Schwarm von Verwandten kam an und lehnte sich gegen die Wand. Jetzt glaubte ich, daß alle Hoffnung auf ein Eingreifen vergeblich sei, denn sie schienen darauf programmiert zu sein, Mels – ebenfalls – programmiertes Selbst zu stärken. Mel schien ihre Stärkung willkommen zu sein. Er ließ anscheinend erleichtert meine Hand los. Es wurden Gespräche geführt, und der Arzt sagte, es habe keinen Sinn, noch länger zu warten, denn Moms Zustand könne sich über eine sehr lange Zeit hinziehen. Die Verwandten gingen wieder, um die Familienversammlung in Moms Heim zu informieren. Mel und ich verweilten noch ein wenig. Mel ging fort und kam dann zurück, um mir mitzuteilen, daß er den Arzt gebeten habe, sie zu erlösen. Ich fühlte stärker denn je seine Liebe zu Mom. Es war gut, diese Liebe zu teilen.

Mom starb am Neujahrstag des Jahres 1976. Die ganze Familie betrauerte ihren Verlust, jeder auf seine Weise. Mels Trauer war sicherlich besonders groß unserer damals eigenen Probleme wegen.

Mels Verlust seiner Mutter wurde verstärkt durch seine Gefühle, von mir im Stich gelassen zu werden. Die geringste Erwähnung von Fragen dieser Art brachte ihn auf. Der Kampf war in ihm eingeschlossen. Ich konnte größtenteils nur danebenstehen und versuchen, ihm zu versichern, daß ich überhaupt nicht die Absicht hätte, ihn im Stich zu lassen; daß ich wünschte, wir würden zusammen weitermachen; und daß ich es als unverantwortlich betrachtete, wenn wir uns vormachen würden, daß uns in unserem Leben nicht eine größere Trennung bevorstehe. Ich wollte, daß wir uns beide klarmachten, daß die Lebensspanne jeder Beziehung ein Ende haben müsse und daß wir Gewinn daraus ziehen könnten, wenn wir einander dabei halfen, uns auf unsere unvermeidliche Trennung vorzubereiten.

Als Bill, mein erster Mann starb, hatte ich immer wieder das Gefühl, daß der Schock unnötig intensiv und zerstörend war. Im Laufe der folgenden Jahre verstand ich allmählich, daß diese Gefühle vollkommen richtig waren. Der Schock, Bill als reale Person zu verlieren, hätte vollkommen ausgereicht. Aber die Wucht, mit der der Schock mich traf, war in der Tat durch zwei Faktoren unnötig verschlimmert worden. Der eine war meine jugendliche und zum Teil neurotische Überidentifikation mit Bill. Der zweite und relevantere war die Tatsache, daß mein Schock durch unsere gesellschaftliche Struktur intensiviert wurde. Letztere macht es jedem von uns fast unmöglich, Wünsche und Illusionen in bezug auf Unsterblichkeit durch das Akzeptieren der Realität unserer irdischen Sterblichkeit zu ersetzen. Es ist das Unrealistische und Lähmende an dieser Gesellschaftsstruktur, das ich ablehne.

Es spielt keine Rolle, welche religiösen oder philosophischen Überzeugungen einer hat. Oder ob einer sein Leben beenden möchte oder nicht. Und auch nicht, ob einer glaubt, daß sein persönliches Sein eine frühere Existenz gehabt hat und/oder daß auf die Vernichtung seines irdischen Daseins eine neue Existenz folgen wird. Die Realität ist, daß der irdische Leib eines Menschen sterblich ist. Also muß sein Bewohner gewissermaßen benachteiligt sein, solange er dieser Realität nicht ins Gesicht sieht. Man kann einen Körper einbalsamieren, einfrieren, an verzehrende Energiekanäle anschließen oder mit Teilen anderer Körper verbinden. Man kann zusehen, wie er begraben wird, und glauben, daß die Person, die ihn ehemals belebte, ebenfalls begraben wird. Man kann glauben, was einem gefällt. Aber ich glaube, der Menschheit ist immer am besten damit gedient, wenn man zwischen Realität und Irrealität zu unterscheiden versteht.

Ihr Körper wird sterben. Ebenso der Körper eines jeden von uns – einschließlich derer, die uns am nächsten stehen. Glauben Sie, was Sie wollen, in bezug auf das, was dann aus Ihrer Persönlichkeit wird. Aber lassen Sie uns zumindest dem *Recycling* unseres Körpers ins Auge sehen und uns darauf vorbereiten.

Meine Entwicklung nach Bills Tod brachte starke Veränderungen mit sich. Eine Zeitlang schien es mir zu riskant zu sein, mir die volle Nähe zu einer anderen Person zu gestatten, so als ob Nähe mich in eine Lage hätte bringen können, in der ich noch einmal durch den Tod eines geliebten Menschen erschüttert werden konnte. Ich setzte mich mit dieser schrecklichen Möglichkeit auseinander, und das half mir dabei, verschiedene Fragen zu überdenken. Ich konnte mich nun sicher fühlen, wenn ich eine enge Beziehung zu anderen aufnahm, und da ich diese Fragen gut überdacht hatte, konnte ich einem anderen Menschen wirklich nahe sein, ohne je wieder in die Gefahr zu kommen, daß meine Persönlichkeit beschädigt wurde. In meiner Beziehung zu Mel hat es nie eine Zeit gegeben, in der ich nicht erschüttert gewesen wäre, wenn er gestorben wäre. Aber ich würde nie mehr zulassen, daß der Tod eines anderen Menschen durch mich selbst oder andere in absolut zerstörerischer Weise auf mich einwirkt.

Wie lebhaft erinnere ich mich an den Kampf in mir, als Mel vor langer Zeit ernsthaft herzkrank* war. Aufschlußreich, auf diese Erinnerungen zurückzublicken, um meine Gefühle klären und zwischen Mels Tod und meinem eigenen unterscheiden zu können. Wenn es sein müßte, könnte ich seinen Tod ertragen. Ich wußte, daß er sterben könnte. Ich wußte, daß das ein schrecklicher Verlust für mich sein würde. Ich wußte, daß er nicht sterben wollte. Ich wußte, daß er mich nicht im Stich lassen wollte.

Doch daneben gibt es auch noch diese anderen Gefühle, die mindestens ebenso mächtig sind und erkannt werden müssen: der gesellschaftliche Druck. Als Bill starb, empfand ich einen enormen gesellschaftlichen Druck. Er hatte wenig mit meinem eigentlichen Leben zu tun, außer daß er mir auferlegt wurde und ich infolgedessen gezwungen war, ihm Beachtung zu schenken – mich dagegen zu wehren. Bills Tod trat zu einem Zeitpunkt ein, als ich dem Gefängnis meines Zuhauses gerade entronnen war und erstmals die Freiheit gekostet hatte. Ich war zwar meiner Stützen beraubt, doch mein Bedürfnis, von autoritärem Druck unabhängig zu sein, war so stark, daß ich mich behaupten konnte.

Von allen Seiten wurde ich bedrängt, das oder jenes auf die oder jene Weise zu tun. Es war meine Pflicht, ein Beerdigungsritual mit Aufbahrung zu veranstalten. Meine Pflicht wem gegenüber? Unseren Kindern? Der Familie? Der Gemeinschaft? Mir selbst? Man sagte mir, daß diese Rituale einen Zweck erfüllen. Wie sollen wir wissen, daß Bill tot ist, wenn du

* Eine merkwürdige Koinzidenz: Bill starb an einer Herzkrankheit, als er dreißig war, und meine Krankheit damals ließ Jo alle Erinnerungen wiedererleben und auch die Ängste. – Mel Roman

die Tradition nicht befolgst? Bill hatte seinen Leib verlassen, und da waren alle diese Leute, die sagten, ich solle seinen Leib einbalsamieren lassen, damit es für sie so aussah, als befände er sich noch immer in seinem Leib, damit sie diesen ganzen Hokuspokus veranstalten konnten, der nichts mit dem zu tun hatte, was Bill und ich jemals fühlten oder wollten. Sollte ich meine Kinder hungern lassen, um für all dies aufzukommen? Sollte ich mich mit den Kindern vor eine Meute stellen, die neugierig war, unsere Gefühle zu erfahren. Sollte das unseren Kindern helfen? Ein Publikum, das sich sagte, daß dies seine Art sei, *unseren* Schmerz zu teilen und zu lindern und uns dabei zu helfen, unseren Verlust zu überwinden. Unseren Schmerz und Verlust? Ihren vielleicht, aber nicht meinen oder unseren.
Die Kinder und ich saßen allein in der Sonne und begannen mit der einzigen Heilung, die wirklich zählt: dem Verlust ins Auge zu sehen und so gut wie möglich weiterzumachen. Ich vertraute darauf, daß unsere Freunde – einige von ihnen waren verwirrt, weil ich das Ritual ablehnte – meine Entscheidung respektieren würden. Mein Vertrauen war wohlbegründet, denn nachdem alles vorbei war, teilten unsere Freunde mir mit, daß sie froh darüber waren, sich an Bill, wie er lebendig war, statt an seine Leiche erinnern zu können.

1976 wurde von 1977 abgelöst. Mel und ich liebten einander, aber wir wußten, daß sich tiefgreifende Veränderungen vollzogen. Mel klammerte sich an die Vorstellung, ich würde ihn im Stich lassen wollen. Ich hatte das Gefühl, daß *er* mich irgendwie verließ. Manchmal versuchten wir, über das, was vorging, zu sprechen, aber oft waren diese Gespräche voller zorniger Argumente. Wir empfanden beide Scham und Hilflosigkeit, wenn wir verletzt wurden oder verletzten.
Die Kämpfe waren nicht nur Mels. Ich hatte das Gefühl, sie stammten aus seinem Widerstand dagegen, bestimmten Realitäten ins Auge zu sehen; *er* hingegen hatte das Gefühl, sie wurden durch meine Haltung verursacht. Es war nicht nötig, einem von uns beiden recht oder unrecht zu geben. Wichtig war vielmehr, daß wir mit den anstehenden Problemen nicht zurechtkommen konnten.
Es schien mir unglaublich, daß zwei Menschen, die so viele Jahre lang so gut und intim zusammengelebt hatten, trotz allem weite Bereiche haben, in denen sie keinen sinnvollen Kontakt herstellen oder zuverlässige Erkenntnisse gewinnen können. Wenn ich an all die Liebe, Erfahrung, Intelligenz und Motiva-

tion dachte, die wir in unsere Ehe hineingetragen hatten, und daran, daß wir dennoch an Verständigungsproblemen litten, die wir eigentlich nicht haben sollten, wunderte ich mich nicht mehr darüber, daß Ehen so häufig scheitern. Wie erfolgreich – verheiratete oder unverheiratete – Partner auch immer versuchen mögen, offen gemeinsame Ziele anzustreben, so scheint mir, daß in gewisser Hinsicht jeder immer allein handelt. Das heißt, er muß allein entscheiden, welchen Standpunkt er gegenüber einer beide betreffenden Angelegenheit einnehmen soll. Mel und ich waren diesbezüglich keine Ausnahmen. Ich sah meine Einsamkeit auch in unseren erfolgreichsten gemeinsamen Bemühungen, sah, daß jeder von uns immer die Macht hatte, sich in seinem Handeln auf das gemeinsame Ziel zu beziehen oder nicht. Ich habe Mels Widerstand gegen meinen anfänglichen Plan, mein Leben zu beenden, nie ganz verstanden. Aber ich kann mehr über mein eigenes Denken sagen und möchte dies auch tun, da diese Überlegungen irgendwie die komplexen Wurzeln meines »Exit House«-Konzepts nähren.
Es ist ein bißchen seltsam für mich, dies zu tun (obwohl es in gewisser Hinsicht auch leicht ist), weil mir klar ist, daß Mel mit allem, was ich zu Papier bringen werde, leben muß. Deshalb möchte ich – sehr vorsichtig und stark vereinfacht – ein paar persönliche Gedanken über die Konfrontation mit Gefühlen der Trennung und/oder des Todes niederschreiben.
Jede meiner drei Ehen bedeutete für mich eine monogame Bindung. Aber ich befand mich bei jeder dieser Eheschließungen in einem anderem Stadium meiner Entwicklung. Bill und ich gingen eine jungfräuliche Ehe ein, die so kurzlebig war, daß wir kaum Phantasien über eine mögliche Trennung entwickeln konnten. Wir sprachen von einem möglichen Tod zu einem sehr fernen Zeitpunkt. Ich nahm an, wenn wir alt wären. Einen Vorgeschmack von Trennungsphantasien bekamen wir allerdings, als sich während des Zweiten Weltkrieges herausstellte, daß auch Väter von zwei Kindern eingezogen werden konnten. Bill starb, bevor es dazu kam. Doch ich erinnere mich, daß ich bei dem Gedanken daran starken Schmerz empfand; eine Art von Trennungsterror. Ich hatte überhaupt keine Angst davor, allein im Haus zu sein oder dergleichen, nur Angst davor, daß Bill etwas passieren könnte, was mich vollkommen hilflos zurücklassen würde. Wenn er verkrüppelt nach Hause kommen würde, konnte ich hoffen. Aber wenn er nie mehr nach Hause kam, würde ich in ein Nichts verwandelt.
Solche Überlegungen scheinen mir relevant zu sein, wenn ich

etwas von dem Widerstand zu begreifen versuche, den andere bei dem Gedanken an den Tod haben. Viele scheinen nur an den Tod zu denken, wenn jemand stirbt. Mir scheint, daß das die ungünstigste Zeit ist, seine Gefühle unter die Lupe zu nehmen. Woher kommt der Widerstand, dem Tod ins Auge zu blicken oder auf eine bedeutsame und persönliche Weise darüber zu sprechen, wenn es allen gut geht? Ich vermute, der Schlüssel liegt darin, wie man mit seinen früheren Trennungserfahrungen umgegangen ist – vor allem mit der Trennung von den Eltern. Unsere Kultur lehnt Trennung großenteils ab und ermutigt dazu, während unseres Erwachsenendaseins fest mit der Familie verknüpft zu bleiben; Trennung wird negativ interpretiert, als etwas, das man vermeiden sollte und nicht als, sagen wir, positive Annäherung an Achtung.

Mein frühestes Gefühl der Trennung von meinen Eltern war psychologisch bedingt, aber nichtsdestoweniger sehr real. Während es zu einem großen Teil Ausdruck von Ablehnung war, bestand dennoch genügend Liebe, die dazu verhalf, uns trotz der Trennung noch zu achten. Ich war so erzogen worden, zu glauben, ich sei bindungslos, wenn ich unabhängig von anderen Menschen war. Das heißt, wenn ich von ihnen getrennt war. Damit ich jemand war, wurde von mir erwartet, mich immer an meine Eltern oder einen Partner zu binden. Diese Interpretation von Trennung birgt das verhängnisvolle Gefühl, tot zu sein, noch während man lebt. Dazu gehört die erdrückende Vorstellung, lebendig begraben zu sein, keine eigene Kraft zu haben, um Alternativen ausfindig zu machen und unter ihnen auszuwählen. Trennung bedeutet also Hilflosigkeit, Ablehnung, verlassen, gefangen sein. Diese Zustände führen zu dem furchtbaren Gefühl, der Tod sei etwas Erschreckendes. Ich stelle mir vor, daß eine Art, mit Bindungen zu leben, ohne die man das Gefühl hat, nicht leben zu können, darin bestehen muß, daß man die Erkenntnis der Abhängigkeit von diesen Bindungen vermeidet. Das heißt, man darf sich nicht erlauben, seine Gesondertheit in Betracht zu ziehen. Während dies einem vielleicht ermöglicht, weiterzumachen, macht es einen mit Gewißheit auch schrecklich verletzbar, falls das Liebesobjekt stirbt, mit dem man so verbunden ist – von dem man hinsichtlich seiner eigenen Identifikation abhängig ist. Eine andere Möglichkeit kann darin bestehen, schreckliche Vorstellungen vom Tod durch himmlische Vorstellungen von einem guten persönlichen Leben nach dem Tod auszugleichen. Aber wie ich schon als Kind – anläßlich meiner Beobachtungen des Verhal-

tens an Totenbahren – festgestellt hatte, gibt es wenig Anzeichen dafür, daß man sich im Falle eines Todes über eine solche Vorstellung freut. Bestenfalls wird der Hinterbliebene dazu gedrängt, in solchen Vorstellungen Trost zu suchen.
Ein unabhängiger Mensch zu werden, hat den größten Teil meines Lebens in Anspruch genommen. Diese Aufgabe zu erfüllen, gelang mir immer nur unvollständig. Komischerweise war ich diesem Ziel am nächsten, als ich mich dem Jahre 1978 näherte. Komischerweise? Vielleicht nicht. Vielleicht haben wir alle die Möglichkeit, unser ganzes Leben hindurch Erfolg zu haben, Früchte zu tragen; manchmal Früchte in Form von Kindern und immer die Früchte des Geistes. Sich unabhängig, produktiv und bedingt wichtig zu fühlen macht jeden Tag lebenswert! Das gleiche bewirkt das Gefühl, daß man fähig ist, sich diesen Zielen zu nähern. Für mich sind diese Möglichkeiten grundlegend für ein Leben von persönlich befriedigender Qualität. Und ebenso ist der Tag für mich nicht lebenswert, an dem diese Möglichkeiten *unmöglich* werden. Das ist das Kriterium der »Lebensqualität«, von dem ich spreche. Das ist die grundlegende Voraussetzung, auf der »Exit House« gründet. Das ist der Grund dafür – denn diese Möglichkeiten bestehen für mich nicht mehr –, daß ich mich auf einen überlegten Freitod vorbereite.
Während ich Mel bei seinem Kampf mit diesen Vorstellungen und Überzeugungen zur Seite stand, wurde mir sehr deutlich bewußt, wie weit ich in meiner Selbstachtung und Selbstgenügsamkeit gewachsen war. Als Mel das Interesse meines Lebens als so unerträglich konfrontierend zu empfinden schien, daß er in einem zerbrechlichen Bereich unserer Beziehung eine Öffnung sah, durch die er dem Druck innerhalb der Beziehung hätte entfliehen können, fühlte ich mich nicht dazu gedrängt, mich – aus meinem Schmerz heraus – selbst auszulöschen. Ich begriff zum erstenmal, daß ich meine Überzeugungen nicht aufgeben würde, wenn Mel sich nicht auf meine Seite stellen wollte. In der Tat waren meine Selbstachtung und mein Vertrauen auf den Wert meiner Überlegungen so stark geworden, daß ich sicher war, ich könnte notfalls auch allein bestehen. Ich litt noch immer unter ungelösten Unzulänglichkeiten. Ich hatte noch immer Aversionen dagegen, Geld zu verdienen – vielleicht entsprechend der Aversion mancher Männer gegen Nähen, Bügeln, Bettenmachen oder ein Kind schaukeln. Doch im Bereich unserer Konfrontation konnte ich mich behaupten. Ich konnte nicht nur Prüfungen standhalten, ich konnte sie sogar begrüßen. Es war großartig, dazu fähig zu sein, mir selbst

ernsthaft zu sagen, daß ich lieber allein dastehen würde als schwer erworbene Überzeugungen zu opfern, von denen ich glaubte, daß sie auch anderen nützen könnten; lieber allein, als Mel krampfhaft dazu zu bringen, nicht aus unserer Beziehung auszubrechen. Solche Gedanken mögen anderen unbedeutend erscheinen, aber für mich waren sie erstaunliche Errungenschaften, vor allem, weil ich wußte, daß ein Bruch in unserer Beziehung sowohl für uns beide als auch für andere niederschmetternd sein würde.

Im Sommer 1977 dachten sich Mel und ich eine Prüfung für uns aus. Mel war davon ebenso überrascht wie ich. Wir beschlossen zum erstenmal in unserem gemeinsamen Leben, im Sommer 1978 zwei Monate getrennt voneinander zu verbringen. Wir waren von unserer Kühnheit zwar betroffen, sprachen aber liebevoll und ernst darüber. Wir planten, daß Mel den Sommer entfernt von unserem vertrauten Territorium – New York und Cape Cod – verbringen sollte. Ich würde in unserem komfortablen Heim in der Stadt bleiben, da ich vorhatte, das ganze Jahr meinen Aufzeichnungen für *Exit House* zu widmen. Der Zufall wollte es so, daß das Sommerhäuschen, das wir liebten und in dem wir zehn Jahre lang den Sommer verbracht hatten, uns nicht länger zur Verfügung stand. Zwangsläufig ergab sich ein natürlicher Bruch unserer routinemäßigen Sommerferien. Aber dies war der einzige Bruch.

Wir kehrten in jenem September 1977 in die Stadt zurück, und ich begab mich für meine Aufzeichnungen in die Phase des Bleistiftspitzens. Ich sah die Notizbücher durch und ähnliches, um mich für eine harte Zeit des Schreibens zu rüsten. Außerdem hatte ich vor, Mels Tochter Lisa dabei zu helfen, ihre erste eigene Wohnung einzurichten. Vor kurzem hatte ich das gleiche für meine Tochter Timmy gemacht, und ich wollte ebensoviel für Lisa tun. Ich arbeitete unermüdlich und war nun schon fast so weit, daß ich Papier in die Schreibmaschine spannen konnte. Doch dann, im Oktober, beschloß das Ungeheuer Krebs, daß meine Familie lange genug krebsfrei geblieben war. Es stürzte sich auf Timmy!

Ich sagte gerade, daß der Verlust unseres Sommerhäuschens der einzige Bruch war, aber das stimmt nicht. Es kam mir auch sehr gelegen, daß ich meine Arbeitsverpflichtungen aufgegeben hatte. Infolgedessen war ich frei für die schreckliche Aufgabe, mit der Krebsgeschichte fertig zu werden – für Timmy da zu sein, ihr bei der Brustamputation, bei den darauf folgenden Untersuchungen und der Heilung Unterstützung zu geben.

Mein Schreibprojekt wurde für die Zeit der Ferien zurückgestellt. Timmys Leben war wichtiger.
Zum Glück war Timmys Prognose nach einer einfachen Brustamputation ausgezeichnet. Im Januar 1978 konnte sie ihre normalen Aktivitäten wieder aufnehmen. Lisa hatte ihre erste berufliche Anstellung und ihre eigene Wohnung. Mel ging es gut, außer daß er weiterhin innere Kämpfe durchmachte. Ich saß wieder an der Schreibmaschine und stürzte mich in die Arbeit, mit dem guten Gefühl, genügend Zuversicht und Arbeit zu haben, um meine Sorge um die Zukunft unserer Beziehung und uns selbst auszugleichen. Ich war stolz darauf, daß wir es wagten, uns auf die Probe zu stellen. Und ich war mir bewußt, daß ich den größten Teil meines Lebens eine solche Trennung von einem Partner, mochte sie auch noch so vorübergehend sein, wie sie jetzt im Juli auf uns zukam, nicht gewagt hätte. Die Monate bis zum Juli waren für uns emotional sehr wichtig. Unsere Gespräche über unsere zentralen Probleme waren nicht mehr so scharf und zynisch.
Im Februar 1978 wurde ich einundsechzig. Wie wenig geschätzt ist dieses Alter. Ich liebte es. Vorwärts, komme was will!
War ich allzu zuversichtlich? Ich war noch immer menschlich und fehlbar und ein bißchen neurotisch. Als ich zum Beispiel eine routinemäßige Selbstuntersuchung meiner Brüste vornahm, hatte ich das Gefühl, daß sich die üblichen Gewebeverdickungen meiner linken Brust irgendwie anomal anfühlten. Ich sagte mir, daß ich mich mit Timmys Amputation der linken Brust überidentifizierte. Es war gewiß nicht wahrscheinlich, daß in einer Familie, in der noch nie Krebs aufgetreten war, in zwei Generationen gleichzeitig Krebs in der linken Brust zu erwarten sei. Ich kam zu dem Entschluß, mir die Verdickung des Brustgewebes nur einzubilden. Die vierte meiner jährlichen Untersuchungen im Guttman Institute – einem Brustforschungszentrum – war im nächsten Monat fällig. Es hatte also keine Eile.
Nun kommen wir zum *Jetzt* meiner Lebensspanne – eine Zeit, in der ich so nahe an die Landschaft meines Lebens herangerückt bin, daß ich mich sehr um die Objektivität meiner Sicht bemühen muß.
Am 28. März 1978 hielt sich Mel in San Francisco auf. Beschwingt von dem wunderschönen Frühlingstag ging ich vom Bus zum Guttman Institute, doch mein Kopf wurde plötzlich und überraschend von lebhaften Phantasien überschwemmt. Meine Lieblingsvorstellung war, daß ich Mel, wenn er in einer

Woche zurückkehrte, fröhlich erzählen würde, daß ich diesen Termin bei Guttman mit der absurden Vorstellung wahrgenommen hatte, daß ich Krebs haben könnte. Ich würde ihm erzählen, wie diese absurde Phantasie eine Reihe von anderen Phantasien darüber ausgelöst hatte, wie ich mich in einem solchen Fall verhalten würde. In dieser Lieblingsphantasie war der Befund des Guttman Institute negativ.

In all den Phantasien ging ich von der Annahme aus, daß die Angestellten des Guttman Institute mir nicht sagen würden, daß ich Krebs hätte, selbst wenn sie sich dessen sicher wären. Statt dessen würden sie mich mit nichtssagender Miene von der Anwesenheit anomalen Gewebes unterrichten, das aber, wie sie sich beeilen würden zu erklären, auch gutartig sein könnte, und deshalb solle ich meinen Hausarzt aufsuchen. Ich war sicher, daß ich über einen solchen Aufschub verärgert sein würde, ihnen grollen würde, weil sie mir ihre Meinung vorenthielten, aber auf jeden Fall würde ich mich noch einer ganzen Reihe von Tests unterziehen müssen. Und ich würde mich frustriert fühlen und den Drang haben, sofort von einem anderen Arzt untersucht zu werden; vor allem da ich wußte, daß ich meinen Hausarzt nicht gleich würde erreichen können. Deshalb war ich wütend, als ich mich dem Guttman Institute näherte.

In meinen Phantasien stürzte ich mich natürlich ebenso auf die schlimmsten Möglichkeiten wie auf Vorstellungen davon, wie ich über meine Dummheit lachte. So sah ich, während ich durch den milden Sonnentag schritt, mit bemerkenswerter Deutlichkeit das gesamte Szenarium dessen vor mir, was dann tatsächlich eintrat. Noch bevor ich das Gebäude betrat, wußte ich genau, wie meine Reaktion sein würde, falls sich herausstellen sollte, daß ich einen Tumor hatte. Mir war klar, daß ich sehr betrübt sein und Mel Trost wünschen würde. Gleichzeitig wußte ich bereits aufgrund unserer anderen wachsenden Probleme, daß ich in der Lage war, allein damit fertig zu werden. Wenn ich bei Mel Trost finden könnte, würde ich zweifellos sehr entlastet werden. Wenn ich bei ihm jedoch während der Zeit, die es dauern würde, einen Tumor einzuschätzen, Trost suchen würde, dann gab es für mich keine Möglichkeit, mich von ihm zu trennen, um eine unabhängige Entscheidung darüber zu treffen, was ich tun wollte, wenn sich der Tumor als bösartig erwies.

Während ich noch immer auf das Gebäude zuging, kam ich zu dem Schluß, daß ich Mel *nicht* ins Vertrauen ziehen und um

Unterstützung bitten wollte, bevor die Bösartigkeit des Tumors festgestellt war. Und dann? Wenn das geschehen sollte? Bei dem Gedanken daran setzte mein Herz einen Schlag lang aus. Vor meinem geistigen Auge sah ich mich zusammengebrochen in Mels Armen, wie es pathetischer nicht einmal Sarah Bernhardt hätte spielen können. Wir befanden uns ineinander verschmolzen in dem gleißenden Scheinwerferlicht, dessen Hitze brannte, als ob die Sonne zu stark angestellt worden wäre.
Eine Phantasie jagte die andere. Angenommen, ich habe Krebs! Und Mel würde es wissen. Dann würde er auf keinen Fall fortfahren, um den Sommer getrennt von mir zu verbringen. Und würde ich mich dann besser fühlen? In mancher Hinsicht sicherlich. Aber die Vorstellung, daß Mel nur zu Hause bleiben würde, weil ich Krebs habe, und nicht, weil er sich selbst geprüft und herausgefunden hat, daß er unabhängig von meinem Plan, mein Leben zu beenden, unsere Beziehung fortsetzen möchte, war bestürzend. Unsere Prüfung durchzuführen war wichtiger als sie nicht durchzuführen, weil ich Krebs hatte. Selbst wenn ich Krebs hätte, würde ich damit lieber allein fertig werden als in einer Beziehung, die nicht auf einer freiwilligen Basis bestand. Wenn sich herausstellen würde, daß ich Krebs hatte, beschloß ich, alles zu tun, was in meiner Macht stand, um es Mel zu verheimlichen, bis er seine Reise gemacht hatte. Danach würden wir beide viel klarer sehen und emotional besser in der Lage sein, mit der Sache fertig zu werden. Ich zog diese Wohltat der eines raschen Trostes vor. Ich wünschte mir von ganzem Herzen, Mel davon erzählen zu können, aber noch mehr wünschte ich, es ihm nicht zu erzählen. Ich wollte meine eigene Fähigkeit empfinden und ihr vertrauen.
Wenn ich einen Tumor habe, wird er wie Timmys sein? Das war die erste Frage, die mir in den Sinn kam. Ich nahm an, daß ich mich in diesem Fall einer Operation unterziehen müßte, um mit Sicherheit festzustellen, ob es ein Krebsgeschwür war oder nicht. Wenn es sich als gutartig erwies, könnte ich Mel erzählen, wie knapp wir einem bösen Geschick entronnen waren, und wir könnten über meine eigensinnige Unabhängigkeit lachen und mit unserem Leben fortfahren. Wenn er sich jedoch als bösartig erwies? Dann ...
Ich sah, daß es in diesem Fall zwei Möglichkeiten für mich gab. Die eine entsprach der von Timmy. Man würde mir eine Brustamputation anraten, weil die Wahrscheinlichkeit bestand, daß man dadurch alles bösartige Gewebe entfernen und mir auf diese Weise eine normale Lebensspanne ermöglichen könnte.

Wenn es dazu kommen sollte, so wußte ich, daß ich dieses Trauma mit relativ wenig Schwierigkeiten überstehen konnte. Ich hatte gesehen, wie es Timmy gelungen war, und wußte, daß es mir leichter gelingen würde, weil ich ihr Erlebnis mit ihr geteilt hatte. Wenn vor dem Sommer eine Brustamputation bei mir notwendig würde, gab es natürlich keine Möglichkeit, dies vor Mel geheimzuhalten. Aber ich konnte wenigstens versuchen, den Prozeß, zu erfahren, ob mein Tumor bösartig war oder nicht, allein durchzustehen.
Nehmen wir an, er ist bösartig, und die Befunde sprechen dagegen, daß mein Leben durch eine Brustamputation gerettet werden kann. Ich wäre dankbar dafür, daß ich »Exit House« so gut kenne! Ich würde niemals zulassen, daß der verbleibende Teil meiner Lebensspanne zu einem Zustand wird, in dem ich nur noch auf die endgültige Zerstörung warte oder gegen die Wahrscheinlichkeit nach Kuren, Remissionen oder einer Lebensverlängerung suche. Andere mögen das tun. Ich nicht! Ich würde die bestmögliche Kalkulation in bezug darauf anstellen, wieviel Zeit mir noch bliebe, nach meinen eigenen Maßstäben in einem angenehmen emotionalen und physischen Zustand zu leben. Ich würde planen, mein Leben am Schluß dieser Periode zu beenden, und es auf diese Weise ermöglichen, den Rest meines Lebens voll auszukosten. Ich nahm an, daß mein verkürztes Leben unter diesen Umständen die Möglichkeit, daß Mel und ich uns unserer Prüfung unterzogen, ausschalten würde. Wir würden unsere Prüfung des getrennt verbrachten Sommers durch die Prüfung ersetzen müssen, ob wir unsere Beziehung dazu benutzen konnten, mir zu helfen, mein Leben zu beenden und ihm ein neues Leben zu eröffnen.
Der Weg vom Bus zum Guttman Institute war nur zwei Häuserblocks weit! Doch dabei tauchten alle diese Phantasien auf. Als ich das Gebäude betrat, hielt ich noch immer an der Vorstellung fest, daß ich mit Mel über all das, was mir während dieses Weges durch den Kopf gegangen war, lachen würde. Aber ich war mir über mich selbst klar geworden. Ich wußte, was ich zu tun hatte.
Die Bestätigung des Guttman Institute, daß ich einen Tumor hatte, war so ärgerlich, wie ich erwartet hatte. Ärgerlich? Furchtbar! Die Suche nach den richtigen Ärzten war frustrierend, aber rasch erledigt. Der von mir ausgewählte Chirurg teilte mir seinen vorläufigen Eindruck mit, nachdem mein Tumor nicht nur bösartig, sondern auch schon in einem fortgeschrittenen Stadium sei. Mindestens schon zwei Jahre alt!

Ich unterzog mich der Operation am 14. April, ohne Mel oder irgend jemand sonst etwas davon zu sagen. Ich traf die Entscheidung, daß der Chirurg keine Brustamputation vornehmen sollte, was immer er finden würde. Der Arzt war damit einverstanden, daß ich mich einer chemotherapeutischen Behandlung unterzog, und meinte, mir fiele gewiß eine Möglichkeit ein, dies vor Mel geheimzuhalten. Er sicherte mir zu, daß ich meine Haare nicht verlieren würde, doch ich würde mich nach der Behandlung wahrscheinlich ein oder zwei Tage lang angeschlagen fühlen. Der Haupttumor wurde entfernt und erwies sich als bösartig. Meine Krebserkrankung befand sich in einem sehr fortgeschrittenen Stadium. Die Wahrscheinlichkeit, meine normale Lebensspanne zu erreichen, war äußerst gering. Eine Brustamputation war sinnlos. Meine Aussichten im Frühling 1978 waren die, daß ich mit ein oder zwei erträglichen Jahren rechnen konnte. Ich beschloß, das Beste daraus zu machen. Es war enorm schwierig und doch auch enorm befriedigend, allein bis zu diesem Punkt gekommen zu sein. Außerdem sah es so aus, als ob ich zwei Fliegen mit einer Klappe schlagen könnte! Mel und der Rest der Familie erfuhren auch weiterhin nichts von meinem körperlichen Zustand. (Ich sagte ihnen, daß ich mich an dem Wochenende, an dem meine Operation stattgefunden hatte, in Boston aufgehalten hätte.) Ich dachte mir, daß ich, wenn ich in der Lage gewesen war, meinen Zustand so gut und so lang geheimzuhalten, vielleicht die Prüfung für unsere Beziehung, die wir uns vorgenommen hatten, retten könnte. Das würde diese letzten Monate sehr bereichern. Für uns beide, glaubte ich.

Die bestkonstruierten Pläne gehen meistens schief. Mir ist bewußt, daß kaum jemand begreifen wird, daß ich meiner Familie drei Monate lang alles – einschließlich der Operation – verheimlichen konnte. Doch es gelang mir. Aufgrund des sehr ausgefüllten Lebens, das wir gewöhnlich führten, hätte ich vielleicht bis Juli durchhalten können. Aufgrund meiner Schwächung durch die Chemotherapie mißlang es mir. Chemotherapie wirkt sich körperlich schwächend und emotional bedrückend aus, und trotz herkulischer Bemühung meinerseits, dies zu verbergen, begann Mel mißtrauisch zu werden. Selbst das hätte meinen Plan nicht ändern können, wenn Mel nicht – am 16. Juni 1978 – erklärt hätte, daß er das Gefühl habe, ich würde ihn aus meinem Leben ausschließen. Das gab mir den Rest! Ich konnte nicht ertragen, daß er mit einer so falschen Meinung von mir abreiste.

Das war das Ende des einzigen Geheimnisses, das ich jemals vor Mel gehabt hatte.

Als ich erfuhr, daß ich mich Krebstests würde unterziehen müssen, begann ich sofort, so oft wie möglich ausführlich Tagebuch zu schreiben. Ich wollte meine körperlichen und emotionalen Reaktionen für mein eigenes besseres Verständnis ebenso wie für Mel genau festhalten, obwohl er bis zum April 1979 nicht wußte, daß ich ein solches Tagebuch führte – sonst hätte er ja auch erfahren, daß ich Krebs hatte. Ich möchte jetzt für dieses Buch aus meinem Tagebuch zitieren, um die Ereignisse vom April 1978 an chronologisch zu verfolgen. Die folgenden Aufzeichnungen sollen erklären helfen, was in bezug auf meine Krebserkrankung, meine Beziehung zu denen, die ich liebe, und das näherrückende Datum meines Todes noch unerklärt ist.

3. April 1978:
Meine Ansichten, nachdem ich sechs Tage lang allein in dem Bewußtsein gelebt habe, daß ich vielleicht Brustkrebs habe:
Das Folgende muß innerhalb des Geheimhaltungsabkommens verstanden werden, das sich aus der anschließenden Erklärung (Wen es betrifft, S. 77) ergibt. Ebenso durch die Annahme, daß ich tatsächlich Krebs habe und daß sich unter Umständen bereits Metastasen gebildet haben.

1. Ich möchte von einem guten Onkologen behandelt werden, der sich auf Brustkrebschirurgie spezialisiert hat.
2. Ich glaube, als nächstes sind verschiedene Tests notwendig. Je eher sie gemacht werden, desto besser. Ist dazu ein Krankenhausaufenthalt notwendig? Wie lange? Wo? Wann?
3. Ich nehme an, daß nach Schritt 2 eine Biopsie erforderlich sein wird und daß dafür wahrscheinlich kein Krankenhausaufenthalt nötig ist. Falls ein Krankenhausaufenthalt notwendig ist, kann ich ihn unter Umständen ebensogut mit Schritt 2 koppeln. Ich glaube, daß sofortige hormonale Untersuchungen angezeigt sind. Wenn sich bei der Biopsie herausstellt, daß ich Metastasen habe oder eine Brustamputation nicht angebracht ist, dann möchte ich meine weiteren Schritte unternehmen, ohne meine Freunde zu informieren. Ich nehme an, daß der Krankenhausaufenthalt, falls überhaupt notwendig, zu diesem Zeitpunkt beendet ist.
4. Falls sich infolge von Schritt 3 (Biopsie) eine Brustamputation als ratsam erweist, brauche ich Zeit, um außerhalb des Operationssaals meine Alternativen genau abwägen zu kön-

nen. Angenommen, ich würde die Empfehlung akzeptieren, so würde ich außerdem auch noch Zeit benötigen, um meinen Mann zu informieren. Ich werde einer Brustamputation ohne zu zögern zustimmen, wenn ich zu dem Schluß komme, daß sie das beste für mich ist. Aber ich möchte auf keinen Fall eine Operation nach der Halsted-Methode.

Wen es betrifft: April 1978

Da Sie mit mir zusammen beteiligt sind an der Klärung und Abwägung von Entscheidungen, die meinen vermutlichen Brustkrebs betreffen, möchte ich Sie bitten, von vornherein zu akzeptieren, daß ich das private persönliche Bedürfnis habe, sämtlichen Personen – außer Ihnen, die Sie von Berufs wegen beteiligt sind – meinen Zustand zu verheimlichen. Ich bitte Sie, mir die Freundlichkeit zu erweisen, mich nicht nach meinen Gründen hierfür zu fragen. Wenn Sie mir helfen, würde ich das enorme Vertrauen, das Sie mir entgegenbringen, sehr zu schätzen wissen.
Sie sollten wissen, daß im Augenblick nicht einmal mein Mann, meine Familie oder einer meiner Freunde informiert ist. Natürlich wird es zu irgendeinem Zeitpunkt notwendig werden, bestimmte Personen zu informieren. Es ist äußerst wichtig, daß ich allein diejenige bin, die bestimmt, wer wann informiert wird.
Da Sie mich nicht kennen, könnten Sie sich mit Recht fragen, ob mein außergewöhnliches Bedürfnis nach Geheimhaltung nicht das Zeichen eines innerlichen Aufruhrs ist, der die medizinische Behandlung beeinträchtigen könnte. Wenn dem so ist, sagen Sie es mir bitte, und ich werde dafür sorgen, daß Sie mit einem Psychiater sprechen können, der mich gut genug kennt, um für meine Stabilität zu bürgen. Falls Sie befürchten, daß sich unter meinem besonderen Bedürfnis nach Geheimhaltung eine unangemessene Angst vor einem chirurgischen Eingriff, dem Verlust einer Brust oder irgendeine Art von störendem Leugnungsmechanismus verbirgt, teilen Sie mir das bitte mit und lassen Sie mich versuchen, Ihnen direkt zu versichern, daß dies nicht der Fall ist. Ich bin bekanntlich ein offener Mensch, der sich mit Mißgeschicken direkt und erfolgreich auseinandersetzt. Ich werde dies auch diesmal tun – vor allem, wenn Sie unsere vertrauliche Beziehung mit mir zusammen aufrechterhalten.

Jo Roman

Vorübergehende Adresse für sämtliche Korrespondenz und Kontaktaufnahmen:

c/o Incheck
348 E.–th Street
NYC 10003
Telefon 555–9773

9. April 1978:
Der 13. Tag nach der Bestätigung, daß ich einen Tumor habe
Der Tod selbst ist überhaupt nicht erschreckend. Aber der Verlust der Lebensqualität ist furchtbar. Deshalb besteht das Ziel nicht darin, darum zu kämpfen, eine Brust zu erhalten oder den Tod zu vermeiden. Der Kampf geht vielmehr darum, ein qualitativ akzeptables Leben zu erhalten oder zu schaffen. »Vollkommen bewußt zu sterben!«

11. April 1978:
4 Uhr 30 nachmittags. In einer Stunde ungefähr werden Mel und Timmy zum Abendessen herkommen und den Abend hier verbringen. Ich bin unruhig. Die letzten Tage waren ziemlich frei von Tränen und voller Bewußtseinserweiterung und sehr viel Freundlichkeit. Die heutige Spannung hängt ganz bestimmt damit zusammen, daß ich nun sicher weiß, daß ich mich einer Brustoperation unterziehen werde; nervös hat mich auch das Knochenszintigramm gemacht, das ich – es war zwar schmerzlos, dauerte aber ewig – über mich ergehen lassen mußte.
Später: Quengelig. Weinerlich. Obwohl ich mir heute Nachmittag schon einen erholsamen Tränenausbruch erlaubt habe. Bisher hat ein solcher Tränenausbruch immer sehr erlösend gewirkt. Selbst wenn ich mir dabei in meiner Phantasie die Dinge schlimmer vorstelle, als ich glaube, daß sie tatsächlich sind. Ich bemerke zum Beispiel, daß meine Schienbeine schmerzen, und frage mich, ob ich Knochenkrebs habe. Ich vermute, daß meine Stimmung nicht nur dem oben Gesagten zuzuschreiben ist, sondern auch dem Bewußtsein, daß ich bald – morgen – einen Brief für Mel vorbereiten muß, falls der unwahrscheinliche Fall eintritt, daß ich die Operation nicht überstehe. (Bill ist damals schließlich nur zu einer Bruchoperation ins Krankenhaus gegangen!) Der Gedanke daran, daß ich einen solchen Brief schreiben muß, bricht mir fast das Herz. Aber ich bin fest davon überzeugt, daß meine Entschei-

dung, Mel nichts von meiner Krebskrankheit zu sagen, eine der besten Entscheidungen in meinem Leben ist. Auf jeden Fall steht hinter diesen Gedanken das Bewußtsein, daß meine körperliche Verfassung nicht ganz so robust ist, wie sie es für frühere Operationen war. Nie zuvor ist mir der Gedanke gekommen, daß ich den Eingriff vielleicht nicht überleben könnte. Diesmal habe ich zweifellos aufgrund der Vorstellung, daß die wilde, zerstörende Kraft des Krebses in mir wütet, das Gefühl, daß mein Herz nicht so kräftig ist, wie es früher einmal war. Zu viel Fett, nehme ich an. Und der Blutdruck?
Muß jetzt aufhören...

17. April 1978:
5 Uhr 30 nachmittags. Ich habe noch etwa eine Stunde Zeit, bevor ich mich mit Mel zum Essen treffe. Umstände und Stimmungen wechseln permanent. Als ich von der U-Bahn-Station 96. Straße nach Hause ging, war ich ausgesprochen fröhlich. Ich fühlte mich so heiter... wäre am liebsten gehüpft oder hätte gesungen. Ich sagte mir in einem fort: Jo Roman, du hast Krebs, und wenn du dich so verhalten würdest, wie es die meisten Leute in deiner Lage tun, dann würde dein Leben jetzt ganz, ganz anders aussehen. Du würdest nicht die Freiheit haben, mit der U-Bahn allein nach Hause zu fahren und dabei zu lächeln und dich wohl zu fühlen. Mel und Timmy und alle deine Freunde würden sich hundsmiserabel fühlen und dir ihre Liebe in Form von »beiß die Zähne zusammen... du bist großartig... vielleicht werden sie dich heilen können – es gibt heutzutage so hervorragende medizinische Möglichkeiten« – zeigen. Und alles, was sie sagen würden – auf das hin, was ich sagen würde –, hätte eine mehrfache Bedeutung. Und jeder würde jeden anrufen und sich meinetwegen schrecklich fühlen... und besonders wegen Mel und Timmy... und auch wegen des anderen. Mel würde darum kämpfen, sich zusammenzureißen, würde nachforschen und versuchen, mich vom Krankenhaus abzuholen, würde sich Vorwürfe machen wegen all der menschlichen Schwächen, an denen er leidet und die er nicht ablegen kann, nur weil ich krank bin. (Ich mußte eine Pause machen, bevor ich schreiben konnte: »weil ich krank bin«. Ich fühle mich so wohl. Und meine Finger wollten beinahe in die Maschine tippen: »weil ich krank sein werde«.) Auf jeden Fall wären wir alle durcheinander, und daran ist wirklich etwas Verrücktes. Warum sollten diejenigen, die mir am nächsten

stehen und die ich am meisten liebe, in einer solchen Zeit durch Verrücktheit von mir abgeschnitten sein? Mir ist klar, daß man von niemandem erwarten kann, daß er in einem solchen Fall vor Freude in die Hände klatscht. Und ich selbst sehe keine andere Alternative als diejenige, die ich gewählt habe. Und ich kann nicht oft genug wiederholen, wie froh ich über meine Entscheidung bin, meine Krebskrankheit so lange wie möglich geheimzuhalten; wie unbeschreiblich glücklich fühle ich mich, weil ich – bis jetzt – die Kraft hatte, durchzuhalten; wie großartig ist es, daß die mir Nahestehenden da sind, um mir jede Last, die zu schwer für mich ist, tragen zu helfen, und ich ihnen auch dabei helfen kann, ihre Last zu tragen.

1. Mai 1978:
Zur Zeit beende ich selten etwas, was ich angefangen habe zu schreiben – so es etwas mit meiner Krebsgeschichte zu tun hat. Der normale Teil meines Lebens hindert mich daran. Es ist so lästig, geheimes Material sorgfältig verstecken zu müssen, wann oder wo immer Mel oder Timmy auftauchen.
Mein Optimismus – in bezug darauf, heimlich die Chemotherapie durchmachen zu können – hält noch immer an, steht aber zugegebenermaßen auf etwas wackeligen Beinen. Die meisten Anfälle von Übelkeit hatte ich bisher jeweils, wenn ich allein war, so daß ich ohne weiteres damit fertig wurde; aber wenn mir in Gesellschaft übel wird, bekomme ich Angstgefühle und greife schneller nach den übelkeitshemmenden Pillen, als mir lieb ist. Wenn ich allein bin, nehme ich sie nie, weil ich die Anfälle durchstehen kann und neugierig darauf bin, wie sie verlaufen.
Mein Brusteinschnitt ist so phantastisch geheilt, daß ich mich vor Mel jetzt gar nicht mehr verhülle oder von ihm abwende. Ist das nicht großartig! Ich betastete heute morgen meinen Achselhöhlentumor, und er scheint tatsächlich kleiner geworden zu sein. Wunschdenken? Aber meine Brust schmerzt jetzt mehr als in den Tagen direkt nach der Operation. Werde das morgen und Mittwoch mit den Ärzten besprechen.
Habe eine Mitteilung von meinem Zahnarzt erhalten, daß es wieder Zeit für eine Routineuntersuchung wird. Seltsames Gefühl, als ich mich fragte, ob ich der Aufforderung folgen sollte, während Zeit, Energie und Dollar immer knapper werden. Ich denke, ich werde demnächst hingehen – wenigstens um den Zahnstein entfernen zu lassen. Ich kann es im Augenblick nicht ertragen, weitere Verabredungen zu treffen.

4. Juni 1978:
Habe das Gefühl, daß ich ein paar Anmerkungen einschieben muß. Letzter Freitag war der zehnte Tag der gegenwärtigen vierzehntägigen Chemotherapie. Als ich an jenem Morgen nach meinen Chemotherapiepillen griff, stellte ich fest, daß ich sie nicht nehmen konnte. Ich hatte mir nicht vorgenommen, sie nicht zu nehmen. Es war mir einfach unmöglich. Ich hatte mich bei dieser Chemotherapiebehandlung nicht wesentlich schlechter gefühlt als früher, außer vielleicht am Donnerstag. Ich fühlte mich nur mitgenommen von der unablässigen Anstrengung und hatte deshalb weniger Geduld. Was immer auch der Grund sein mochte, ich konnte mich einfach nicht dazu bringen, die Pillen zu nehmen. Ich war verwirrt. Das bin ich noch immer, aber jetzt weniger, obwohl ich die Relevanz meiner Handlung noch nicht begriffen habe. Ich habe seit letzten Donnerstagmorgen keine Pillen mehr genommen. Heute fühle ich mich zum erstenmal seit Donnerstag einigermaßen in Ordnung, ohne mir etwas vorzumachen oder meine Gefühle zu überspielen. Ich fühle mich zwar nicht wohl, aber wenigstens einigermaßen wohl. Ich habe nicht das Gefühl, daß ich mir etwas Schlechtes angetan habe, indem ich die Pillen abgesetzt habe, und nehme an, daß ich bald wieder damit anfange. Vielleicht morgen?
Am Freitag, als ich diese Pillen wie versteinert in der Hand hielt, war ich sicher, wenn ich sie nehmen würde, wäre ich nicht mehr in der Lage, meinen Zustand zu verheimlichen. Selbst wenn ich nichts von Krebs sagen würde, würden sich Mel oder Timmy mit keiner unbestimmten Erklärung zufriedengeben. Es wäre ganz untypisch für mich, mich so unwohl zu fühlen, wie ich befürchtete. Ein Zusammenbruch schien sich anzubahnen. Wie ich vermute, bemerken Mel und Timmy, daß ich jetzt weniger Energie habe ... abends erschöpft bin, früh schlafen gehe und so weiter. Ich habe einen seltsamen Husten und Schnupfen bekommen – keine Erkältung und anscheinend auch keine allergische Reaktion auf irgend etwas in der Luft, aber ich habe die »Schuld« auf die Luft geschoben. Ich befand mich an einem Abgrund, dem ich nicht zu nahe kommen durfte. Ich war beziehungsweise bin gewillt, Zeit für Qualität zu opfern.
Selbst ohne die Pillen am Freitag fühlte ich mich den ganzen Morgen über sehr nervös und fragte mich, ob ich nicht meinen Termin beim Arzt absagen sollte. Ich befürchtete, eine Unterredung nicht durchzustehen. Ich hatte das Gefühl, ich würde mich mittendrin übergeben müssen. Oder ohnmächtig werden? Oder Durchfall bekommen? Oder einfach unbeherrscht weinen?

Timmy zieht in die Nachbarschaft, und irgendwie muß ihr auffallen, muß sie verwirrt darüber sein, daß ich nicht so engagiert bin, wie ich es normalerweise sein würde. Sehr frustrierend!
Später: Zur Zeit stelle ich fest, daß in mir dauernd eine Reihe von Dialogen abläuft. Mindestens einmal am Tag bin ich sehr, sehr nahe daran, Mel alles zu sagen. Immer in Augenblicken, in denen ich am meisten Angst habe, daß ich das Geheimnis nicht werde hüten können. Mein Gott, wie nahe ich daran bin! Oder daran, es Timmy zu sagen. Manchmal denke ich, ich werde mich gleich verplappern. Ich ertappe mich dabei, wie ich sozusagen erprobe, was ich ihnen sagen werde. Dann sehe ich ihre Gesichter. Das tut sehr weh. Es werden gewiß nicht wenig Tränen fließen. Dann das Entsetzen über die ungewisse Zeitspanne. Zeit, um alles zu rekonstruieren, damit man es begreifen kann. Diese Aufgabe schwächt eine meiner Meinung nach eintretende Periode der Überfürsorge seitens meiner Familie ab. Doch dann kommt die Zeit, in der die Emotionen im wesentlichen ausgelebt sind und man nur noch wartet.

21. Juni 1978:
Vom Gesundheitsdienst wieder zu Hause. Ich beginne meinen dritten achtundzwanzigtägigen Chemotherapiezyklus bei Dr.... Er ist zwar noch immer freundlich, verhält sich mir gegenüber jetzt aber ganz anders. Er ist mehr auf der Hut, ein bißchen unruhig, läßt erkennen, daß er es eilig hat.
Ich erzählte ihm, daß ich in den letzten Tagen keine chemotherapeutischen Mittel genommen hätte und erwägen würde, auch weiterhin keine zu nehmen. Er hatte Schwierigkeiten, mir in die Augen zu schauen, und sagte – wie ein Dozent –, daß die Entscheidung zwar bei mir liege, aber daß Chemotherapie natürlich das sei, was ich zu machen hätte. Und daß ich, falls ich mit der Chemotherapie nicht fortfahren würde, riskierte, »wieder Krebs zu bekommen«. Die letztere Bemerkung brachte mich richtig in Rage. Es ist schon das zweitemal, daß er das mit mir gemacht hat... angedeutet hat, daß ich vielleicht frei von Krebs sei. Diesmal bemerkte ich wieder, daß er anzudeuten schien, ich sei frei von Krebs... »Ist es nicht so, daß ich eine bösartige Krebserkrankung habe?« Er räusperte sich und sagte: »Nun ja.« Ich habe das Gefühl, daß er irgendwie versucht hat, mich von der Realität fort zu einer Art von falschem Optimismus zu führen. Er scheint an Patienten gewöhnt zu sein,

die ergeben die Zähne zusammenbeißen oder die sich aufregen und nicht dazu neigen, sein Urteil in Frage zu stellen. Und er spürt, daß ich ein Typ bin, der sich nicht einordnen läßt. Ich stelle fest, daß ich ihn schütze und vorsichtig bin, damit die Festigkeit meiner Frage ihn nicht erschreckt. Weniger aus Rücksicht auf ihn als aus meinem Bedürfnis heraus, für mich sinnvolle Gespräche zu bewirken.
Ich ging das Problem noch von einer anderen Seite an und versuchte ihm eine Gelegenheit zu geben, mir zu sagen, was ich wissen möchte und was zu wissen ich mich berechtigt fühle. Ich sagte, ich besäße keinerlei Informationen, die mich zu der Überzeugung bringen würden, daß ich, falls ich mit der Chemotherapie aufhörte, während der, sagen wir mal, nächsten zwölf Monate mit Unbehagen zu rechnen hätte. Während zwölf Monate mit Chemotherapie qualitativ auf etwa drei Monate reduziert würden. (Dabei veranschlagte ich für die Hälfte der Zeit Übelkeit und stellte mir vor, daß ein Großteil der verbliebenen Hälfte durch die in den Wochen der Übelkeit liegengebliebene Arbeit reduziert wäre. Das Endergebnis also: Ein Viertel der Zeit Wohlbefinden und drei Viertel Unbehagen und unablässige Beschäftigung mit Krebs.) Ihm schien nichts einzufallen, womit er mich von meiner Ansicht hätte abbringen können. Er bemerkte, daß der Krebs während der Zeit wachsen und sich ausbreiten könnte. Ich sagte, daß ich das verstünde. Auf eine weitere Diskussion schien er sich nicht einlassen zu wollen.
Er erkundigte sich nach anderweitigen Symptomen. Ich berichtete ihm von fortgesetzten Darmproblemen, Brennen in der Vagina, Mundfäule, Übelkeit, wenn ich kein Cytoxan nehme, einem zwei Wochen dauernden Husten ohne Erkältung und einer eintägigen Schwellung meines Knöchels. Er untersuchte mich und hielt diese Beschwerden alle für zufällig und nicht weiter besorgniserregend und sagte, sie stünden nicht in Zusammenhang mit der Chemotherapie. Der Blutdruck ist jetzt gut: 155 zu 90.

22. Juni 1978:
8 Uhr 55 morgens. Tränen laufen mir übers Gesicht, meine Oberlippe ist ganz naß, mein Atem ist stockend vom Schluchzen. Mel hat sich gerade zurückgezogen, um dem Ansturm seiner Gefühle freien Lauf lassen und diese erkunden zu können.
Es ist seltsam, wie die Bemühung darum, Gefühle in Wörter,

die auf einem Blatt Papier stehen, umzuwandeln, die Emotionen abkühlt, obwohl die Wörter kaum das tiefe Gewässer widerspiegeln, aus dem sie kommen. Die Tränen sind einfach verdampft.
Und jetzt fühle ich genug Distanz zu den gerade erlebten Emotionen, um auf sie zurückzublicken und zu versuchen, sie zu verstehen und mich dadurch lenken zu lassen, indem ich sie von diesem anderen Blickwinkel aus betrachte.
Ich hatte mich von Mel an der Tür verabschiedet, ging zurück in unser angenehm beleuchtetes Badezimmer und *zwang* mich dazu, Cytoxan zu nehmen. Da stieg ein überwältigendes Gefühl der Vertrautheit – mit einem Ausschnitt aus diesem Drama – in mir auf. Es ist eine Sache, meine Chemotherapiebehandlung in Frage zu stellen und auf vernünftige Weise alle verfügbaren Informationen zu sammeln, um dann zu urteilen und zu handeln. Eine ganz andere Sache ist es, mit Gefühlen umzugehen, die von innen gegen die sich anhäufenden Informationen drücken. Mir ist, als wäre ich an diesem verdammten Ort schon so viele ermüdende Male gewesen! Ich konnte die Pillen heute nur einnehmen, indem ich sie hinunterzwang, während ich plötzlich überflutet wurde von einem Meer von Erinnerungen daran, daß ich vielleicht wertvolle Leben retten konnte, wenn ich gegen autoritären Rat oder Druck ankämpfte. Plötzlich habe ich das Gefühl, wieder in einen solchen Kampf verwickelt zu sein.
Es hat eine halbe Stunde gedauert, den letzten Absatz aufs Papier zu bringen! Und jetzt? Ich sitze hier, 9 Uhr 40 ... mit dem Gefühl, mich einigermaßen gefangen zu haben. Ich empfinde Glück und Zuversicht darüber, daß Mel aktiv darangegangen ist, mit sich selbst zu kommunizieren. Vorwärts ...

26. Juni 1978:
Dienstag. Der letzte Tag von Mels fünfzigstem Lebensjahr. Eine besonders klärende gemeinsame Morgenunterredung mit dem Arzt. Letzte Woche habe ich ihm brieflich mitgeteilt, daß Mel die Bürde jetzt mit mir zusammen trägt.
Meine Aussichten sind in etwa so, wie ich aus früheren ärztlichen Unterredungen geschlossen habe, aber bedeutend klarer. Wenn man von all den unvermeidlichen Einschränkungen absieht, kann ich höchstwahrscheinlich noch mit einem guten Jahr rechnen. »Was heißt gut?« Nun, selbst ohne Chemotherapie *könnte* ich mich körperlich gut fühlen, da mein Krebs tut,

was ihm gefällt. Mit Chemotherapie wäre mein Unbehagen wahrscheinlich auf die Nebenwirkungen der Chemotherapie beschränkt. Das mit der gegenwärtigen Chemotherapie verbundene Unbehagen reduziert mein Wohlbefinden bzw. meinen Leistungsfähigkeitspegel auf – sagen wir mal – die Hälfte der Zeit. Ich könnte dadurch noch die Hälfte der Zeit eines zweiten Jahrs gewinnen. Meine Antwort darauf ist, daß ich mit dem Gedanken spiele, lieber vollkommen auf die Chemotherapie zu verzichten und ein gutes ganzes Jahr vor mir zu haben als zwei nur zur Hälfte gute Jahre mit einer sich über den ganzen Zeitraum hinziehenden Chemotherapiebehandlung. Dr.... setzt dem den Kompromiß entgegen, daß ich mit der Chemotherapiebehandlung fortfahre – und es mir dabei besser geht als jetzt – und daß dadurch die Möglichkeit, noch ein zweites Jahr zu leben, näher an die Wahrscheinlichkeit heranrückt. Ein drittes Jahr? Vielleicht. Vielleicht, wenn ich darum kämpfe. Aber ich bezweifle, daß ich diesen Kampf aufnehmen möchte. Ich würde lieber meine ganze Energie in dieses eine Jahr stecken. Das nächste könnte eine Zugabe sein. Und von hier aus gesehen scheint das eine angemessene Zeit zu sein. Obwohl es noch so viel zu tun gibt! Mit dieser Klarheit und Mels Wissen und Hilfe wäre ich fast nach Hause gestürzt... doch erst muß noch die nächste quälende Hürde genommen werden: Ich muß meiner geliebten Tochter Timmy alles sagen und ihr Gleichgewicht wiederherstellen.

10. September 1978:
Das alles geschah gestern. Heute geht es mir nicht so gut. Gestern fühlte ich mich deshalb so gut, weil ich meine Cytoxin-Dosis nicht genommen habe. Aber heute habe ich sie wieder genommen – was für ein beschissener Unterschied das ist. Die aufsteigende Übelkeit, die überfließenden Tränen, Rückenschmerzen, die Angst, daß ein plötzliches, »vorzeitiges« Krebswachstum das verkürzte Leben, mit dem ich mich abgefunden habe, noch weiter verkürzt. Das Aufräumen der Überreste von gestern abend. Und das Gefühl, daß ein ganzer Morgen durch Haushaltskram vergeudet wird. In den Nachmittag hinein. Kampf um innere Ruhe. Gefühl der Erleichterung, als Mel kommt und mich einen Augenblick lang an seiner Schulter lehnen läßt. Weiterer Kampf um eine andere Art von Gleichgewicht. Es ist so schmerzlich zu wissen, daß es manchmal auf Mels Kosten geht, wenn ich mich bei ihm erleichtere. Die Belastung, die er trägt, während er

mit seinem eigenen emotionalen Aufruhr fertig werden muß, ist so schwer, daß es für mich oft weniger schmerzhaft ist, allein zurechtzukommen, als mich bei ihm zu entlasten. Ich kann mein Anlehnungsbedürfnis nicht immer kontrollieren. Trotzdem ...

5. Oktober 1978:
Gestern ging alles total schief. Ich kam nicht aus dem Bett, um an die Arbeit zu gehen. Übelkeit, Schmerzen.
Vielleicht wird heute, nachdem Mel nach Arizona gefahren ist und ich keine Pflichten zu erledigen habe, meine Stimmung gut genug sein, um mich an die Arbeit setzen zu können.

1. November 1978:
Noch zweihunderteinundzwanzig Tage ... Nachdenklich ...

21. Dezember 1978:
Letzte Nacht habe ich im Schlaf die Kontrolle über meinen Darm verloren. Als ich aufwachte, war das Bett vollgeschissen. Möglicherweise war es ein Anfall – Brusttumore können sich auf das Gehirn ausbreiten. Meine Rückenschmerzen waren in letzter Zeit so stark, daß ich Hilfe benötigte, um meine Schuhe anzuziehen. Der Krebs breitet sich aus. Ich habe Angst, daß ich auf der Straße einen Anfall bekomme. Oder in einem Restaurant. Oder in der Wohnung von irgend jemandem. Deshalb werde ich – für alle Fälle – einen Brief schreiben.

6. Februar 1979:
Ich mache eine nachdenkliche Pause, um Atem zu schöpfen von den ereignisreichen letzten Tagen und mein Verhalten für die nächsten hundert Tage zu bestimmen. Tage, die meine *vorletzte Zeit* zu sein scheinen. Die Zeit, in der Projekte und alle – abgesehen von den intimsten und ein paar praktischen – Beziehungen beendet werden müssen. Eine Zeit, die ich ungeduldig herbeisehne, obwohl ich weiß, daß ich zuerst den Übergang finden und mich um die anstehenden praktischen Angelegenheiten kümmern muß. Ein weiterer Zahn ist abgebrochen – der dritte seit Beginn der Chemotherapie; besteht da vielleicht ein Zusammenhang? –, und ich muß ihn wohl reparieren lassen, bevor meine Zunge zerfetzt ist.
Wie soll ich mein Testament machen? Wie kann ich diese Wohnung in Ordnung bringen? Oh, diese Stapel von Papier. Lisa? Werde ich gezwungen sein, sie in die Ansammlung von

Menschen, Projekten und Dingen einzuschließen, die ich mit einem Gefühl von unnötigem Versagen aufgeben muß? Unnötig bis auf die Zeitknappheit. Wen noch? Was noch? Irgendwie muß ich diese Entscheidungen in den nächsten Tagen treffen. Ein Teil des Schmerzes wird darin bestehen, daß ich mich vielleicht von Schätzen trennen muß, um dadurch Mittel für die allerletzte Zeit flüssig zu machen. *Exit House*. Die Skulptur. Mel. Die unglaubliche Trennung meiner selbst von meinem Fleisch und seinen *Ausdehnungen* – meine Familie und meine Freunde –, die in so tiefer Weise ich sind.
Ich bin in Tränen aufgelöst und muß den Tränenfluß anhalten, damit ich zum Zahnarzt gehen kann. Ich stehe von der Schreibmaschine auf, um mir Taschentücher zu holen – trete in die Sonne, die über Liz Levins leuchtende Narzissen und Barbara Roussos duftenden Frühlingsblumen direkt auf Mom Romans liebes Lächeln und Timmys verruchtes Lachen fällt, die ganze Sammlung von Erinnerungsstücken, die den Platz umgeben, an dem Mel und ich im letzten Jahrzehnt so viele Mahlzeiten miteinander und mit Freunden eingenommen haben – aber an dem zu sitzen wir heute nur noch selten Zeit haben. Zärtlichkeit, Liebe und das Ticken eines Zählers erfüllen den ganzen Raum und folgen mir, wo immer ich hingehe.

März 1979:
Schöpferische Ideen für Geschenke zu entwickeln, die für jemanden gedacht sind, der bald stirbt, ist eine feine Sache. Das gefällt mir! Sari hat mich Weihnachten mit einer Sammlung von Süßigkeiten überrascht, die ich sonst nicht wagen würde zu essen. Mel hat sich ein tolles Geschenk für mich zu unserem zwanzigsten Hochzeitstag ausgedacht. Man stelle sich vor, persönliches Briefpapier für eine Sterbende anfertigen zu lassen! Er hat es getan! Er wußte zwar, daß ich plane, einen Brief an alle meine Freunde und Bekannten zu schicken, wenn ich sterbe; aber wer sonst hätte sich dieses wunderschöne Briefpapier ausdenken können!

22. Mai 1979:
Ich habe den Entwurf für meinen Nachruf fertiggestellt, der in der Lancaster, Pennsylvania erscheinenden Zeitung *The New Era* veröffentlicht werden soll.

Ehemalige Einwohnerin von Lancaster, Pennsylvania, stirbt in New York

Jo Roman lebte zweiundsechzig erfüllte und abwechslungsreiche Jahre; fünfzehn davon in Lancaster als Mary Clodfelter und später als Mary Jo Wade. Als sie 1943 Witwe wurde, zog sie mit ihrem Sohn Tom und ihrer Tochter Timmy nach Alaska. Sie besuchte verschiedene Schulen in Lancaster und machte 1938 den Abschluß am Millersville State Teacher's College. Später arbeitete sie auf dem Gebiet der Psychologie an der Universität von North Carolina und erwarb an der Adelphi-Universität in New York einen Magistergrad in psychiatrischer Sozialarbeit. Ihre Interessen kreisten um Kunst und humanitäre Einrichtungen.

Im Laufe des vergangenen Jahrzehnts entwickelte sie ein starkes Interesse an der Möglichkeit des Freitods als eines »rationalen«, schöpferischen Mittels der Bereicherung des Lebens durch einen guten Tod. Sie gelangte zu der Überzeugung, daß solche Möglichkeiten heute, wo das Leben gegen den Willen des einzelnen verlängert werden kann, entwickelt werden müssen. Wenn wir nicht riskieren wollen, gegen unseren Willen zu einer unerwünschten Existenz gezwungen zu werden, dann müssen wir nach Mrs. Romans Meinung das Recht der Menschen darauf, ihr Leben verantwortungsbewußt zu beenden, anerkennen und respektieren.

Mrs. Romans Überzeugungen waren ihrer Familie und ihren Freunden bekannt, und diese bildeten einen sie unterstützenden Kreis, als sich vor etwa fünfzehn Monaten herausstellte, daß sie Krebs im fortgeschrittenen Stadium hatte. Sie beschloß damals, den Rest ihres Lebens nicht damit zu verbringen, gegen die Wahrscheinlichkeit um eine Verlängerung ihres Lebens zu kämpfen. Über hundert Menschen halfen ihr dabei, die verbleibende Zeit voll auszukosten, die ärztliche Behandlung so gering wie möglich zu halten und ihr Leben zu einem Ende zu bringen, das sowohl sie selbst als auch die anderen respektieren konnten.

Während ihrer letzten Monate hat Mrs. Roman ein Manuskript fertiggestellt (unter dem Arbeitstitel *Exit House*), eine Lebensskulptur sowie Material für einen pädagogischen Film, der auf Videoaufzeichnungen basiert, die zeigen, wie ihre Familie und ihre Freunde sich mit ihrer Philosophie auseinandergesetzt und angefreundet haben.

Jo Roman hat ihr Leben am 10. Juni 1979 in ihrer Wohnung

in New York sanft beendet. Ihre Angehörigen sind ihr Mann, Dr. Mel Roman, Professor für Psychiatrie am Albert Einstein College of Medicine, ihre Tochter Timmy Ehrhart und ihre Stieftochter Lisa Roman, die alle in New York leben. Ihr Sohn, ihre Schwiegertochter und zwei Enkeltöchter – Thomas, Joanne, Melanie und Valerie – leben in Harrisburg, Pennsylvania. Ein Bruder, Fred, lebt in Arizona. In Lancaster leben außerdem ihr Bruder John und ihre Mutter, Adeline Lawrence Clodfelter. Ihr verstorbener Vater war Hochwürden Charles W. Clodfelter.

1. Juni 1979:
Ich glaube und fühle, daß Timmy und Mel sich mit meinem Sterben in wachsendem Maße abgefunden haben. Sie scheinen all ihre Energien und Widerstandskräfte aufzubieten. Deshalb vertraue ich darauf – wie sehr der Verlust auch schmerzen und bluten mag –, daß sie sich so vollständig und schnell wie möglich erholen werden.

8. Juni 1979:
9 Uhr abends. Ich bemühe mich darum, die Dinge meines Lebens – bzw. eine Auswahl davon – auszusortieren, um sie morgen in die Fichtentruhe zu packen, die noch zu dieser späten Stunde im Atelier gebaut wird.
Ich muß weitermachen mit der Sammlung von Lebensmaterial. Wie lächerlich so viele dieser Dinge erscheinen. Und wie erstaunlich gut sie doch zueinander passen.

Mittel und Rechte

Ich habe die Absicht, mein Leben relativ schnell, irreversibel und vollkommen schmerzlos zu beenden, indem ich eine tödliche Dosis Seconal zu mir nehme. Ich erwarte, daß ich innerhalb von zwanzig Minuten in friedlichen Schlaf sinken und nach drei Stunden tot sein werde.
Um mich vor möglichem Brechreiz zu schützen (als Folge der großen Menge Wassers, die ich trinken muß, um fünfundvierzig Hundert-mg-Kapseln Seconal – das sind 4500 mg Seconal – hinunterschlucken zu können, habe ich mir vorgenommen, zwölf Stunden vor der Einnahme von Seconal alle drei Stunden eine 10-mg-Tablette Compozine – ein übelkeitshemmendes Mittel – zu mir zu nehmen.*
Ich werde ein Glas Sekt trinken, damit das Seconal schneller absorbiert wird und auch, um die Ruhe des Todes sowie die immer noch bestehende Herausforderung des Lebens zu empfinden.
Vertrau' ich der Wirksamkeit meines Planes? Wie bin ich dazu gekommen? Wie bin ich an die Medikamente herangekommen? Könnte der Plan mißlingen? Würde ich ihn auch anderen empfehlen? Können andere sich die Mittel beschaffen? Gibt es Alternativen? Fragen über Fragen.
Wenn das Ziel ein rascher, schmerzloser, irreversibler Tod sein soll, scheint es für Laien keine bessere Alternative zu geben. Ich nehme an, daß es rascher wirksame Mittel gibt – in Form von intravenösen und intramuskulären Injektionen. Doch diese sind ohne Risiko für den, der sie beschafft, gewöhnlich nicht erhältlich. Außerdem können sie nicht schmerzlos verabreicht werden.
Mir kam der Gedanke, daß die Leute, die mit größter Wahrscheinlichkeit die intensivste Forschung – zum Zweck der

* Letztendlich kam sie zu der Überzeugung, daß dies nicht nötig sei, da sie das Seconal nach und nach – jeweils fünf bis sieben Kapseln – zu sich nehmen wollte. – Mel Roman.

Entwicklung eines idealen Mittels zur Beendigung des eigenen Lebens – betrieben haben, in Regierungsorganisationen wie dem CIA oder der NASA zu finden sein müßten. Ich schrieb an die NASA, ich ging davon aus, die Vereinigten Staaten seien nicht so herzlos, Astronauten in den Weltraum zu schießen – deren Rückkehr nicht vollkommen gesichert sei (auch wenn technische Unfälle sehr unwahrscheinlich sind) –, ohne ihnen ein Mittel mitzugeben, mit dem sie ihr Leben gegebenenfalls beenden könnten. Ich fragte, ob man ihnen vernünftige Mittel dafür geben würde. Man antwortete mir, daß man eine solche Möglichkeit nie in Betracht gezogen hätte. An den CIA habe ich nicht geschrieben. Doch ein Insider-Informant bestätigte mir, daß der CIA über eine kompliziert konstruierte Glas-Pille verfüge, durch die, wenn sie im Mund zerbissen wird, ein mit Strychnin verwandtes, schnell wirksames Gas ausströme, das den sofortigen Tod herbeiführe. Ich hatte diese Möglichkeit nicht, was mich aber nicht ärgerte, weil ich lieber in süßen Schlaf sinke als auch nur eine Sekunde Glas in meinem Mund zerbeißen zu müssen und in Krämpfe zu fallen.
Wie kann man sich nun 4500 mg Seconal beschaffen? Man wird dies wahrscheinlich für unrealisierbar halten. Ich glaube, daß die Ärzte sich zunehmend weigern, Seconal zu verschreiben. Vor allem, wenn ihre Patienten sie darum bitten. Im allgemeinen wird es – als Sedativum – Leuten mit Schlafproblemen verschrieben – höchstens zwanzig 50-mg-Kapseln auf einmal. Wenn einem der Arzt also überhaupt Seconal verschreibt, dann müßte man ihn mindestens viermal aufsuchen und ihm viermal ein Rezept entlocken, um 4000 mg zusammenzubringen. Dieses Verfahren kostet viel Zeit und Geld und ist außerdem nicht sehr zuverlässig. Wenn Sie Ihren Arzt davon überzeugen können, daß Sie unter Schlaflosigkeit leiden – Sie werden ihm ja vermutlich nicht die Wahrheit sagen wollen –, so wird er Ihnen unter Umständen ein nichtnarkotisches Medikament wie Placidyl verschreiben, und wer weiß, ob das tödlich wirkt? Ich habe gehört, daß es für Seconal einen schwarzen Markt gibt. Doch viele der Leute, die ich kenne, hätten nicht die geringste Ahnung, wie sie an diesen herankommen könnten. Ich hätte zwar die Möglichkeit gehabt, habe sie aber nicht genutzt. Wer weiß, ob das Produkt vom Schwarzmarkt dieselbe Qualität hat wie die Originalkapseln – ich hätte dies ja nicht nachprüfen können.
Ich habe gelegentlich schlaflose Nächte und konnte feststellen, daß Seconal dagegen wirksamer hilft als andere Sedativa. Ich

habe meine Ärzte davon unterrichtet, und sie waren bereit, mir Seconal zu verschreiben. Ich habe ihnen erklärt, daß ich es vorziehe, eine 100-mg-Kapsel statt zwei 50-mg-Kapseln einzunehmen. Das entspricht alles der Wahrheit. Auf diese Weise habe ich einen Teil meines Vorrats angelegt. Weitere Seconal-Kapseln haben mir Freunde angeboten, als sie von meinem Vorhaben erfuhren. Daran zeigt sich, wie wichtig es ist, über das Thema mit anderen zu diskutieren, und zwar, wenn möglich, noch bevor man ein Motiv hat, sich das Leben zu nehmen.

Viele Suizidversuche, die mit Tabletten unternommen werden, scheitern aufgrund der Dosierung. In medizinischen Nachschlagewerken findet man Tabellen, in denen die unterste letale Dosis von zahlreichen, allgemein erhältlichen Medikamenten angegeben ist: Für Seconal beträgt die Dosis 1500 mg – also beträchtlich weniger, als ich zu nehmen gedenke. Ich habe mir sagen lassen, daß 1000 mg bereits tödlich wirken können, was jedoch sehr unwahrscheinlich sei. Unter Umständen schläft man – bei dieser Dosis – nur vierundzwanzig Stunden lang und wacht dann mit nichts weiter als einem Kater auf, ohne daß der Magen ausgepumpt oder Wiederbelebungsversuche gemacht werden müssen. 2000 mg dagegen führen angeblich mit größerer Sicherheit zum Tod – wenn auch oft erst nach einigen Stunden! Infolgedessen ist das Risiko groß, entdeckt und klinisch behandelt zu werden. Außerdem birgt diese Dosis das Risiko in sich, daß im Fall einer Wiederbelebung ein Gehirnschaden zurückbleibt. 3500 mg ist die magische Dosierung, bei der man, wie mir ein bekannter Arzt gesagt hat, mit dem sicheren Tod rechnen kann. Nachdem ich erlebt habe, wie ein Freund, der von einem anderen Medikament eine fünfmal stärkere Dosis, als je jemand überlebt hat, eingenommen hatte, durch ärztliche Intervention wiederbelebt worden ist, plane ich, mindestens eine Stunde lang tot zu sein, bevor irgendwelche Ärzte an meinen Körper herankommen können.

Warum werde ich nun 4500 mg und nicht 3500 mg nehmen? Einfach deshalb, weil ein von mir konsultierter Arzt dies für eine gute Sicherheitsmaßnahme hielt und weil ich im Besitz einer solchen Menge Seconal bin. Sollte ich noch mehr Kapseln haben und imstande sein, sie zu schlucken, so werde ich dies tun. Leider muß ich auch die anderen berücksichtigen – ansonsten wäre ich froh, zu wissen, daß keine Rettungsmannschaft für – sagen wir vierundzwanzig Stunden – Zugang zu meinem Körper erhält. Ich glaube, daß ich innerhalb von zwanzig

Minuten in sanften Schlaf sinken und kurz darauf tot sein werde; eine vorzeitige Wiederbelebung würde mein Hirn so stark schädigen, daß ich nur noch dahinvegetieren würde. Wenn das geschähe, würde ich gern ohne Bewußtsein bleiben. Mir graut vor der Vorstellung, daß meine Familie und die Gesellschaft mit einer solchen Bürde belastet sein könnten.

Was wäre, wenn ich von Seconal nichts wüßte oder nicht die richtige Dosierung kennen würde oder kein Rezept hätte oder mir das Medikament finanziell nicht leisten könnte? (1979 kostete eine 100-mg-Kapsel Seconal etwa zwölf Cent.) Was wäre, wenn ich nicht mit Ärzten befreundet wäre? Gibt es ein alternatives Freitodmittel, das ich ohne Schmerzen zu mir nehmen könnte und das einigermaßen rasch wirksam und irreversibel ist? Leider nicht! Kein Mittel, über das ich mich erkundigt habe, hält dies Versprechen. Ich nehme zwar an, daß es noch andere Medikamente gibt, die ebenso schmerzlos und wirksam wie Seconal sind, aber ich weiß nicht, was das für Mittel sind, welche Mengen davon wirksam sind oder wie man an sie herankommt. Soweit ich beurteilen kann, bringt jede andere Suizidalternative körperliche Beschwerden mit sich.

Wenn man ein gewisses Maß an körperlichen Beschwerden in Kauf nehmen muß, so halte ich das Einatmen von Kohlenmonoxyd noch für relativ schmerzlos. Es ist allerdings schwierig, den dafür notwendigen Raum zu beschaffen, möglicherweise werden andere gefährdet, und wenn der Versuch mißlingt, bleibt man mit großer Wahrscheinlichkeit hirngeschädigt zurück. Ich kenne eine Frau, die für den Fall, nicht an die richtigen Medikamente heranzukommen, an Ertrinken denkt, wenn sie einmal ihr Leben beenden möchte. Ich nehme an, daß das relativ schmerzlos ist, aber das damit verbundene Ersticken würde mich abschrecken. Ich glaube, daß es keine würdige Alternative gibt, und daß auch keine in Aussicht ist – obwohl dies unbedingt nötig wäre. Denn diejenigen, die eigentlich sanft aus dem Leben scheiden und ganz und gar nicht selbstzerstörerisch Selbstmord begehen möchten, werden durch irrationale gesellschaftliche Ansichten und Normen dazu gezwungen, unerträgliche Qualen auf sich zu nehmen – ob sie nun ihre Gebrechlichkeit im Alter oder eine unheilbare Krankheit ertragen oder ob sie eine schmerzhafte Verzweiflungstat begehen.

In meinem Geist höre ich noch die Stimme von Jochen Seidel und sehe seine Augen vor mir, wie er mir, nachdem er von zwei ernsthaften Freitodversuchen in ein verbrauchtes Leben zurückgezwungen worden war, mitteilte, wie sehr ihm daran läge,

sich nicht körperlich zu verletzen. Er starrte lange aus seinem Fenster im fünften Stock und wollte sterben, wollte jedoch nicht hinunterspringen und sich selbst verletzen. Schließlich hängte er sich an einem Balken auf, und alle schauderten über diese »bizarre Methode«. Seine Methode – oder die der Gesellschaft? Ich habe gelesen, daß das Sich-Aufhängen in der Tat eine schnelle, relativ schmerzlose und im allgemeinen irreversible Möglichkeit ist, sich das Leben zu nehmen. Doch ich fände es entsetzlich, einen solchen Weg gehen zu müssen, obwohl mir die Gesellschaft durchaus helfen könnte, auf eine sanfte, würdige Weise aus dem Leben zu scheiden. Wenn man daran denkt, wie außerordentlich schwierig es ist, sich das Leben zu nehmen, ohne dabei auf abscheuliche Methoden zurückzugreifen, muß man wohl einen Großteil unserer allgemeinen Angst vor dem Freitod dieser Tatsache zuschreiben.
Auf meiner jahrelangen Suche nach einer idealen Sterbedroge – rasch wirksam, schmerzlos, irreversibel – erfuhr ich zwar einige interessante Dinge, entdeckte aber kein Freitodmittel, das besser wäre als dasjenige, mit dem ich mir das Leben nehmen möchte. Meine Familie, meine Freunde und ich haben viele Bekannte, die Mediziner sind oder in verwandten Bereichen arbeiten. Die meisten von ihnen befragte ich zu diesem Thema, und außerdem habe ich mich natürlich mit der entsprechenden Literatur befaßt.
Einer der für mich aufschlußreichsten Fakten ist, daß Ärzte – entgegen der landläufigen Meinung – nicht wissen, wie man sein Leben am besten beenden kann. Sie konzentrieren sich darauf, lebensbedrohenden Medikamenten und Handlungen entgegenzuwirken. Obwohl viele von ihnen – auf meine anfänglichen Fragen hin – der Meinung waren, über Freitod gut informiert zu sein, stellte ich fest, daß sie sehr schlecht informiert sind.
Jeder Arzt, zu dem ich ein freundschaftliches Verhältnis entwickelte und dem ich meine Fragen stellte, ging davon aus, die beste Art zu kennen, wie man Suizid begehen könne. Die meisten sagten, daß sie eine tödliche Überdosis eines allgemein zugänglichen Medikaments – wie beispielsweise Morphium – nehmen und es sich wahrscheinlich selbst spritzen würden. In keinem dieser Gespräche erfuhr ich, welche Gründe den Arzt zu einer solchen Handlung bewegen könnten, häufig jedoch schien die Vorstellung von einer unheilbaren Krankheit oder unerträglichen Schmerzen im Vordergrund zu stehen. Keiner der Ärzte, mit denen ich sprach, schien psychisch oder physisch

krank oder gar suizidal zu sein. Die meisten ließen sich nur mit großer Vorsicht auf das Gespräch ein und wurden erst ganz allmählich offener. Ihre Vorsicht schien mehr der Sorge über mein Interesse an diesem Thema als der Verheimlichung ihrer eigenen Ansichten zu gelten. Die Selbstmordrate bei Ärzten ist nach Jacques Choron (Suicide, Scribners, 1972) dreimal höher als bei der allgemeinen Bevölkerung.

Immer wenn Ärzte mir nützliche Hinweise geben wollten, wußten sie mir nichts Besseres anzubieten als die »Prediction of Suicide's Toxicity Chart«, die Informationen über ungefähr dreißig giftige Medikamente enthält, die häufig zu Selbstmordversuchen benutzt werden (Seconal befindet sich auch darunter). Aber diese üblicherweise benutzten Medikamente aufzuzählen, heißt nur, aufzuzählen, an welche Medikamente die Leute herankommen können, womit aber nichts darüber ausgesagt wird, ob sich auch nur eins dieser Medikamente zum Freitod eignet. Man könnte ebensogut die dreißig häufigsten Suizidmethoden untersuchen... und erfährt dann (Choron, S. 39), daß in einem bestimmten Jahr »Schlaftabletten und andere Pharmaka« nur 12,4 Prozent der Suizidmittel ausmachten, während »Waffen und Sprengstoffe« mit 47,6 Prozent beteiligt waren. Doch diese Zahlen sagen uns nichts darüber, welches Mittel ideal gewesen oder bevorzugt worden ist.

Gewiß würde eine allen zugängliche, wissenschaftlich entwikkelte Sterbedroge, die zu einem raschen, schmerzlosen und irreversiblen Tod führt, die Liste der alternativen Suizidmittel praktisch überflüssig machen. Ein Mensch, der beschließen würde, sein Leben zu beenden, könnte dies mit Würde tun und wäre nicht dazu gezwungen, Verzweiflungstaten zu begehen. Man könnte so verhindern, daß Menschen sich Verletzungen mit dem Messer beibringen, daß sie ertrinken, sich vergasen, vergiften, erschießen. Sicherlich gäbe es auch sehr viel weniger – in suizidaler Absicht inszenierte – Auto-»Unfälle«, die oft schreckliche Folgen haben für harmlose Passanten.

Würde eine solche Sterbedroge dazu führen, daß die Zahl der Suizide ansteigt, sinkt oder gleich bleibt? Das kann natürlich niemand voraussagen. Sichere Orientierungskriterien lassen sich ebensowenig aufstellen, da die vorhandenen Suizidstatistiken zweifellos untertreiben und bestenfalls spekulativen Aussagewert haben. Ich persönlich glaube, daß durch die Möglichkeit der problemlosen Beschaffung einer Sterbedroge – entgegen der unbekannten, tatsächlichen Suizidrate – die Suizidrate signifikant sinken würde. Der potentielle Zugang

zur Sterbedroge würde jedem Menschen mehr Gefühl der Sicherheit und Freiheit geben – gerade im Hinblick auf ein unerwünschtes und aufgezwungenes Leben –, jeder würde mehr Sinn sehen für sein sterbliches Ich und die damit verbundenen Rechte und Verantwortungen.
Bei bestimmten Bevölkerungsgruppen könnte die Suizidrate vorübergehend ansteigen: etwa durch Patienten, die kontrolliert und vor Suizid geschützt werden, einige der institutionalisierten Alten, der Todkranken oder für den Rest ihres Lebens Eingekerkerten. Dennoch würde ich mich wundern, wenn diese Menschen, die im Prinzip ja wie Gefangene sind, übermäßig oft freiwillig aus dem Leben scheiden würden. Denn ein Großteil dieser Bevölkerung betrachtet den Freitod als Brandmarkung, als ein Stigma. Außerdem haben gerade diese Leute vielleicht die eingefleischte Überzeugung, daß man sich unter allen Umständen und mit allen Mitteln ans Leben klammern muß. Viele von ihnen würden die Qualität ihres Lebens und ihre Möglichkeiten schlichtweg anders beurteilen als ich.
Während ich dies niederschreibe, pflegt meine Freundin Bonnie ihre sterbende Mutter, meine Freundin Patti ihren sterbenden Vater, mein Freund Kees seine sterbende Frau, und meine eigene Mutter vegetiert in einem Pflegeheim dahin. Wir sagen uns oder uns wird gesagt, daß »sie sich ans Leben klammern«, als ob wir glaubten, daß sie ihr sich hinziehendes Sterben genießen. Möglicherweise. Warum hat man ihnen nicht die Alternative einer Sterbedroge geboten?
Denjenigen, die gegen die Entwicklung einer solchen Droge und/oder deren leichte Beschaffungsmöglichkeit protestieren möchten, würde ich gern vorschlagen, ihre Protestenergien anders einzusetzen, indem sie etwa die Öffentlichkeit dazu erziehen, ihr Recht auf Bestimmung einzusetzen und sich zu fragen, ob mächtige Organisationen unsere Luft und unser Wasser verschmutzen dürfen; die Risiken der Entwicklung von Kernenergie zu verstehen; sich den Einfluß der Werbung von Tabak- und Alkoholindustrien klarzumachen; die Folgen des problemlosen Zugangs zu Waffen und starken Motorfahrzeugen zu registrieren. Ich will hier festhalten, daß ich mit all denen übereinstimme, die eine Erziehung über den Gebrauch und Schutz vor dem Mißbrauch von Sterbedrogen ebenso wie von Tabak, Alkohol, Waffen und Autos entwickeln möchten. Ich möchte mich allen anschließen, die sich für den vernünftigen Gebrauch aller möglichen Produkte einsetzen. Ich möchte mich für die Erziehung und den Schutz von Kindern vor dem

Mißbrauch aller auf dem Markt befindlichen Produkte einsetzen – einschließlich des unnötig gefährlichen Spielzeugs. Ich möchte mich besonders jedem anschließen, der gegen die Luft- und Wasserverschmutzung durch unsere Industrie- und Regierungskonzerne protestiert. Ich würde sogar so weit gehen, die sogenannten *Recht-auf-Leben-Initiativen* zu unterstützen, solange sie sich nicht anmaßen, Gott zu spielen, sondern jedem Menschen – gemäß seinen eigenen Wertvorstellungen – das Recht zu sterben wie das Recht zu leben gewähren. Gern würde ich mich – mit anderen zusammen – der Aufgabe widmen, denen zu helfen, die nicht in der Lage sind, ihr eigene Entscheidung zu treffen, und denen, die direkt für sie verantwortlich sind, das geschützte Recht und die Verantwortung übergeben, an ihrer Stelle zu handeln.
Ich weiß, daß ich das Recht derjenigen anerkennen und akzeptieren muß, die ihr Leben durch andere Mittel als die, die ich selbst für ideal halte, beenden wollen. Es beruhigt mich, daß die meisten Menschen sich nicht gern Schmerz zufügen würden, aber ich weiß, daß das, was für den einen Schmerz ist, für den andern keiner sein muß. Mir ist auch bewußt, daß Menschen äußerst erfinderisch und individualistisch sein können, und ich respektiere das Recht eines jeden, seinen eigenen Tod zu gestalten. Als Künstlerin würde ich mich besonders freuen, wenn die Menschen ihren Tod ebenso schöpferisch gestalten wie ihr Leben. Ich wünsche mir nur, daß niemand, der sein Leben beenden möchte, gezwungen wird, gegen seinen Willen weiterzuleben, und daß jeder die Möglichkeit erhält, sich mit einem zuverlässigen, gesellschaftlich und rechtlich sanktionierten Mittel das Leben zu nehmen: und daß ein Mensch, der sich das Leben nehmen will, gewissenhaft bedenkt, nicht das Leben anderer zu gefährden. Wenn jemand aus irgendeinem Grund sein Leben durch einen Sprung aus großer Höhe beenden möchte, soll er darauf achten, daß er nicht auf einen anderen Menschen springt. Und er soll wissen, daß es die Alternative einer Sterbedroge gibt.
Wie steht es aber mit ausgefalleneren Freitodmitteln? Ich bin der Meinung, daß diese, falls die Gefährdung des Lebens anderer ausgeschlossen ist, akzeptiert – wenn auch manchmal bedauert – werden sollten. Wir dürfen, glaube ich, nur eingreifen, um eine Erkrankung zu verhindern. Aber sobald die Existenz eines Menschen durch Krankheit bestimmt wird, glaube ich nicht, daß man ihm sein Recht auf Freitod nehmen kann. Wir können uns Möglichkeiten ausdenken, ihn vorüber-

gehend festzuhalten, um die eine oder andere Situation abzuwägen und ihm die Möglichkeit von Alternativen vor Augen zu führen. Aber ich betrachte es als nicht gerechtfertigt, einen Menschen zum Leben zu zwingen, nur weil er ein besonders unorthodoxes Freitodmittel wählen möchte. Wenn jemand sein Leben durch Realisierung irgendeiner ganz bizarren Vorstellung beenden möchte, ohne das Leben eines anderen zu gefährden, warum nicht?

Taucht in der Gesellschaft ein Konzept, eine neue Idee auf, so ist es fast unmöglich, diese wieder verschwinden zu lassen. Sie kann entwickelt und verwirklicht werden oder auch nicht, aber sie läßt sich nicht auslöschen. Und jeder von uns ist immer irgendwie an all ihren Ergebnissen beteiligt. Wir können das Konzept, die Möglichkeit zu haben, menschliche Embryos abzutreiben, befürworten oder nicht, die Möglichkeit dazu wird deshalb aber nicht verschwinden. Man kann der Existenz dieser Möglichkeit gleichgültig gegenüberstehen, doch auf irgendeiner Ebene stimmt man dauernd für oder gegen ihre Anwendung. Die Möglichkeit des Freitods gibt es, seit es Menschen gibt, obwohl es zweifelhaft ist, daß sie damals schon Plancharakter hatte. Dieser hat sich irgendwann im Laufe der Zeit gebildet und besteht nun. Das Konzept des Freitods als eines menschlichen Rechts entwickelt sich erst jetzt allmählich – die Idee zur Verwirklichung dieses Rechts besteht nun einmal.

Vielleicht wird darum gekämpft werden, und vielleicht wird es schwierig sein, sich zu einigen und die für jedes Menschenrecht notwendigen Schutzmaßnahmen zu entwickeln. Aber ich zweifle nicht daran, daß das Recht auf Freitod diskutiert werden und bald verbrieft sein wird.

Weshalb gerade jetzt? Warum werden wir nach all den Jahrhunderten menschlicher Existenz mit der Möglichkeit zum Freitod plötzlich mit Freitod als verbrieftem Recht konfrontiert? Dies ist eindeutig eine Folge der heutigen technologischen Möglichkeiten für die Medizin, der wir den unauslöschlichen Grundsatz der Verzögerung des Todes und damit des dem einzelnen ungefragt aufgezwungenen Lebens verdanken. Wir sind bereits so weit, den Menschen das Sterben zu verbieten, und zwar den sogenannten natürlichen Tod, oder den rechtzeitigen Tod, oder den erwünschten Tod. Und so müssen wir uns so rasch und eindringlich wie möglich dafür einsetzen, daß jeder von uns das grundlegende menschliche Recht erhält, zu einem Zeitpunkt und durch ein Mittel seiner Wahl zu sterben. Wir müssen das

Recht haben, anderen zu verweigern, uns unerwünschtes Leben aufzuzwingen. Wir müssen das Recht haben, andere mit der Verantwortung zu betrauen, den Wunsch, unser Leben zu beenden, auszuführen, wenn wir selbst nicht mehr dazu in der Lage sind.

Es wird für unsere Gesellschaft nicht leicht sein, sich spontan auf diese Forderungen einzustellen, denn sie besteht primär aus Individuen, die passiv akzeptiert haben, daß sich ihre Lebenserwartung in diesem Jahrhundert – verglichen mit dem letzten – verdoppelt hat. Denen es zufällig gut geht, die sich wohl fühlen auf dieser Welt, freuen sich über ihr Glück und sind meist abgeneigt, sich die traurigen Einwände derjenigen anzuhören, deren benachteiligtes Dasein sich durch die potentiell gesteigerte Lebensdauer noch verschlimmert. Außerdem haben die Menschen mit einem relativ angenehmen Leben genau jene Systeme unterstützt, die bewirken, das Leben noch weiter auszudehnen. Es ist nicht ungewöhnlich, lebenshungrig zu sein, wenn es einem gut geht. Doch bedenken Sie! Viele von uns, denen es vor kurzem noch relativ gut ging, finden sich heute in einer immer weniger angenehmen Lage, und ihr verlängertes Leben wird ihnen zur Last. Wir werden mit den realen – wenn vielleicht auch sehr kaschierten – Kosten der Lebensverlängerung konfrontiert, mit den Kosten der Erschaffung und Unterhaltung neuer Institutionen – Pflegeheime, Altenheime und so weiter – und einer ständig wachsenden Bevölkerung, die nicht einmal die ursprüngliche Lebensdauer von vierzig Jahren richtig nutzen kann, geschweige denn die doppelte Zeit. Wir werden aus dem Schoß der Science-fiction in eine reale Welt hineingeboren, in der unsere Körper und unsere Körperteile nicht uns selbst, sondern anderen gehören.

Wir haben uns selbst blind gemacht für die Realität unserer Sterblichkeit und damit auch für die reichen Möglichkeiten unseres Lebens. Dadurch, daß wir auf ein verlängertes Leben hinsteuern, haben wir die Möglichkeiten des uns zur Verfügung stehenden sterblichen Lebens aus dem Blickfeld verloren. Wir haben einige unserer besten Quellen aufgegeben zugunsten der Schaffung der Illusion, unsterblich zu sein. Jetzt darben wir vielleicht im Alter in einem Pflegeheim dahin oder werden in der Jugend bei einem Autounfall verstümmelt, ohne dabei zu sterben. Unsere Körper können an Maschinen angeschlossen und mechanisch funktionsfähig erhalten werden, und Teile unserer Körper kann man ersetzen. Ist es nicht wunderbar, den Tod besiegt zu haben? Zu wissen, daß das »Leben« uns jetzt für ein knappes Jahrhundert garantiert ist. Und wenn uns das möglich ist, warum nicht gleich für zwei Jahrhunderte? Oder für immer?

Zuversicht? Sie ist nicht so groß, wie mir lieb wäre. Aber ich glaube, die Wahrscheinlichkeit ist sehr groß, daß ich meinen Plan durchführen kann. Doch wenn ich mich um absolute Sicherheit bemühe, spüre ich einen Rest von Unsicherheit. Irgendwo habe ich gelesen, daß jede bekannte Methode, Selbstmord zu begehen, bereits gescheitert ist. Was könnte an meinem Plan schiefgehen?
Ist die Aufbewahrungszeit von Seconal begrenzt? Während der letzten Monate meiner Krankheit habe ich an Gewicht zugenommen, sollte ich aus diesem Grund eventuell eine höhere Dosis nehmen? Muß ich mir wegen der Temperatur am Aufbewahrungsort Gedanken machen? Ich habe nicht die Zeit, mich um weitere Informationen zu bemühen. Wenn ich mehr Zeit gehabt hätte, hätte ich gern erfahren, ob sich meine 4500 mg Seconal nicht zu weniger Kapseln hätten komprimieren lassen. Ich habe mich erkundigt, ob man sie nicht in einen Milchshake oder ähnliches mixen könnte, und mir wurde davon abgeraten, weil die Haut der Speiseröhre dadurch gereizt werden könnte und man sich vielleicht übergeben muß.
Ich habe das Gefühl, man sollte all diese Fragen jedem Arzt vorlegen und erwarten können, daß er darauf zuverlässige Antworten kennt oder sich informiert. Ich habe besseren Zugang zu einer großen Zahl von Ärzten als die meisten und habe seit Jahren Fragen gestellt, die um das Thema Freitod kreisten. Im allgemeinen habe ich festgestellt, daß die Ärzte uninformiert sind. Ich habe auch den Eindruck gewonnen, daß es ihnen ebenso unangenehm und vielleicht auch unmöglich war wie mir, sich Informationen zu beschaffen. Es tut mir leid, daß ich nicht daran gedacht habe, einen medizinischen Forscher zu beauftragen, mit mir zusammen Fragen zu klären und Antworten zu suchen.
Es ist die Verbindung von Medizin und Technologie, die die Auffassung vom Tod, die uns durch Jahrhunderte hindurch so dienlich gewesen ist, zerstört hat. Wir schließen heute Menschen an Geräte an und argumentieren inzwischen sogar über Gehirnströme und darüber, ob ein mechanisch beatmeter Körper ohne Bewußtsein noch lebt oder nicht. Wir wissen gar nicht mehr, was Tod ist. Wir überlassen es den Experten, sich darüber zu streiten und Entscheidungen zu treffen. Mit ihnen

habe ich großes Mitgefühl – ihre Aufgabe ist enorm. Außerdem wäre ich gern bereit, unsere Experten um Rat zu fragen. Doch ich möchte für mich selbst entscheiden, mein Leben zu retten oder zu verlängern. Ich möchte Menschen, von denen ich glaube, daß sie meine Auffassung teilen oder verstehen, damit beauftragen, an meiner Stelle zu handeln, falls ich dazu nicht mehr in der Lage sein werde. Wenn die Experten eines Tages die menschliche Lebensdauer auf hundert Jahre oder mehr ausdehnen können, so würden sie meine volle Anerkennung haben. Wenn sie sich aber selbst das Recht nehmen, mir – oder Ihnen – ein Leben aufzuzwingen, das uns nicht zusagt, dann protestiere ich mit aller Entschiedenheit dagegen. Mir ist jede Kraft verdächtig, die die Macht hat, mir ihren Willen aufzudrängen.

Als ich meinen vorgezogenen Freitod bekanntgab, zeigten verschiedene Ärzte mehr Bereitschaft, mir bei meiner Planung zu helfen, obwohl verständlicherweise zugleich ihre Besorgnis stieg, ihre juristisch fixierte Kompetenz und ihre Verantwortung zu überschreiten. Da ich mir ihrer potentiellen gesetzlichen Gefährdung bewußt war, verschonte ich sie damals mit meiner Bitte um Hilfe. Dies bestätigte meine anfangs noch zaghaft artikulierte Meinung: Es ist wichtig vorauszuplanen und sich die nötigen Mittel zu beschaffen, lange bevor man sie anwenden möchte. Den Notausgang sollte man nicht erst suchen und entdecken, wenn das Feuer bereits ausgebrochen ist.
Ich bin sehr gerührt darüber, daß einige Ärzte, die über meinen vorgezogenen Freitodtermin unterrichtet waren, meiner Familie ihre Hilfe angeboten haben für den Fall, daß meine Bemühung scheitern würde. Das heißt, sie wollten so weit gehen, mir eine Spritze zu verabreichen, um meine eigene Bemühung zu unterstützen. Ich schätze besonders, daß sie ihre Angebote an meine Familie und nicht an mich gerichtet haben, denn das beweist mir, daß sie sowohl meine Ansicht akzeptiert haben als auch zu würdigen wissen, daß das Gelingen meines Suizids für diejenigen, die mich überleben, ebenso wichtig ist wie für mich selbst. Es berührt mich tief, daß sie es riskiert haben, sich selbst in Gefahr zu bringen, indem sie uns ihre Hilfe anboten. Wir haben alle Angebote dieser Ärzte abgelehnt und auch das Angebot zweier Krankenschwestern, mir bei meinem Freitod unmittelbar Hilfestellung zu leisten. Wir wollten lieber das Risiko eines gescheiterten Suizids und seiner Folgen erleiden

als jemand anderen zu gefährden. Dennoch sind jene Angebote äußerst dankenswert und werden einer Gründung von »Exit House« hoffentlich als Bausteine dienen.
Ich halte es für wichtig, darauf hinzuweisen, daß alle Beistandsangebote an meine Familie von Ärzten und Schwestern kamen, die Vertrauen in unser Konzept des rationalen, überlegten Freitods hatten und die wußten, daß wir nicht versuchen würden, meinen Freitod zu verheimlichen. Deshalb nehme ich an, daß ihre Reaktionen primär auf das Problem selbst und nicht auf die persönliche Zuneigung zurückzuführen sind.
In meinen Gesprächen mit zahlreichen Ärzten hatte ich den Eindruck – was mir manchmal auch ausdrücklich bestätigt wurde –, daß viele Ärzte nicht zögern würden, Menschen, denen sie nahestehen und die es wünschen und todkrank sind, die tödliche Dosis eines Medikaments zu verabreichen. Sie sagten, dies sei eine ziemlich häufige und sehr geheimgehaltene Praktik, da ein Teil der medizinischen und nichtmedizinischen Welt stark dagegen opponiere. Keiner der Ärzte tendierte dazu, sich für die Änderung dieser Umstände einzusetzen. Das bedeutet, daß unzählige Menschen, die ihr Leben entweder selbst beenden oder es beenden lassen möchten, keine Möglichkeit dazu finden, einfach weil sie zu keinem Arzt eine wirklich gute Beziehung haben. In einer Zeit, in der es mehr und mehr an persönlichen Beziehungen zu Ärzten mangelt, scheinen Laien weniger Möglichkeiten denn je zu haben, von ihren Ärzten Informationen über Suizid oder anderweitigen Beistand zu erhalten.
Eine weitere wichtige Erfahrung ist, daß eine beträchtliche Anzahl von Ärzten sich anbot, meinen Totenschein so auszufüllen, daß mein Freitod verheimlicht worden wäre. Ich bin an einer Verheimlichung zwar nicht interessiert, aber ich empfinde die Tatsache, daß dies so leicht zu erreichen ist, als – kaum mehr notwendige – Bestätigung dafür, daß die Selbstmordstatistiken in hohem Maße unzuverlässig sind, vor allem was den Teil der Bevölkerung betrifft, dessen ökonomische Verhältnisse eine persönliche Beziehung zu einem Arzt ermöglichen. Ich habe so oft sagen hören, es sei leicht, Selbstmord zu begehen. Einige sind der Meinung, man müsse kein spezielles Mittel dafür entwickeln, weil jeder, der sein Leben beenden möchte, dies ohne weiteres tun kann. Was für eine horrend falsche Vorstellung!
Wir müssen begreifen, daß bestimmt nicht alle Menschen, die ein Mittel suchen, mit dem sie ihr Leben beenden können, daran

interessiert sind, zu töten. Vermutlich sind die meisten Menschen, die sich die bisher noch nicht entwickelte ideale Sterbedroge wünschen – rasch, schmerzlos, irreversibel wirkend –, ganz und gar nicht daran interessiert, zu töten. *Der Wunsch, aus dem Leben zu scheiden, ist grundverschieden von dem Wunsch, das Leben zu zerstören.* Wir unterscheiden daher sprachlich zwischen Freitod einerseits und Selbstmord, also Selbsttötung, andererseits.

Ein Mensch, der das tötende, destruktive, zornige, verstümmelnde, bestrafende, wenig Selbstachtung besitzende, impulsive Moment akzeptiert, mag es für relativ einfach halten, Suizid zu begehen. Gegebenenfalls. Vielleicht macht es solchen Menschen nichts aus, sich zu verstümmeln. Möglicherweise bereitet ihnen die Vorstellung Vergnügen, ihr Gehirn zu verspritzen, sich aufzuschlitzen, vor einen fahrenden Zug zu springen und so weiter. Falls dies zutrifft, ist der Weg zum Selbstmord in der Tat leicht. Doch wie sehr unterscheiden sich diese Menschen von denen, die eine hohe Selbstachtung besitzen und kein Vergnügen am Töten finden, sondern die vielmehr – oder einfach – an einen Punkt gelangen, wo sie sich selbst zu einem solchen Grad verbraucht haben, daß sie es als angemessen und wünschenswert empfinden, ihr Leben zu beschließen. Selbstzerstörung ist für diese Menschen keine Alternative. Ihre Lebensumstände können so beschaffen sein, daß die Beendigung ihres Lebens in der Tat eine Möglichkeit ist, sich gerade vor Zerstörung zu schützen – etwa durch eine tödliche Krankheit oder die Verminderung der Lebensqualität im Alter.

Die Vorstellung, Suizid an sich drücke zwangsläufig mörderische Selbstzerstörungswut und Mangel an Selbstwertgefühl aus, ist mir, so weit ich mich zurückerinnern kann, immer absurd und beleidigend erschienen. Es trifft zwar zu, daß ein Teil meines Selbstwertgefühls verlorengegangen war, als ich mit neunundzwanzig einen Suizidversuch unternahm. Es trifft aber ebenso zu, daß der größte Teil meines Selbstwertgefühls damals gut bis ausgezeichnet war. Es trifft zu, daß ich nicht frei war von verdrängten Aggressionen gegen meine eigenen Grenzen und gegen diejenigen, die Einfluß auf mein Leben hatten. Aber es war meine Müdigkeit – durch den Kampf mit dieser Last –, die meine Bereitschaft auslöste, das Leben aufzugeben. Ich war nie daran interessiert, mich zu töten oder zu verletzen. Trotz meines damaligen Wunsches, vom Lebenskampf erlöst zu werden, dachte ich nie daran, mich zu verletzen. Die Vorstellung von Selbstmord war abscheulich und unterschied sich vollkommen von meiner Sehnsucht nach Erlösung.

Jetzt, da ich im Begriff bin, mein Leben zu beenden, und noch immer soviel Selbstwertgefühl und Lebensfreude habe wie nur irgendwer, finde ich die Vorstellung, daß Suizid als Ausdruck eines makabren Selbstmords betrachtet wird, einfach qualvoll.

Mir stehen außerordentlich gute Hilfsmittel und genügend Kraft zur Verfügung, um mich über diese schreckliche soziale Verleugnung – Verletzung – meines Rechts, auf meine rationale Weise zu sterben, hinwegzusetzen. Ich habe das große Glück, Menschen um mich zu haben, von denen ich Hilfe erwarten kann. Und so wage ich es, auf meine Weise zu sterben. Und im Verlauf dieses Prozesses entdecke ich, daß – außer mir – sehr viele Menschen Rechte auf einen würdigen Tod mit würdigen Mitteln gern gewahrt wissen möchten. Es ist schwierig, an zuverlässige Mittel heranzukommen. Und es ist schwierig, eine geeignete Umgebung zu schaffen. Aber ich stelle fest, daß es mit gutem Willen und Entschlossenheit möglich ist. Und je öfter man eine offene Bemerkung über die positiven Aspekte des Freitods machen kann, desto eher wird er sein Stigma verlieren, und das Recht auf Freitod wird für alle, die es wahrnehmen möchten, anerkannt und unterstützt werden. Bis dieses Recht verbrieft ist, müssen sich, abgesehen von den wenigen, die glücklich genug sind, ihren Freitod arrangieren zu können – offen oder heimlich –, alle auf einen Tod durch Unfall, Krankheit oder Alter beschränken.

Freitod ist nicht nur ein Augenblick. Freitod ist ein Prozeß, der mit der Auslöschung des eigenen Ich endet. Wenn ich mir schon das Leben nehme, so muß ich von mir verlangen, meine Gründe dafür mit anderen zu diskutieren. Schreiben ist für mich eine Qual. Mein Schreiben ist zwar mit meinem Suizidprozeß verbunden, doch auch wieder getrennt davon. Wie auch immer der Prozeß aussehen mag, ich halte ihn für eine reife Lebenserfahrung. Durchs Leben zu gehen mit dem Bewußtsein, daß man das eigene Leben in höchster Weise verantwortlich gestalten kann, indem man sein Ende ebenso wie seine Lebensqualität bestimmt, bedeutet, mit erhöhtem Bewußtsein der eigenen Möglichkeiten durchs Leben zu gehen. Durchs Leben zu gehen und ein verantwortungsbewußtes Ende der eigenen Lebensdauer zu planen – welche Lebenserfahrung kann einen mehr reif werden lassen? Wenn man weiß, daß man ein gutes Mittel hat, das Leben zu beenden, verschwendet man das Leben nicht mit der Angst vor einem schlimmen Ende.

Nachdem ich nun im Vorhergehenden über meine Mittel, mein Medikament geschrieben habe, nachdem ich von der Richtigkeit meines Suizidplans so überzeugt bin, wie man nur sein kann, und nachdem ich mehr als hundert Menschen in meinen Plan eingeweiht habe, stelle ich plötzlich fest, daß ich Zugang zu einer Cyanidpille habe. Diese Tatsache hat mich eine schlaflose Nacht gekostet.

Heute morgen hatte ich das Gefühl, daß ich das Cyanid vielleicht einnehmen werde. Ich bin aber eigenartig verletzt und wütend, weil die Gesellschaft dadurch unwillkürlich und gedankenlos eine häßliche Note in einen friedlich, behutsam und ganz und gar bedacht geplanten Freitod hineingebracht hat. Ich, ein sanfter, liebevoller Mensch, der versucht, seinem Leben einen für die Menschheit sinnvollen Wert zu geben, statt sich einfach treiben oder gehen zu lassen, bin zu dem Zeitpunkt, wo ich das Gemälde meines Lebens mit dem letzten und vielleicht kreativsten Pinselstrich zu beenden beabsichtige, mit einem fast unerträglichen Verlust konfrontiert.

Es kann sein, daß die Entschlossenheit, die ich in mir aufsteigen fühle, den drohenden Verlust zu besiegen, bisher mehr ungereifte Schlüsse als wirkliche Kraft widerspiegelt; ich könnte das Cyanid schließlich beiseite legen und bei meinem vorher erwähnten Plan bleiben. Vielleicht wissen die Experten etwas, das ich nicht weiß (wie ich bereits vorher in Zusammenhang mit dem CIA und ihrer Benutzung krampfauslösender Medikamente, um einen raschen, irreversiblen Tod herbeizuführen, erwähnt habe). Ich weiß im Augenblick über Cyanid so gut wie nichts. Meine Eindrücke basieren mehr auf vagen Vorstellungen als auf soliden Fakten. Ich will mehr darüber in Erfahrung bringen.

Im Augenblick sind meine Träume davon, meinen Körper durch einen friedlichen Schlaf und in dem behaglichen Heim, das ich liebe, zu verlassen, in Tränen ertränkt. Ich habe sie noch nicht aufgegeben, denn ich sehe jetzt deutlicher denn je, daß ich, wenn ich daran denke, jene Träume aufzugeben, das Gefühle habe, ich könnte meine Lieben einer Erfahrung von seltener Menschlichkeit berauben – wie befangen sie auch sein mögen. Deshalb neige ich noch immer zu dem Compazine/Seconal-Szenarium.

Der Cyanid-Plan? Soviel ich bisher weiß, ist der Tod durch

Cyanid ein häßlicher Anblick. Der das Cyanid aufnehmende Körper verfällt »sofort« in Krämpfe und wird blau und entledigt sich des Darminhalts. Mir ist sofort klar, ich möchte nicht, daß jemand, dem an mir liegt, ein so scheußliches letztes Bild von mir erhält. Deshalb würde ich das Cyanid nur nehmen, wenn ich bereit wäre (wie ursprünglich beabsichtigt), einen weiteren Schlußstrich zu ziehen, das heißt, wenn ich mich dazu überwinden könnte, meine Lieben und mein Heim zu verlassen, wenn ich mich an einen unbekannten Ort begeben und dort einen entstellten Körper zurücklassen könnte – den Körper, den ich ja eigentlich nicht häßlich machen möchte.

Wenn ich einen solchen Weg einschlage, muß ich mir ein System ausdenken, demzufolge meine Leiche rasch entdeckt werden kann, so daß meine Familie, meine Freunde nicht auf die Folter gespannt werden und erfahren, ob meine Mission gut verlaufen ist oder nicht. Ich fühle mich gegen meinen Willen dazu gezwungen, Ränke zu schmieden, so als ob ich ein Verbrechen vorhätte. Wut über die gesellschaftliche Mißachtung kommt hoch. Mir persönlich macht es überhaupt nichts aus, daß die ärztlichen Untersucher meine häßlichen Überreste sehen und gezwungen sein werden, weitere Zerstörungen an ihnen vorzunehmen, um – auf Kosten des Steuerzahlers – die Todesursache festzustellen, die ich ihnen gern freiwillig mitgeteilt hätte. Ich, mein Bewußtsein, werden diese Überreste dann verlassen haben und werden weder die Eingriffe noch das Feuer der Verbrennung spüren. Es geschehe, was geschehen muß. Man soll aber auch wissen, daß die Obduktionen unnötig wären, wenn die Gesellschaft ihren Mitgliedern nicht die Schmach der Verheimlichung aufzwingen würde.

Ich bin überrascht darüber, wie oft ich in meinen Überlegungen zurückkehre zu meinen engsten Vertrauten, zu denjenigen, die mich überleben werden, und zu dem Gefühl, daß ihnen durch den Cyanid-Plan etwas vorenthalten wird. Ich denke daran, wie wir uns umarmen, wenn ich von ihnen und aus unserer Wohnung fortgehe – mein Körper noch aufrechtgehalten durch meine Person. Wie sie dann – wie viele Tage später? – meine Asche zum Recycling erhalten. Gut. Keineswegs grotesk. Aber ist ihrer Erfahrung dadurch nicht tatsächlich etwas entgangen?

Ich denke an jeden von ihnen und weiß, daß es *ihr* Tod sein könnte, den *ich* zu akzeptieren hätte. Es stimmt zwar, daß mich niemand zwingen könnte, ihr Sterben mitzuerleben. Und dennoch denke ich, wenn einer von ihnen sterben würde, daß unsere Trennung sich irgendwie totaler oder *richtiger* – welches Wort soll ich vorziehen? – vollziehen würde, wenn ich sie in ihren letzten Atemzügen liebevoll in den Armen halten könnte. Eine solche Trennung bringt nicht weniger Schmerz mit sich, aber einen ganz anderen und irgendwie heilsamen Schmerz. Und deshalb sage ich mir: Nimm das Cyanid nicht! Beraube deine Freunde nicht der Möglichkeit, sich während deiner letzten Atemzüge gegenseitig zu trösten und zu lieben. Doch dann wieder stelle ich mir jene fast unwahrscheinliche Möglichkeit vor, daß mein Seconal-Plan scheitert. Ich kann also auf die Cyanid-Pille nicht verzichten. Aber – nicht nur im Hinblick auf die, die mir nahestehen – könnte ich in meiner Einsamkeit diesen Schritt tun – so ekelhaft, mit Krämpfen ...? Würde ich nicht in absolutem Entsetzen erstarren? Wenn ich nur die Energie meines starken Zorns umpolen und zu einer anderen Art von Kraft transformieren könnte! Würde ich es schaffen? Ich fühle mich durch die Herausforderung provoziert und erregt bei dem Gedanken, daß ich in mir selbst eine Kraft finden könnte, die die Niederlage besiegt.

Es ist jetzt Abend. Es erscheint mir fast wie eine Schicksalsfügung – ich habe verschiedene Ärzte konsultiert, vor allem, um sie über mein Vorhaben zu informieren und um ihnen zu sagen, daß ich sehr froh wäre, wenn sie mir eine Möglichkeit nennen würden, meinen Plan rascher beziehungsweise irreversibler durchzuführen. Ich erbettle nie eine Information von einem Arzt oder bedränge ihn gar. Doch keiner der Ärzte hat sich, nachdem er mich angehört hatte, geweigert, mir seine Ansicht mitzuteilen, und so nimmt mein Plan nach und nach Konturen an. Interessanterweise schickte keiner der Ärzte mir eine Rechnung. Keiner von ihnen schien schockiert zu sein. Alle haben angedeutet oder offen geäußert, daß auch sie selbst ihr Leben lieber beenden würden als Krebs im Endstadium durchzumachen. Aber alle neigten dazu, nicht so früh wie ich aus dem Leben zu scheiden. Doch wenn sie mich danach fragen und ich ihnen meine Gefühle mitteilte, scheint jeder meine Entscheidung zu respektieren.
Heute informierte ich meinen Arzt darüber, daß ich die Möglichkeit hätte, mir eine Cyanid-Pille zu beschaffen. Ich kam gar nicht dazu, über meine emotionale Verwirrung – im Falle, die Pille nehmen zu müssen – zu sprechen. Der Arzt riet mir sofort davon ab, Cyanid zu nehmen, weil die Wirkung so unangenehm sei. Und was noch wichtiger war: Er machte mich darauf

aufmerksam, daß eine Wiederbelebung unmöglich sei, sobald der Puls und der Atem stillstehe und die Pupillen erweitert seien. Die Zeit, die nötig sei, um auf diese Weise klinisch tot zu sein, sei von Körper zu Körper verschieden. Zwanzig Minuten lang würde man wahrscheinlich schlafen, bevor man ins Koma eintrete, das ungefähr drei Stunden dauern und erst dann zum Tode führen würde.

Der Arzt empfahl mir auch, mehr als 4500 mg Seconal zu nehmen, und zwar soviel ich besäße und/oder hinunterschlucken könnte. Er erkundigte sich, ob ich schon einmal Seconal genommen hätte und so das schummrige Gefühl kennen würde, das entsteht, wenn die Pillen ihre Wirkung erlangen, und ob ich – in einem solchen Fall – Angst bekommen könnte, im Bewußtsein des nahen Todes. Ich kenne das schwindligmachende Gefühl, das bei der Einnahme von Seconal entsteht und finde es nicht im geringsten unangenehm. Ich halte es sogar für willkommen, wenn man es herbeisehnt. Wenn ich bereit bin, aus dem Leben zu scheiden, werde ich dieses Gefühl sicher ersehnen, und ich habe keine Angst vor irgendwelchen Qualen im letzten Moment.

Während ich jetzt sicherer bin, daß der geplante Seconal-Tod nicht mißlingen wird, und zugleich darüber erleichtert bin, daß ich keinen Cyanid-Tod in Erwägung zu ziehen brauche, muß ich sagen, daß ich sehr dankbar dafür bin, die Möglichkeit gehabt zu haben, der Alternative ins Gesicht zu sehen. Ich bin dem Menschen, der den Mut hatte, mir das Cyanid zu verschaffen, unendlich dankbar. Doch das erinnert mich wieder daran, wie unfair es ist, privilegiert zu sein. Denken Sie an die vielen Menschen, die keinen Arzt als Freund haben, den sie um Rat fragen können oder von dem sie gegebenenfalls Medikamente erhalten würden.

Rechte und Helfer – ärztliche, praktische, schützende, persönliche, juristische

Irgendwann in der Zukunft. Sie haben den Willen, Ihr Leben zu beenden, und haben – Ihrer Meinung nach – gute Gründe dafür. Durch Zufall haben Sie von einem schmerzlosen, relativ rasch wirksamen und aller Wahrscheinlichkeit nach irreversiblen Mittel erfahren. Irgendwie ist es Ihnen gelungen, in den Besitz dieses Mittels zu gelangen. Sie gehen davon aus, daß Sie keine physischen oder emotionalen Schwierigkeiten haben

werden, das Sedativum zu sich zu nehmen, daß Sie in einen sanften Schlaf hinübergleiten, innerhalb der nächsten halben Stunde das Bewußtsein verlieren und aus dem Leben scheiden werden. Das Gefühl, freiwillig auf einen Teil Ihres Lebens zu verzichten, um in Frieden zu sterben, beruhigt Sie. Sie sind glücklich darüber, daß Sie von sich selbst nicht verlangen, eine Zeit erleben zu müssen, deren Qualität Ihrer Meinung nach nicht Ihren Anforderungen entspricht. Und nun?
Vielleicht sind Sie nicht alt oder todkrank, aber es ist auch möglich, daß Sie entweder eins von beidem oder beides sind. Es ist ebenfalls möglich, daß, wie entschlossen Sie auch immer sein mögen, wie sorgsam Sie jene roten Kapseln auch in der Hand halten mögen, Ihre Hand erstarrt. Die anderen – wenn sie davon wüßten – werden behaupten wollen, daß Ihr Zögern, die Kapseln einzunehmen, ein Zeichen für Ihre instinktive Bindung ans Leben ist, daß Ihr Lebenstrieb stärker ist als Ihr Todestrieb. Ich jedoch würde – im Vertrauen darauf, daß Sie mit größter Bedachtsamkeit zu Ihrem Entschluß gekommen sind – keinen solchen Schluß ziehen. Ich respektiere voll und ganz Ihr Recht, Ihre Lebensdauer zu bestimmen. Ich bin bereit zu glauben, daß Sie all die Zweifel überwunden haben, die auftauchen, bevor man sein Lebensende akzeptiert. Diejenigen, die darauf bestehen, daß Ihr Zögern Nichtbereitschaft Ihrerseits widerspiegelt, projizieren, wie ich meine, ihre eigene Unfähigkeit, mit dem Problem des Sterbens fertig zu werden. Vielleicht freuen sie sich sogar über Ihr Zögern und sehen es als Bestätigung dafür, daß es für sie keinen triftigen Grund gibt, der eigenen Endlichkeit ins Gesicht zu sehen.
Was immer der Grund für ihre Reaktion sein mag, ein besseres Verständnis für Ihr Zögern läßt sich, wie ich glaube, in Ihrem eigenen Bewußtsein finden. Stellen Sie sich vor, Sie seien bereit, willens und in der Lage, aber Ihre Hand gehorcht Ihnen nicht. Was geht in diesem Augenblick in Ihrem Kopf vor? Ist Ihre Angst die Angst vor dem Tod oder die Angst vor dem Leben, das dem möglichen Scheitern Ihres Planes folgen könnte? Es ist vorstellbar, daß, wie gut Sie sich auch über Ihr Sterbemittel informiert haben, wie zuversichtlich Sie auch in bezug auf die Wirksamkeit Ihres Mittels sein mögen und wie gut Sie sich auch gegen ein vorzeitiges Entdecktwerden und eine damit verbundene gewaltsame Wiederbelebung geschützt haben, ein vollkommen unvorhersehbares Ereignis dazwischenkommen könnte. Sie haben alles sorgfältig vorausgeplant, so daß es keine Panne geben kann. Es stapeln sich keine

»verräterischen« Zeitungen vor Ihrer Tür. Sie haben mit Ihrem Hausmeister vereinbart, daß er »während Ihrer Abwesenheit« besondere Sendungen für Sie in Empfang nimmt, und so weiter und so fort. Aber Sie können nicht vorhersehen, ob ein Notfall im Haus entsteht – ein Rohrbruch oder Feuer –, der die Polizei veranlaßt, dreißig Sekunden, nachdem Sie die letzte Kapsel hinuntergeschluckt haben, in Ihre Wohnung einzubrechen. Selbstmordversuche sind schon durch die unglaublichsten Dinge verhindert worden. Wer würde schon damit rechnen, daß ein Mann, der sich von der obersten Plattform eines New Yorker Wolkenkratzers in die Tiefe stürzt, ein paar Stockwerke tiefer von einer Windbö durch ein Fenster in das Gebäude zurückgedrückt wird! Es gibt unglaubliche Geschichten von so manch einem Opfer, das letzten Endes zu einem unerwünschten Dasein gezwungen worden ist – als Verstümmelter.
Während Sie Ihren Plan geschmiedet haben, waren Sie sowohl wütend darüber, daß Sie zur Heimlichkeit gezwungen waren, als auch amüsiert, daß Sie wie ein Verbrecher vorgehen mußten. Wenn die Welt nur begreifen könnte, wie vernünftig Ihre Entscheidung ist, und Sie von der absurden Heimlichtuerei befreien würde! Während Sie sich heimlich vorbereiten, wird Ihnen bewußt, daß es schon unzählige – Tausende, Millionen? – Menschen gegeben hat, die – ganz allein – darum gekämpft haben, einen vernünftigen Weg zu finden, ihr Leben zu beenden. Wie grausam, daß sie die Hilfe der Gesellschaft nicht in Anspruch nehmen können. Wie tief sehnen Sie sich nach Beistand. Doch an wen können Sie sich wenden?
Blicken Sie wieder in sich hinein, während Sie die leuchtenden Kapseln anstarren. Wen sehen Sie? Von wem wünschen Sie sich am meisten, daß er Ihnen helfen würde? Sind es nicht genau die Menschen, deren Bilder vor Ihnen auftauchen, während Sie die Hand heben? Ist es nicht ihr Gesichtsausdruck – wenn sie mit Ihrem Tod konfrontiert werden –, der sich Ihrer Vorstellung aufdrängt und Ihre Hand stocken läßt? Sie sind ebenso zu jenen schrecklichen Bildern erstarrt wie Ihre Hand vor Ihnen erstarrt ist. Die Stille ist unerträglich und hallt wider von den möglichen Schreckensschreien, dem bekümmerten Schluchzen und dem ansteckenden Getratsche, das auf erfundenen Erklärungen beruht, die – wenn überhaupt – wenig mit Ihrer Realität zu tun haben. Diese Gesichter drücken Schock, Ungläubigkeit, Kränkung, Verzweiflung, Bestürzung aus. Alles, wie Sie wissen, nicht nötig. Wenn Sie irgendein irrationales Bedürfnis ausagieren würden, dann wären Ihnen jene Bilder vielleicht ange-

nehm. Aber Ihre Suizidabsicht ist *rational.* Sie haben weder den Wunsch noch das Bedürfnis, anderen Schmerzen zu verursachen. Es ist die Meinung der *anderen* über *Ihre* Handlung, die ihnen Schmerzen bereitet. Es ist die Weigerung der *anderen*, Sie anzuhören, wodurch Sie – die Gesichter der anderen vor Augen – von Schuldgefühlen geplagt werden. Wie sehr Ihnen auch bewußt ist, daß es Ihr Recht und der richtige Zeitpunkt ist zu sterben, Sie wissen, daß man Ihren Selbstmord als Legitimation für eigene verheerende Emotionen benutzen wird. Und wie es schmerzt, daß eben diese Menschen schlecht von Ihnen denken werden! Wie schrecklich, daß sie sich zornig gegen Sie wenden könnten, nur weil sie etwas erleben, was ihnen ihr Versagen bestätigt – denn es ist ihnen nicht gelungen, Ihnen ein längeres, erstrebenswerteres Leben zu schaffen. Sie sind in der Tat gefangen zwischen zwei schrecklichen Alternativen. Sie können Ihr Leben beenden in dem Bewußtsein, daß Ihre Handlung eine größere oder kleinere pilzförmige Wolke von Scheußlichkeiten auslösen wird, was immer Sie auch dagegen unternehmen. Oder Sie können Ihren bedachten, überlegten Suizidplan fallenlassen und ein unabsehbar langes, unerwünschtes Leben auf sich nehmen. Sie waren vorher nicht im geringsten deprimiert, doch jetzt – wo Sie sich solch lähmenden Alternativen gegenübersehen – haben Sie allen Grund dazu, niedergeschlagen zu sein.
Die vor Ihnen auftauchenden Gesichter verfolgen Sie mit ihren Emotionen. Sie würden ihnen gern tröstliche Worte sagen, wenn sie nur zuhören wollten. Aber sie sind taub. Taub! Nun gut, Sie schwanken, Sie werden bleiben und das Leben ertragen, um den anderen die Pein zu ersparen. Wie schlimm könnte es werden? In Ihrem Kopf hören Sie ein Stimmengewirr. Da sind Münder, die widersprüchliche Äußerungen von sich geben. »Das Leben währt ewig. Über den irdischen Tod hinaus gibt es ein ewiges Leben mit der Möglichkeit, immer großartigere Zustände zu erreichen.« Gleichzeitig hören Sie: »Schmäh den irdischen Tod! Dehn das körperliche Leben unabhängig von der Lebensqualität länger aus. Mach Schluß mit dem Tod!« Da sind Worte von Menschen, die nicht im Traum daran denken würden, einem anderen das Leben zu nehmen; denn das würde bedeuten, man würde Gott spielen. Doch sie haben keine Gewissensbisse, wenn sie andere dazu zwingen, ein unerwünschtes Leben zu leben. Und das bedeutet ebenfalls Gott spielen.
Worte strömen hervor, die Ihnen sagen, daß das Leben schön ist und daß Sie sich auf alle Fälle daran klammern müssen – ohne

Rücksicht auf Schmerzen für Sie und Ihrigen, auf verminderte Hilfsmittel und auf Ihr persönliches Gefühl, genug von allem zu haben. Man sagt Ihnen, Sie seien ein Feigling, weil Sie nicht mehr wollen. Ein Feigling. Ein schlechtes Vorbild. Böse. Ein Drückeberger. Keiner hat Worte der Weisheit, der Stärke, des Mitgefühls für Sie. Man wirft Ihnen vor, wahnsinnig zu sein, wenn Sie aus dem Leben scheiden wollen. Wahnsinnig. Deprimiert. Das ist es! Ihre geistige Einstellung ist zerrüttet. Sie sollten sich wirklich nichts daraus machen, sich gegebenenfalls in Ihrer eigenen Wohnung nicht mehr selbst versorgen zu können. Oder daß Ihnen nichts daran liegt. Also! Sie sagen sich, daß Sie weiterleben werden. Egal, wie wenig Spaß Ihnen diese Aufgabe macht. Vielleicht haben Sie Glück und finden wieder Geschmack am Leben.

Sie versuchen, Ihre Hand zu senken. Sie würden alles tun, um dem Wortschwall der Sie in Ihrer Vorstellung umgebenden Personen Einhalt zu gebieten. Alles! Sogar leben! Aber Ihre Hand rührt sich nicht. Eine Sammelmappe mit Zeitungsausschnitten und Zeitschriftenartikeln und Notizen von Dingen, die Sie in den letzten Jahren öfter und öfter gehört haben, tritt vor Ihr geistiges Auge und verdrängt die babbelnden Münder derjenigen, die an Ihnen Anstoß nehmen.

Die Mappe schlägt auf. Sie lesen von all den Dingen, die die Gesellschaft für diejenigen tut, denen es an finanziellen Mitteln mangelt – entweder weil die Lebenshaltungskosten gestiegen sind, oder weil sie keine Möglichkeit hatten zu sparen, oder weil sie keine Anstellung finden oder weil sie eine weitere Fachausbildung benötigen, da ihre mühsam erworbene Qualifikation durch den rasch wechselnden Markt über Nacht wertlos geworden ist. Aber Sie selbst verbieten sich jeden derartig entmutigenden Gedanken. Bestimmt wird sich eine Möglichkeit finden, Ihre Wohnung zu halten – selbst wenn Sie nicht mehr die Energie und die Mittel haben, dies zu tun.

Nun, falls es ganz schlimm kommen sollte, wird die Gesellschaft Ihre gesamte Habe auflösen und Ihnen großzügig eine kostenlose Wohnung zur Verfügung stellen. Vielleicht gefällt sie Ihnen nicht, aber was wollen Sie? Sie genießen die wunderbare Befriedigung, am Leben zu sein! Selbst wenn Sie von der Wohlfahrt und in einem anderen Viertel leben müssen, entfernt von den Menschen, die Sie gekannt haben, und dem Lebensstil, den Sie gewohnt waren. Solange Sie am Leben sind, werden Sie schon in der Lage sein, unter Ihren neuen Nachbarn Freunde zu finden. Fassen Sie Mut.

Zeigt Ihr Körper Anzeichen von Verfall? Sie hatten seit Jahren Anfälle von Arthritis, und jetzt scheint es immer schlimmer zu werden? Nun, einige der Zeitungsartikel versprechen Heilung von Arthritis. Kostenlos zur Verfügung gestellte Regierungspamphlete besagen, daß die Ärzte Ihnen vollkommen neue Gelenke einsetzen können, wenn Ihre Arthritis weit genug fortgeschritten ist. Das ist nun wirklich eine gute Neuigkeit. Über Ihre Arthritis brauchen Sie sich in Zukunft also keine Sorgen mehr zu machen. Und falls Sie Krebs oder ein Herzleiden bekommen, berichten andere Artikel von künftigen oder bereits machbaren Wunderkuren. Was für Mißgeschicke Ihnen auch zustoßen mögen, es *kann* keinen vernünftigen Grund dafür geben, sich der Vortrefflichkeit des Lebens zu entziehen.

Durch die wunderbare Technologie ist eine vollständig neue Industrie aufgeblüht, in der Tausende von Menschen ihren Lebensunterhalt verdienen und die unsere Wirtschaft stützt und Ihnen Appetit aufs Leben machen will durch die Versicherung, daß die Industrie einen umfangreichen, kostspieligen Kampf für die Entwicklung von Lebensverlängerungsmaßnahmen und Hilfsmittel führt, um gerade *Ihren* Körper zu retten. Man versichert, daß Ihr Körper hundert Jahre am Leben erhalten werden kann. In naher Zukunft sogar hundertfünfzig Jahre. Ist das nicht das, was sich jeder wünscht? Sie ebenfalls. Fühlen Sie, wie Ihr Lebenstrieb Sie vorantreibt. Sie fühlen es nicht? Nun, das ist sehr dumm und unanständig von Ihnen. Möchten Sie gern einen total übersättigten Markt mit all diesen neuen Dienstleistungen, die niemand in Anspruch nimmt? Möchten Sie jemanden, der arbeiten muß, um eine Familie und/oder einen bestimmten Lebensstil zu finanzieren, der Möglichkeit berauben, Dienstleistungen zu schaffen und auszuführen, die Sie am Leben erhalten? Das möchten Sie? So rücksichtslos sind Sie?

Halten Sie Ihre Hand noch ein wenig länger wie erstarrt, und wir brauchen uns keine Sorgen mehr zu machen über Ihre freche »Mißachtung des Lebens«. Lassen Sie uns nur ein wenig mehr Zeit, verzichten Sie ruhig auf ein wenig mehr Verantwortung für Ihr eigenes Leben – dann können wir uns Ihrer annehmen. Wir werden Ihnen Beruhigungsmittel geben – kostenlos, wenn Ihr Portemonnaie leer ist –, damit Sie sich nicht länger aufregen müssen. Wir werden Sie in eins unserer netten, sauberen Pflegeheime stecken. Sehen Sie nur, wie gemütlich die Empfangshalle ist? Gebohnert, sauber, mit Blumentöpfen versehen. Freundliches Personal. Sie werden Ihr neues Leben lieben. Kein Saubermachen mehr oder Einkaufen oder Kochen oder Sich-Sorgen-Machen wegen der Miete. Lassen Sie sich einfach fallen und tun Sie, was Ihnen gesagt wird, und Sie können im Aufenthaltsraum fernsehen oder an den besonderen Ereignissen teilnehmen, die dazu da sind, Sie bei Laune zu halten – gemeinsames Singen, Tanzen, Unterhaltung, Basteln. Aber ja, Sie werden all dies lieben, wenn Sie sich anpassen. Natürlich, es stimmt, wenn Sie – auch nachdem Sie die Beruhigungsmittel bekommen haben – immer noch darauf bestehen, herumzunörgeln, werden wir Sie aus den mehr öffentlichen Bereichen entfernen müssen. Es wäre nicht fair, wenn die Menschen, die so lange wie möglich leben möchten, sich dauernd Ihre Nörgeleien anhören müßten. Außerdem ist für Nörgler eine andere Art von Personal und eine andere Art von Medikament erforderlich als für Nichtnörgler. Das werden Sie doch sicherlich verstehen.

Ein anderer Zeitungsartikel fällt Ihnen ins Auge. Ein großer Bericht über Karen Ann Quinlan. Jahrelang lag sie bewußtlos. Und jeder Artikel erinnert Sie – zwischen den Zeilen – daran, daß es heutzutage nicht mehr üblich ist, zu Hause zu sterben. Wenn es ans Sterben zu gehen scheint – ob ein Mensch sich nun zu Hause oder in einem Pflegeheim aufhält –, muß man ihn in ein Krankenhaus bringen. Es gehört sich, dies aus Liebe zu einem sterbenden Verwandten oder Freund zu tun. Ihn zu Hause zu behalten, bedeutet möglicherweise seinen früheren Tod – natürlich ein Zeichen für mangelnde Zuneigung. Liegt jemand, den man liebt, im Sterben, so beweist man seine Liebe dadurch, daß man ihn ins Krankenhaus bringt und sich bereit erklärt, alle Kosten zu tragen, um den Körper so lange wie möglich am Leben zu erhalten. Bittet dieser Mensch um den Tod, so muß man seine Bitte ignorieren; es kann sich dabei ja nur um einen Fehlimpuls des Geistes handeln, der durch den bevorstehenden Tod gestört ist. Gelingt es, den Körper am Leben zu erhalten, so tritt vielleicht eine Besserung ein, und dann wird der Bewohner des Körpers glücklich sein über die Hingabe, die man ihm bewiesen hat. Und er wird sich so sehr darüber freuen, daß er am Leben ist, daß man sich über die Bezahlung der Rechnungen keinerlei Gedanken mehr zu machen braucht.

Es gibt tatsächlich Menschen, die von einem ewigen Leben in ihrem irdischen Körper träumen. Menschen, die so starke Widerstände gegen den Tod haben, daß sie ihr ganzes Vermö-

gen dafür ausgeben, eingefroren zu werden, so daß sie eines Tages wiederbelebt werden können. Es gibt heute Friedhöfe, in denen man vertikal bestattet wird; es gibt unzählige menschliche Körper, die nur noch durch Maschinen existieren. Bald wird es Hochhäuser voller lebender Mumien geben. Eltern und Kinder. Und natürlich Haustiere. Und warum dann nicht auch die Lieblingsblumen?
Schrecken Sie diese sehr realen Tendenzen ab? Wollen Sie sich – oder zumindest Ihren Körper – den Managern dieser Unternehmen überlassen? Oder wollen Sie selbst die Bestimmung über Ihr Leben übernehmen?
Sie befinden sich in einem furchtbaren Dilemma. Sie wissen, daß Sie vernünftig sind und das Recht haben müssen, Ihr Leben zu beenden. Sie wissen, daß »die anderen« nicht das Recht haben können, Sie zum Leben zu zwingen. Doch solange unsere gesellschaftlichen Gepflogenheiten so sind wie sie sind, haben Sie keine andere Wahl, als sich entweder einer unerwünschten Existenz zu unterwerfen oder diejenigen, die Sie lieben, nach Ihrem Freitod ihren entsetzten Reaktionen zu unterwerfen. Doch warten Sie! Gibt es nicht vielleicht noch eine bisher übersehene Alternative?
Wie wäre es, wenn Sie sich der Hilfe derer, an denen Ihnen liegt, versichern? Glauben Sie nicht, daß es diese Menschen irgendwo in ihrem Innern – wie verschlossen sie auch zu sein scheinen – ablehnen, Ihnen eine unerwünschte Existenz aufzuzwingen? Und daß sie sich selbst nicht wünschen würden, daß man ihnen eine solche aufzwingt.
Wenn Sie an den Punkt gelangen und eine solche Möglichkeit in Erwägung ziehen, entspannt sich Ihr Arm soweit, daß Ihre Hände ruhig werden. Sie haben das Gefühl, daß sich ein Fenster geöffnet hat und Hoffnung auf Vernunft die Luft erfüllt. Sie verfallen in einen wunderbaren Traum. In diesem Traum kommen Sie zu dem Entschluß, Ihr Leben zu beenden. Ihre engsten Familienangehörigen und Freunde versammeln sich in einem Kreis um Sie, während Sie mit ihnen sprechen. Es ist alles ganz einfach – fast so, als ob Sie alle zusammen auf einer großen Party wären, und Sie Ihren Lieben mitteilen wollten, daß Sie nun genug von der Party haben und gern gehen würden. Sie finden, daß es ein gelungenes Fest ist und wissen, daß es noch verschiedene Höhepunkte bieten wird. Dennoch haben Sie alles gehabt, was Sie für sich selbst wünschen. Sie sind bereit zu gehen. Sie wollen die Party nicht stören. Sie möchten, daß Ihre Freunde weiterfeiern. Sie haben sie einfach nur deshalb zusam-

mengerufen, weil Sie nicht ohne eine Umarmung zum Abschied gehen wollen. Sie wollen nicht, daß Ihre Abwesenheit jemanden verwirrt oder frustriert. Sie wollen, daß man weiß, daß es Ihnen gut geht. Und Sie sind glücklich, daß die anderen weiterfeiern.

Niemand stellt Ihr Recht, die Party zu verlassen, in Frage. Ihr Wunsch wird bereitwillig respektiert. Man sagt Ihnen nette Dinge. Man sagt, daß man Sie vermissen werde – obwohl man Ihren Wunsch akzeptiert. Die Freunde haben wie Sie den Wunsch, die Party nicht zu stören. Deshalb bieten sie Ihnen an, Ihnen den Abschied zu erleichtern. Sie sagen, sie werden dafür sorgen, daß die anderen verstehen, warum Sie schon gegangen sind – nämlich einfach deshalb, weil Sie nicht mehr genügend Lust oder Kraft gehabt hätten, zu bleiben. Falls nötig, würde man den anderen klarmachen, daß Ihre Abwesenheit keine Kritik an der Party ausdrücken sollte, sondern vielmehr das positive Bedürfnis, sich zurückzuziehen, um sich mit persönlichen Angelegenheiten beschäftigen zu können. Man bittet Sie, zu sagen, was man sonst noch tun könnte, um Ihnen den Fortgang zu erleichtern. Die Freunde möchten Ihnen helfen. Sie sagen Ihnen, daß Sie sie lieben und daß das beste, was sie jetzt tun können, um Ihnen den Abschied zu erleichtern, sei, weiterzufeiern und sich durch Ihr Gehen nicht stören zu lassen. Der Traum endet damit, daß alle Sie zur Tür begleiten. Dort umarmen Sie alle mit tiefem, liebevollem gegenseitigem Respekt. Ja, es ist ein wunderbarer Traum und – ein vielsagender Traum.

Sie beschließen, sofort damit zu beginnen, offen mit anderen die Möglichkeit zu diskutieren, den überlegten, rationalen Freitod schöpferisch einzusetzen, nämlich als Weg zur Beendigung des eigenen Lebens. Ihnen wird klar, daß sich, wenn es Ihnen gelänge, Diskussionen anzuregen und Interesse zu wekken, in Ihren Kreisen wahrscheinlich eine Reihe von Leuten bereitfinden würden, sich gegenseitig zu unterstützen. Und auch, daß sich eine anfangs kleine Gruppe allmählich so in der Gesellschaft ausbreiten und diese beeinflussen könnte, daß die jetzt noch benötigte Unterstützung eines Tages überflüssig werden würde.

Sie gehen natürlich nicht davon aus, daß das Bedürfnis nach Helfern gleichsam über Nacht verschwinden könnte. Ihnen ist bewußt, daß menschliche Rechte selten ohne Phasen des Protests, der Überreaktion, des Mißbrauchs und der Mißverständnisse zustande kommen. Doch während Sie jetzt erkennen, daß es auf dieser Welt eine ungeheure Anzahl von Menschen geben muß, die sich der positiven Möglichkeit des Freitods bewußt sind, vertrauen Sie darauf, daß die Hilfe nicht fern sein kann. Vielleicht können sogar Sie selbst noch davon profitieren!

Nun sehen Sie wieder Ihre roten Kapseln an und legen sie – falls Sie noch Zeit haben – beiseite. Sie schieben auch die Frage beiseite, ob Sie noch länger leben und riskieren sollen, in eine unerwünschte Existenz eingesperrt zu werden, oder ob Sie Selbstmord begehen und riskieren sollen, daß Ihre Freunde sich quälen und man Ihren Namen beschmutzt. Sie stellen sich zwei Aufgaben. Die eine besteht darin, Ihren Familien- und Freundeskreis für diese Probleme zu sensibilisieren. Die zweite besteht darin, zu klären, welche Art von Hilfe benötigt wird. Die zweite Aufgabe scheint leichter und unmittelbarer als die erste. Wenn Sie sie lösen, werden Sie auch die erste Aufgabe bewältigen.

Erst einmal werden Sie bestimmt ärztliche Hilfe wünschen. Sie haben herausbekommen, daß 4500 mg Seconal Ihrem Leben ein sanftes Ende machen werden. Sie haben Vertrauen zu dieser Information. Dennoch möchten Sie von ärztlichen Helfern solide Auskunft – nicht nur Vermutungen – über das Mittel, das Sie für Ihren wohlüberlegten Freitod gewählt haben. Könnten die lange Aufbewahrungszeit oder die Temperatur am Aufbewahrungsort die Wirksamkeit Ihrer Kapseln verringert haben? Müssen Sie – bei Ihrem Körpergewicht – eine so hohe Dosis nehmen? Sie vermuten, daß Ihre ärztlichen Ratgeber eher aufgrund von Verallgemeinerungen als unter Berücksichtigung der für Sie besonderen Umstände die von Ihnen geplante Dosis befürworten. Könnten Sie Ihr Seconal gegebenenfalls in einer anderen Form als in fünfundvierzig Kapseln zu sich nehmen? Ihre ärztlichen Ratgeber haben Ihnen davon abgeraten, den Inhalt der Kapseln beispielsweise in einem Milchmixgetränk aufzulösen. Man sagte Ihnen, eine Injektion sei wirksamer. Aber Sie haben das Gefühl, daß Sie sich selbst keine Spritze geben können, und wollen nicht, daß jemand anderes für die Beendigung Ihres Lebens verantwortlich gemacht wird – jedenfalls nicht, solange ein solcher Beistand noch strafbar ist. Dennoch wüßten Sie gern, ob man das Seconal nicht in weniger Kapseln oder in einer Tablette komprimieren könnte.

Doch das ist noch nicht alles, was Sie über das Mittel erfahren wollen. Sie hätten gern jemanden, der Ihnen dabei hilft, Experten zu befragen, die sich ausgiebig mit dem Problem befaßt haben, ein sofort wirksames, schmerzloses, irreversibles

Mittel zu entwickeln, das zum Tod führt. Zu welchen Ergebnissen sind Sie gelangt? Wie sehen diese Ergebnisse im Vergleich zu den üblicherweise benutzten Mitteln aus? Ist Cyanid – von dem man sagt, das es von Experten empfohlen wird, und das nicht allgemein erhältlich ist – ebenso schmerzlos wie das ziemlich leicht erhältliche Seconal? Obwohl das erstere, wie man sagt, unter Krämpfen zum Tod führt? Gibt es eine ebenso angenehme Alternative zu Seconal, die irreversibel ist oder gemacht werden kann? Könnte ein Helfer ein qualifiziertes Gremium ausfindig machen, das bereit und in der Lage ist, Antworten auf derartige Fragen zu geben?
Ja, ein *ärztlicher Helfer* wäre von großem Vorteil. Ihr Vertrauen zu dem Medikament Seconal, das Ihnen zur Verfügung steht, ist aber vielleicht so groß, daß Sie diesbezüglich persönlich weniger Hilfe brauchen. Sie hätten dagegen gern einen *praktischen Helfer.* Jemanden (eventuell mehr als nur einen), der Ihnen dabei hilft, die praktischen Probleme der Beendigung Ihres Lebens zu durchdenken und zu lösen. Sie würden gern alles so in Ordnung bringen, daß niemand hinter Ihnen Ordnung machen muß. Sie hätten auch gern jemanden, der Ihre Habe, Ihren Besitz so verteilt, wie Sie es wünschen, um zu vermeiden, daß sich die Überlebenden darum streiten oder sich aus Angst, gierig zu erscheinen, nicht das nehmen, was sie haben möchten, sondern Dinge, die sie hinterher wegwerfen. Ihr Testament müßte vielleicht geändert werden. Ihre Versicherung bedarf vielleicht einer Überprüfung, besonders wenn es sich um eine erst kürzlich abgeschlossene handelt. Die meisten Versicherungsauszahlungen werden durch Ihren Freitod nicht beschränkt, doch einige schon, und das möchten Sie geklärt haben.
Da Sie Ihren Entschluß, sich das Leben zu nehmen, aus freier Entscheidung und weniger aus Verzweiflung gefaßt haben, ist eine solch praktische Erledigung Ihrer Angelegenheiten nicht schwierig. Im Gegenteil. Es wird ein Vergnügen für Sie sein, die Möglichkeit zu haben, Ihre Angelegenheiten zu überprüfen und in Ordnung zu bringen. Dies kann die letzte Phase Ihres Lebens ungeheuer bereichern und verschönen. (Das kann ich bezeugen!) Praktische Hilfe für solche abschließenden Aufgaben kann von vielen Seiten bezogen werden. Reine Muskelkraft fürs Umräumen und Saubermachen, Buchhalter und Anwälte für eine Beratung in Geschäftsangelegenheiten und so weiter. Natürlich wäre solche Hilfe von unendlich größerem Wert, wenn sie von Menschen käme, mit denen Sie offen über

Ihren Freitod sprechen könnten und die Ihren Entschluß respektieren.
Wenigstens eine Person zu haben, der Sie vertrauen können und die Ihren Freitod vor Pannen schützen würde, wäre – zumindest bisher noch – von außerordentlichem Wert. Es gibt zahlreiche, schwierige Fragen zu bedenken, selbst wenn Sie glauben, jemanden zu haben, der Ihr *schützender Helfer* werden könnte.
Angenommen, Sie setzen einen schützenden Helfer ein, der nicht weiß, daß Ihr Freitod geschützt werden muß: Auch wenn Sie einen »Leibwächter« engagieren, der für einen vorgeschriebenen Zeitraum Ihre Tür gegen Eindringlinge schützt, wäre dieser keine große Hilfe, wenn das unerwartete Ereignis – Feuer oder ein Rohrbruch – dreißig Sekunden nach Beginn Ihres Suizidschlafs eintreten würde. Da der Wächter ebenso ein Opfer unserer allgemeinen Anti-Freitod-Einstellung ist wie andere auch, würde er, wenn er Sie bewußtlos auffände, einen Krankenwagen rufen und veranlassen, daß Ihr Magen ausgepumpt und Ihr Körper in eine unerwünschte Existenz zurückgerufen wird. Nein, Ihr Beschützer sollte lieber wissen, was er schützt.
Nun gut. Sie ziehen einen Freund ins Vertrauen. Er zeigt Verständnis und erklärt sich bereit, Wache zu halten. Sollte das störende Ereignis ein gebrochenes Wasserrohr sein, so kann Ihr Freund einfach Ihre Schlafzimmertür schließen und die Handwerker daran hindern, bei Ihnen einzudringen. Wenn Feuer ausbricht, muß er sich etwas anderes einfallen lassen. Aber zumindest wird die Tatsache, daß Ihr Freund von Ihrem Wunsch weiß, die Chance vergrößern, daß Ihr Freitod gelingt. Tatsächlich?
Haben Sie daran, gedacht, Ihren Freund darauf vorzubereiten, nicht deprimiert zu sein, wenn Ihr sterbender Körper die Bewegungen und Geräusche macht, die sterbende Körper machen? Haben Sie überlegt, wie tief das Verständnis Ihres Freundes für Ihre Tat ist? Ist Ihr Freund stabil genug, die beharrliche Forderung der Gesellschaft, sterbende Menschen zu retten, zu ignorieren? Ist Ihr Freund wirklich bereit, Ihren Freitod zu akzeptieren? Was ist mit den Gefühlen Ihres Freundes in bezug darauf, daß er Ihnen Beistand leistet? Er mag zwar moralisch überzeugt sein, aber dennoch Angst vor juristischen Konsequenzen haben. Was können Sie tun, um diese Angst zu mindern? Und was ist mit der Sorge Ihres Freundes darüber, wie andere seine Hilfe beurteilen würden?

Dank einer brillanten Idee von Doris Portwood, der Autorin von *Common Sense Suicide* (Dodd, Mead & Co., New York 1978), können Sie vielleicht schon früher als Sie erwarten, auf zuverlässige, verantwortungsbewußte Weise schützenden Beistand erhalten. Es war ihre Idee, innerhalb bestimmter Gemeinschaften Gruppen zu bilden, die das Recht des Menschen auf Freitod respektieren und bereit sind, schützend zu helfen. Solche Gruppen müßten sich vermutlich aus Personen zusammensetzen, die akzeptieren, daß man sich dem Ende seines Lebens nähert, und die solch schützenden Beistand für sich selbst ebenso wie für andere fordern. In der Gruppe muß man erwägen, welche Probleme man beachten muß, was alles zu erwarten ist und wie man einander helfen kann, während man seinen Dienst verrichtet. Natürlich müßte innerhalb der Gruppe eine gewisse Bindung bestehen und einer dem andern beistehen, falls die Dienstleistung gefährdet zu sein scheint. Die Helfer könnten einander sogar Gesellschaft leisten, während sie ihren Dienst tun. Es wäre schön, wenn sie zusammen diskutieren, Fragen klären könnten: um sich über die Forderung, jemanden zu »retten«, der gar nicht »gerettet« werden möchte, hinwegzusetzen; um sich gegenseitig zu versichern, daß ein Körpergeräusch, das man hört, kein Hilfeschrei ist, sondern vielmehr das Geräusch der sich entspannenden Muskeln des Körpers und der damit einhergehenden Ausstoßung von Luft aus der Lunge oder des Darm- und Blaseninhalts. Man könnte mit der aus dem Leben scheidenden Person einen Aktionsplan absprechen für den Fall, daß es Anzeichen für Komplikationen gibt – das heißt, was zu tun wäre, wenn der Körper das Sedativum wieder von sich gibt. Dies ist zwar äußerst unwahrscheinlich, wenn der aus dem Leben Scheidende sich richtig vorbereitet. Doch er möchte vielleicht, daß seine Helfer seine Wünsche – auch für einen so unwahrscheinlichen Fall – kennen.

Organisierte Gruppen schützender Helfer wären wahrscheinlich in der Lage, sich medizinische Informationen zu beschaffen und in Erfahrung zu bringen, zu welchem Zeitpunkt der aus dem Leben Scheidende nicht mehr wiederbelebt werden kann. Sie würden ihren Dienst damit beenden, den zuvor vereinbarten Anruf zu tätigen, durch den geklärt wird, was mit der Leiche zu geschehen hat. Ideal wäre, wenn dies alles von praktischen Helfern vorbereitet würde.

Für jeden, der sich das Leben nehmen möchte, kann nichts erfreulicher sein, als *persönliche Helfer* zu haben – wenigstens einige Angehörige und/oder Freunde, die den Wunsch, dem

Leben ein Ende zu setzen, respektieren, sich (wie in dem Traum, in dem man die Party verläßt) an den Sterbewilligen wenden und ihn fragen, was man tun könne, um ihm seinen Freitod zu erleichtern. Wer wäre nicht gern sicher, daß, wann immer er bereit ist zu sterben, seine Familie und seine Freunde da sein und ihm beistehen werden zu sterben, wann und wie er möchte; daß sie ihm versprechen werden, sein Recht zu respektieren und zu helfen. Hat sich jemand in seinem Leben einen solchen Beistand erworben, so ist dies ein Zeichen dafür, daß er gut gelebt hat. Andererseits muß das Fehlen eines solchen Kreises nicht unbedingt von einem armseligen Leben zeugen. Es wäre dies eher ein Beweis für die gesellschaftliche Ignoranz diesem Bedürfnis gegenüber. Doch selbst in dieser Zeit der Blindheit können wir damit beginnen, für Veränderungen zu sorgen, die eine größere Bewußtheit bewirken werden; die eine Zeit einleiten, in der es, auch wenn man nicht mit verständnisvollen und unterstützenden Freunden und Verwandten rechnen kann, Verständnis und Unterstützung von anderen gesellschaftlichen Institutionen erhalten wird, die all denen zur Verfügung stehen sollten, die diese Hilfe wünschen. Selbstverständlich darf niemals jemand gezwungen werden, sein Leben oder das eines anderen Menschen zu beenden.

Denjenigen, die vorhaben, für sich selbst einen solchen Kreis aufzubauen, möchte ich einiges aus meiner eigenen Erfahrung berichten. Das soll nicht heißen, daß meine Erfahrung wiederholt werden soll. Das ist gar nicht möglich, doch man kann Anregungen und Ratschläge übernehmen.
Vor allem empfehle ich Ihnen, so früh wie möglich Ausschau zu halten nach Leuten, mit denen Sie über das Problem Freitod – als rationale Möglichkeit zur Beendigung und damit Planung des eigenen Lebens – diskutieren können. Dabei müssen Sie davon ausgehen, auch auf Leute zu treffen, die so engstirnig und/oder gegensätzlicher Meinung sind, daß Sie sie nicht für sich gewinnen können. Sie sollten aber auch mit Überraschungen rechnen. So werden Sie größere Offenheit finden bei allgemeinen Diskussionen über Menschen, die seit Jahrzehnten in Pflegeheimen dahinleben, über Menschen, deren Dasein krampfhaft verlängert wird, auch wenn es keine begründete Hoffnung auf ein qualitativ gutes Leben mehr geben kann. Tod und Sterben dringen in wachsendem Maß in den Bereich alltäglicher Unterhaltungen ein. Das Thema Freitod wird jedoch meist aus der Diskussion ausgeklammert.

Gespräche über Tod und Sterben beziehen sich im allgemeinen auf todkranke oder sehr alte Menschen und haben nichts mit eigentlicher Lebensplanung zu tun. Die Erwähnung des Freitods löst gewöhnlich Entsetzen aus. Programmierte Vorstellungen von Wahnsinn, Versagen und Ekel steigen in den Köpfen auf. Dennoch sollten Sie bei allgemeinen Diskussionen über Tod und Sterben genau hinhören. Achten Sie auf Diskussionsteilnehmer, die nicht voreingenommen zu sein scheinen. Achten Sie auf eine Gelegenheit, Fragen zu stellen. Fragen Sie, ob jemand findet, wir sollten unser Leben auf irgendeine Weise so einrichten, daß wir uns nicht weiterhin vor einer langen Sterbezeit fürchten müssen – auch wenn es heute möglich ist, während eines verlängerten Lebens unter so starken Medikamenten zu stehen, daß man keine physischen Schmerzen erleiden muß. Suchen Sie eine Gelegenheit, nach dem Recht der Gesellschaft zu fragen, Menschen ein langes Leben aufzuzwingen, die dies gar nicht wollen. Sie können endlos Fragen stellen, die zu diskutieren die anderen ebenso interessant finden werden wie Sie. Und wenn Sie dabei im Auge behalten, daß es Ihnen eigentlich um die Suche nach Menschen geht, mit denen Sie auch über Freitod diskutieren können, dann bin ich sicher, daß Sie eine überraschende Feststellung machen werden: Wenn *Sie* interessiert sind, werden Sie auch andere finden, die interessiert sind.
Bei diesen Erkundungsgesprächen sollte man die Diskussion anfangs sehr allgemein halten. Jeder Versuch, das Gespräch unmittelbar auf die Gesprächsteilnehmer zu beziehen, kann hemmend wirken. Wir sind so erzogen zu glauben, daß es schlecht sei, einen Freitod offen in Erwägung zu ziehen, und es kostet einige Energie, diese Schwelle zu überwinden. Verfolgen Sie die Unterhaltungen aufmerksam. Angenommen also, Ihre Überlegungen sind rational, so sollten Sie sich klarmachen, daß Sie sich einen eigenen Kreis für gegenseitige Hilfe um so eher schaffen können, je eher Sie es wagen, anderen Ihre rationalen Überlegungen zu eröffnen. Das einzig wirkliche Risiko dabei ist, daß jemand, den Sie für vorurteilsfrei hielten, sich als weniger vorurteilsfrei erweist, als Sie angenommen haben, und sich Ihrer Bemühung entzieht. Er wird sich fragen, ob Sie unter Depressionen leiden. Aber – das werden Sie sicherlich verkraften. Und seien Sie nicht überrascht, wenn dieser Skeptiker nun seinerseits Ihr Denken erkunden möchte. Halten Sie sich mittlerweile an die anderen.
Wie wäre es, wenn Sie in einem allgemein gehaltenen Gespräch zugeben würden, daß Sie sich persönlich Situationen vorstellen

könnten, in denen Sie froh wären über die Möglichkeit, einem anderen Menschen dabei zu helfen, zu einem von ihm gewählten Zeitpunkt sein Leben zu beenden. Auf diese Weise können Sie auf eine direkte, aber vielleicht weniger alarmierende Art zu Ihrem Thema kommen. Sie könnten auch offen sagen, daß Sie die Möglichkeit des rationalen, überlegten Freitods befürworten – damit läßt sich eine Diskussion über den Suizid mit seinem paradoxerweise lebensbereichernden Sinn einleiten.

Wie immer Sie Ihr soziales Umfeld abtasten mögen, wenn Sie wachsam bleiben und nach und nach Ihre eigene Urteilskraft und Ihre Überzeugungen schärfen, werden Sie eine Art Selbsthilfegruppe um sich scharen, deren Teilnehmer sich gegenseitig um tieferes Verständnis bemühen und helfen werden. Mit ein wenig Glück und Initiative können Sie nun – alle gemeinsam – jede Art von Helfer, die man möglicherweise benötigt, in diesen Kreis integrieren – und zwar ärztliche, schützende, praktische oder persönliche. Je früher Sie damit beginnen, einen solchen Kreis von Helfern zu gründen und selbst daran teilzunehmen, um so erfolgreicher werde Sie die Hilfe seiner Mitglieder gegebenenfalls in Anspruch nehmen können.

Noch ist es gewiß leichter für einen solchen Helferkreis, dann aktiv zu werden, wenn man nicht unmittelbar unter Zeitdruck steht. Unverzügliche Hilfe kann ganz überlegt und rational, aber auch in einem Anfall von Wahnsinn gefordert werden. Vielleicht sollte in beiden Fällen Hilfe geleistet werden, aber dann sicher auf verschiedene Weise. Es ist von Vorteil, wenn ein solch experimenteller Kreis, der ja kaum Orientierungspunkte hat, nach denen er sich richten kann, unter möglichst wenig Zeitdruck steht. Ich wäre dagegen, daß man jemandem Hilfe leistet, der sofortige Hilfe beansprucht. Zuvor muß geklärt sein, ob es wirklich gute Gründe dafür gibt. Im Hinblick darauf, daß es einst Helferkreise geben wird, würde ich es gern sehen, wenn diese sich äußerst gewissenhaft entwickelten.

Mir war es möglich, meinen Kreis ziemlich rasch zu bilden, weil ich schon vor meiner Krebserkrankung diesbezüglich Erkundigungen angestellt und aufgeschlossene Menschen schnell erkannt habe. Doch dieser Kreis wäre kompetenter gewesen, hätte er die Möglichkeit gehabt, sich nicht nur auf die Bedürfnisse einer einzigen Person – nämlich meiner – auszurichten. Mein Kreis trat unter Bedingungen in Aktion, die ausschließlich auf meine Situation – und zwar auf die Lebensdauer, die ich mir gesetzt hatte – abgestimmt waren, und zog deshalb auch Personen an, die ansonsten vielleicht abgeneigt gewesen wären, daran teilzunehmen. Seit ich weiß, wie ernsthaft diejenigen mittaten, die sich einem solchen Helferkreis lieber nicht angeschlossen hätten, bin ich überzeugt, daß selbst *widerstrebende* Menschen bereit sind, wertvolle Hilfe zu leisten. Außerdem habe ich den Eindruck gewonnen, daß unter diesen Helfern Menschen sind, die – wenn sie sich der Aufgabe erst einmal gestellt haben – beste und gut durchdachte Hilfe anbieten.

Ein Wort der Warnung für jeden, der einen Helferkreis für Freitodwillige gründen möchte: Diejenigen, die am offensten und bereitwilligsten erklären, daß sie das Recht auf Freitod – auch für sich – befürworten, sind oft am wenigsten dazu in der Lage, ihr eigenes Leben zu beenden. Ich glaube zwar, daß ihre Absicht ehrlich ist, aber da sie wenig Gelegenheit haben, über die praktischen und emotionalen Probleme des Freitods zu sprechen, sind sie einfach – sowohl in praktischer als auch in emotionaler Hinsicht – schlecht ausgerüstet, ihr Vorhaben, wenn es soweit ist, in die Tat umzusetzen.

Ich persönlich habe zahlreiche Leute gekannt, die bereitwillig ihre Übereinstimmung mit meinem Standpunkt erklärt und versichert haben, daß sie auf jeden Fall ihr Leben beenden würden, bevor sie ins Greisenalter kämen oder bevor die Endphase einer tödlichen Krankheit einsetze. Diese Leute haben entweder nicht die Möglichkeit gehabt,über ihre Absicht mit irgend jemandem – einschließlich mir – zu diskutieren, oder sie haben es bewußt vermieden. Einige der Leute, von denen ich hier spreche, haben sich dann auch – ich ahnte schon, welche Hemmungen sie haben würden – einer Diskussion mit mir entzogen. Die meisten dieser Leute waren alt, und durch ihre Misere habe ich erkannt, wie wichtig es ist, ein Pro-Freitod-Glaubenssystem zu entwickeln, und zwar lange bevor man bereit ist, sich das Leben zu nehmen.

Wenn Ihr aktives Interesse an einer rationalen Beendigung Ihres Lebens beispielsweise erst in den – wenn auch noch sehr rüstigen – Sechzigerjahren einsetzt, haben Sie wenig Aussichten, zu einem von Ihnen bestimmten Zeitpunkt und auf die Ihnen angenehmste Art aus dem Leben zu scheiden. Es spricht vielmehr alles dafür, daß Sie statt dessen an einer Krankheit oder an einem Schwächezustand, der auf Ihr Alter zurückzuführen ist, sterben werden. Sie würden über das, was Sie empfinden, gern mit jemandem sprechen – aber mit wem? Ihre Altersgenossen klammern sich ebenso wie Sie selbst mehr denn je an alles, was das Leben angenehm macht. Es macht schließlich mehr Spaß, ein Konzert zu besuchen, als über das Ende des

Lebens zu diskutieren. Bestenfalls können Sie ein paar Worte darüber verlieren, wie traurig es ist, daß Tante Mandy es sich nicht länger leisten konnte, in ihrem eigenen Heim zu leben und in ein Pflegeheim gebracht werden mußte; darüber, daß die Familie erreicht hat, daß die Tante ins beste Pflegeheim aufgenommen wurde, und darüber, was für eine Erleichterung es ist zu wissen, daß für sie gesorgt wird. Die Familie hatte gefürchtet, daß sie depressiv werden könnte, weil ihr Vermögen zu Ende ging. Jetzt können die Angehörigen beruhigt davon ausgehen, daß Medikamente zur Verfügung stehen, falls die Tante Depressionen bekommt. Sie haben alles in ihrer Macht Stehende getan, damit sie so lange wie möglich leben kann. Sie sind dazu erzogen worden zu glauben, daß dies der größte Liebesdienst ist, den sie ihr erweisen können.
Wären Sie denn nicht gern zu Mandy gegangen und hätten ihr gesagt: »Du weißt, Tante, daß dein Leben dir gehört. Du kannst es bis zum Ende ausleben, wenn du möchtest. Aber ich möchte, daß du weißt, du mußt nicht. Wenn du es – das Durchschnittsalter unserer Familienangehörigen und die lebensverlängernden medizinischen Technologien berücksichtigend – bis zu Ende auslebst, wirst du vermutlich noch etwa fünfzehn Jahre leben. Bist du sicher, daß du das möchtest? Weißt du, daß es eine Alternative gibt zu dieser Aussicht, noch zehn Jahre oder länger in einem Pflegeheim zu leben? Der Freitod galt früher als etwas Unanständiges, und ich weiß, daß einige aus unserer Familie schockiert sein würden, wenn du jetzt beschließen würdest, freiwillig aus dem Leben zu scheiden. Ich wäre es nicht. Ich würde es dir keineswegs übelnehmen. Wenn du wirklich ins Pflegeheim möchtest, bin ich einverstanden und ich helfe dir dabei. Wenn du aber dein Leben jetzt lieber beenden möchtest, so habe ich auch dafür Verständnis, und ich werde dir auch dabei helfen.«
Ich habe verschiedene Mandys gekannt. Ich habe festgestellt, daß es nicht so einfach ist, Hilfe anzubieten, auch wenn man möchte. Wenn man mit Tante – oder Onkel! – nie über solche Dinge gesprochen hat und weiß, daß man ihr eingetrichtert hat, Freitod sei schlecht oder unmoralisch oder würde Schande über die Familie bringen, so wird man ihr vermutlich nicht klarmachen können, daß der Freitod eine ehrenhafte Tat ist – zumal dann nicht, wenn sie bereits untröstlich ist über den Verlust ihres eigenen Heims. Sie würde im Freitod vermutlich nur den verzweifelten Akt des Wahnsinns sehen. Sie wird vielleicht einen Großteil der ihr verbleibenden Zeit damit

verbringen, derartige – in ihrem Innern aufsteigende – Vorstellungen abzuwehren. Sie wird möglicherweise zu der Überzeugung kommen, daß sie verrückt sei, nur weil sie keine Lust mehr hat zu leben oder den Aufenthaltsraum aufzusuchen oder zu essen oder sonst etwas. Sie wird sich emotional zurückziehen, um ihren Kummer und Zorn darüber, daß sie in der Falle sitzt, in Zaum zu halten.

Vielleicht ist Mandy jedoch nicht der Typ, der je besonders religiös oder übertrieben traditionsgebunden war. Sie war immer eher ein freimütiges Wesen. Sie pflegte zu lachen und zu sagen, daß sie nie in ein Pflegeheim gehen würde! Sie fragen sich, weshalb sie das Heim dennoch demütig – wenn auch unglücklich – akzeptiert. Warum nur? Wahrscheinlich hatte sie sich keinen Todestermin setzen und sich darauf vorbereiten können. Warum »tat« sie nicht einfach, was sie sich immer wieder versichert hatte zu tun? Und jetzt, ist es jetzt zu spät? Nun, das hängt mehr von Ihnen als von ihr ab. Wie bereit, willens und fähig sind Sie, Hilfe anzubieten? Ihre Grenzen sind auch die von Mandy.

Ich kannte eine Frau namens Helen. Sie war Anfang der Sechziger (ich damals in meinen Fünfzigern und bereits privat mit »Exit House« beschäftigt). Fast immer, wenn ich sie traf, machte sie eine abfällige Bemerkung über irgend jemanden, der dumm genug sei, alt und senil zu werden oder gar in ein Pflegeheim zu gehen. Und jedesmal sagte sie, sie würde sich lieber die Kehle durchschneiden. Ich konnte mir zwar vorstellen, daß sie einmal ihr Leben beenden würde, allerdings nicht so blutig. Ich fragte mich, ob ihr mit ihren nachdrücklichen Beteuerungen auch wirklich ernst sei. Ich konnte an ihr keinerlei Trübsinn entdecken, der ihr Verhalten hätte erklären können. Ich nahm an, daß sie über ihre Zukunft nachgedacht hatte und einfach auf der Suche nach einem guten Ausweg war. Sie war kein Mensch, mit dem ich gern näheren Umgang gehabt hätte. Uns verbanden nur häufige nachbarliche Kontakte. Ich dachte damals auch noch nicht daran, für mich selbst, bewußt, einen Helferkreis für Freitodwillige aufzubauen. (Offen gestanden kam mir erst, als ich bereits einen solchen Kreis hatte, in den Sinn, daß dieser ganz allgemein – für jeden – eine vernünftige Einrichtung sei.) Eines Tages erzählte ich Helen, daß ich über einen Ort schrieb, an dem Menschen, die ihr Leben beenden wollten, dies mit Hilfe anderer tun konnten. Sie schenkte mir ein breites Lächeln der Billigung und teilte meine damalige Ansicht, daß es noch lange Zeit dauern würde, bis

»Exit House« – bisher Fiktion – Realität werden würde. Doch sie kannte jetzt unsere gemeinsame Achtung vor dem Freitod. Einmal sagte ich ihr, daß ich mir wünschte, sie fände eine andere Möglichkeit, als sich die Kehle durchzuschneiden. Sie lachte und versicherte mir, daß sie immer genügend Medikamente habe, um sich in einen letzten Schlaf zu versetzen. Ich erklärte ihr, daß ich darüber froh für sie sei. Es war nicht nötig, aufgrund meiner spontanen Äußerung gleichzeitig zu wünschen, daß sie hundert Jahre alt werden würde. Sie verstand, daß meine Bemerkung Zuneigung und nicht Ablehnung ausdrücken sollte.
Als Helen auf die Siebzig zuging, bemerkte ich, daß sie mit Depressionen zu kämpfen hatte. Sie begann sich zurückzuziehen. Ich wandte mich kühn an ihren Sohn, der in einiger Entfernung lebte und mir zu verstehen gab, daß er froh wäre, wenn ich Helen »im Auge behielte«. Ich sagte ihm, daß ich ihn natürlich über jedes wichtige Bedürfnis seiner Mutter benachrichtigen würde, ihm aber mitteilen müsse, daß ich sie für potentiell selbstmordgefährdet halte und daß ich nicht eingreifen würde, falls sie einen Suizidversuch unternähme. Er gehörte nicht zu den Menschen, die sich in eine Diskussion darüber einlassen würden, und dennoch hatte ich den Eindruck, daß er es für einen Segen zu halten schien, wenn Helen sterben würde, und daß er mit meiner Haltung einverstanden war.
Helen und ich diskutierten die prekäre Frage der Bestimmung des Sterbedatums nie, obwohl wir wahrscheinlich beide daran dachten. Helen erlitt einen Schlaganfall und glitt in ihre Siebzigerjahre hinüber. Obwohl sie das Glück hatte, sich keine finanziellen Sorgen machen zu müssen, und die Sicherheit, in ihrer eigenen Wohnung bleiben zu können, so lange sie leben würde, war ihr Dasein trostlos und qualvoll. Es kam eine Zeit, in der wir geographisch voneinander getrennt waren und unsere gelegentlichen kurzen Kontakte sich aufs Telefon beschränkten. Eines Abends rief sie mich an und erklärte mir zum x-tenmal, daß sie sterben wolle. Allerdings fragte sie diesmal, ob ich wisse, wieviel Schlaftabletten nötig seien, um ihr Leben zu beenden. Ihre Stimme klang jämmerlich. Ich gab ihr die besten Informationen, die ich besaß. Zwei Wochen später hörte ich gerüchteweise, daß Helen tot sei. Alle sagten, es sei gut, daß sie ihr Elend hinter sich habe. Niemand aus meinem Bekanntenkreis wußte, wie oder wann sie gestorben war. Ich erzählte nichts von unserem Gespräch. Ihr Sohn machte sich nie die Mühe, mich zu benachrichtigen, obwohl er unsere jahrelange,

nachbarschaftliche Beziehung kannte. Ich weiß nicht, wie Helen starb. Aber ich hoffe, daß sie sich – des Lebens überdrüssig – selbst genügend geliebt hat, um sich in den erlösenden Schlaf zu versetzen.

Ruth war ganz anders als Helen – eine elegante Intellektuelle. Auch sie etwa zehn Jahre älter als ich. Sie war Ende sechzig, als ich ihr eine Kopie meines noch in den Kinderschuhen steckenden Manuskripts *Exit House* schickte und sie bat, dazu Stellung zu nehmen. Mir lag sehr an ihrer Kritik. Außerdem lag mir daran, eine kontinuierliche Kommunikation zwischen uns herzustellen. Es sah alles so aus, als ob ihr das Alter als eine wirklich schwierige Zeit bevorstände, in der eine schleichende Krankheit sie allmählich daran hindern würde, die Talente zu gebrauchen, die sie prägten. Ihr war das sicherlich besser bewußt als mir. Ich respektierte ihr Recht, nicht über ihre persönlichen Probleme mit mir zu sprechen, aber mir lag viel an ihr, und ich wollte sie wissen lassen, daß sie in mir jemanden hatte, der einer Diskussion über Freitod aufgeschlossen gegenübersteht, falls sie ein solches Gespräch einmal führen wollte.
Zuerst war ich von ihrer Reaktion enttäuscht. Normalerweise übte sie unbefangen ausführlich Kritik, wenn dies von ihr verlangt wurde, aber was *Exit House* betraf, so schien sie eher zurückhaltend zu sein und gab mir das Manuskript ziemlich kühl zurück. Ich merkte erst allmählich, daß sie die Fragen betroffen machten, mit denen meine Arbeit sie konfrontiert hatte. Ich begann aus den vagen Andeutungen während der folgenden Gespräche zu erkennen, daß sie die Thematik ursprünglich abgelehnt hatte, so als wäre ich in ihre Privatwelt eingedrungen. Aber Ruth unternahm nichts, um sich von mir zu distanzieren. Sie lud mich – im Gegenteil – immer häufiger zu sich ein. Allmählich fiel mir auf, daß sie, wenn sie mich besuchte, manchmal kurz auf mein Buch zu sprechen kam. Ich spürte, daß sie – unter dem Vorwand eines allgemeinen Interesses – mehr Informationen über den Typ des Helfers von mir erwartete. Ich bemerkte auch, daß sie jeder Annäherung an das Thema auswich, wenn andere anwesend waren – sogar in Gegenwart meines Mannes, von dem sie wußte, daß er meine Gedanken teilte.
Während ich dies niederschreibe, ist Ruth am Leben und durch ihre schleichende Krankheit ziemlich verkrüppelt. Inzwischen sind etwa drei Jahre vergangen. Unsere Gespräche – das »Exit-House«-Konzept betreffend – sind immer noch ausgesprochen

zaghaft; ich stelle mich vollkommen auf Ruths Bedürfnisse ein, abgesehen von einigen ziemlich aggressiven Ausbrüchen. Vor etwa achtzehn Monaten habe ich zum erstenmal absichtlich in Mels Gegenwart mit ihr über diese Probleme gesprochen. Ruth reagierte ganz unbefangen, und seither ruft sie mich gelegentlich an, um mir gezielte Fragen zu dem Thema zu stellen. Einmal wollte sie genaue Einzelheiten über Suizidmittel wissen. Natürlich ließ ich ihr alle Informationen zukommen, die ich besaß. Und dann hat sie mir in einigen sehr bewegenden Gesprächen enthüllt, daß sie inzwischen alle religiös-philosophischen Fragen durchdacht habe und zu dem Schluß gekommen sei, daß sie ihr Leben wirklich gern beenden würde. Doch sie würde zurückgehalten von vielen vertrauten Gesichtern, die vor ihr auftauchen – vor allem durch das Gesicht eines Kindes. Sie könnte die Scham und Enttäuschung nicht ertragen, die ihre Familie und ihre Freunde ihrer Meinung nach empfinden würden. Und sie könnte den Gedanken an die Menschen, die es ihren Enkeln mitteilen würden, nicht aushalten. Nein, sagte sie, sie könnte es nicht.

Dann kam die Wende in meinem Leben, und ich teilte Ruth schließlich mit, daß ich mein Leben bald beenden würde – und zwar nicht erst um 1992, wie ich ihr anfangs gesagt hatte. Natürlich hatte sie geglaubt, daß ich mir die Sache – wenn das Jahr 1992 einmal da wäre – anders überlegen würde. Doch nun erfuhr sie, daß ich meinem Freitod im Jahre 1979 ins Auge sah. Sie interessierte sich besonders dafür, wie meine Familie reagierte, und war erstaunt über deren großes Verständnis, vor allem darüber, daß mein Sohn und meine Schwiegertochter stolz waren auf meinen Mut und die Absicht hatten, meinen Enkelkindern die Wahrheit über meinen Freitod zu sagen. Ich war selbst überrascht darüber, und ich sagte Ruth, daß unsere Kinder vielleicht mehr Bereitschaft zeigen, realistisch zu sein, als wir ihnen zutrauen. Auf jeden Fall wußten meine Kinder – sowohl um ihret- als auch um meinetwillen – zu würdigen, daß ich mein Leben lieber beenden wollte als uns alle dem Endstadium meiner Krebserkrankung auszusetzen. Wenn auch Ruth es fertigbrächte, mit ihren Kindern zu sprechen, so würde sie vielleicht feststellen, daß diese durchaus respektierten, daß sie ihr Leben lieber beenden wolle, als ihr Leiden ertragen, das sich noch jahrelang hinziehen konnte.

Aufgrund meiner Erfahrungen mit Helen, Ruth und anderen Menschen über sechzig, bin ich – im Hinblick auf den Stand der Entwicklung unserer Kultur und Gesellschaft – ziemlich pessimistisch und glaube nicht, daß der überlegte, rationale Freitod so bald realisierbare Möglichkeit sein wird. Andererseits vermute ich, daß viele diese Alternative ins Auge fassen würden, wenn man sie gesellschaftlich tolerieren könnte. Dies würde vielen erlauben, älteren Menschen ihre Hilfe anzubieten und ihnen zu ermöglichen, Freitod als rationale Alternative in Erwägung zu ziehen. Nachdem sie ihr Leben damit verbracht haben, jede Vorstellung von geplantem, rationalen Freitod abzuwehren, ist es vielleicht heute von älteren Menschen noch etwas zuviel verlangt, sich ohne weiteres von ihren eingefahrenen Vorstellungen zu befreien. Einige, denen man helfen könnte, ihr Leben zu beenden, haben vielleicht noch immer das Bedürfnis, ihr Vorhaben zu verheimlichen. Ich vermute, daß dies ziemlich häufig bei jenen Privilegierten der Fall ist, die Beziehungen zu Ärzten haben, welche es riskieren, Totenscheine zu fälschen.

Was ist weiter zu den *Helfern* zu sagen? Alles, was mir noch in den Sinn kommt, betrifft mich persönlich. In mir steigt die Sehnsucht auf nach Beistand, der mir auch ohne meine – ambivalente – Initiative hätte gewährt werden können. Wie anders und wunderbar wären diese letzten Monate dann gewesen. Es gab so viele Dinge, die ich lieber getan hätte, als dieses Buch zu schreiben. Wie herrlich wäre es, in einer Welt aufzuwachsen, in der die meisten Menschen bereit und fähig sind, sowohl für die Dauer als auch für den Inhalt ihres Lebens die Verantwortung zu übernehmen; in der man aufwächst in dem Bewußtsein, daß es zum Sinn unseres Daseins gehört, irgendwann freiwillig und selbstverantwortlich einen guten Tod zu finden; in der man in die gesellschaftliche Verantwortung hineinwächst, einander beim Sterben, das ein Bestandteil des Lebens ist, beizustehen; in der wir alle zu würdigen wissen, daß Unfall oder Krankheit zwar zu einem zu frühen Tod führen können, daß aber ein allzu später Tod ebensowenig erstrebenswert ist; in der es ebenso altmodisch ist, später zu sterben als man wünscht oder mehr Kinder zu haben als man wünscht oder versorgen kann; in der wir unsere ganze Kraft auf ein erwünschtes Leben und nicht auf eine unerwünschte Existenz richten dürfen.

Gleichzeitig aber steigt in mir ein Gefühl großer Freude auf, weil sich – entgegen allen gesellschaftlichen Normen – ein Kreis von Helfern um mich geschart hat. Und durch diese Menschen ist es mir gelungen, ein – wie ich glaube – wichtiges Phänomen zu entdecken, das eines Tages allen offenstehen wird – nämlich, daß sterben nicht zwangsläufig schrecklich sein muß. Es kann zu einer wirklich positiven Erfahrung werden, wenn man akzeptiert und von der Gesellschaft unterstützt wird, wenn man in den Genuß schmerzlindernder Technologie kommt und dennoch vor der Gefahr bewahrt wird, gegen seinen Willen zu leben. Trennung kann immer mit Unbehagen verbunden sein. Viele Mütter wissen, daß die Geburt eines Kindes nicht immer eine Qual sein muß. Sich trennen können, wenn der richtige Zeitpunkt dafür gekommen ist, macht die Trennung zumindest möglich und erhöht die Chancen für Mutter, Kind, Vater, Familie und Freunde, daß die positive Erfahrung das mit der Trennung verbundene Unbehagen vermindert. Glückliche Eltern und Kinder stellen fest, daß die Trennung voneinander schön sein kann, wenn man wirklich dazu motiviert ist. Es ist das Finden und Entwickeln der Fähigkeit, sich zu verändern und zu trennen, das uns einstimmt auf den Pulsschlag des Lebens. Ich habe erkannt, daß Sich-trennen-Lernen, indem man freiwillig aus dem Leben scheidet, auch eine solche Fähigkeit ist.

Ich halte es nicht für erstrebenswert, ohne jeglichen Beistand zu sterben. Sicher, er ist in vieler Hinsicht überflüssig – aber nicht in jeder. Ich habe viel darüber nachgedacht, welcher Unterschied besteht zwischen dem Allein-Sterben und dem Sterben als fester Bestandteil einer Beziehung. Ich zweifle nicht daran, daß ich zu beidem gleich gut in der Lage bin. Aber ich zweifle auch nicht daran, daß ein helfender Mensch das Sterben immer erleichtert, ob man alleinstehend oder gebunden ist, ein Einzelgänger ist oder nicht. Natürlich nur unter der Voraussetzung, daß der Sterbende oder jemand, den er dazu bestimmt, den helfenden Partner wählen kann und daß der Beistand unter wirklicher Achtung der Wünsche des Sterbenden und nicht gegen seinen Willen erfolgt. Persönliche Helfer sind besonders wertvoll, wenn es darum geht, den Zeitpunkt des eigenen Freitods zu bestimmen. Je früher Sie einen Termin festlegen, desto besser vorbereitet werden Sie natürlich sein. Wann immer Sie damit beginnen mögen, die Entscheidung darüber bleibt natürlich immer Ihnen überlassen, und Sie haben immer die Freiheit, einen neuen Termin neuen Umständen anzupassen. Meiner Ansicht nach können Sie nicht früh genug damit anfangen, einen ersten Termin festzulegen.

Wann immer Sie auch den Termin für Ihren Freitod festlegen mögen, es wird in jedem Fall von Vorteil sein, wenn Sie Freunde haben, die *Ihre* Überlegungen mit Ihnen zusammen abwägen. Vielleicht stellen sie Ihre ursprüngliche Entscheidung für ein Alter von fünfundsiebzig Jahren in Frage und sind der Meinung, daß Sie bis zum Alter von beispielsweise hundert Jahren ausharren sollten; so helfen sie Ihnen vielleicht, sich bewußt zu werden, wie hoch Ihr Energieverbrauch ist, das heißt, ob Ihre Energie begrenzt ist oder nicht. Halten Sie sie für begrenzt, so sollten Sie sich gegebenenfalls dafür entscheiden, diese Energie für die Jahre zwischen fünfundsiebzig und hundert zu speichern.

Wenn Sie sich schon in relativ jungen Jahren mit der Planung eines für Sie guten Todes befassen, – ebenso, wie Sie Ihr Leben hinsichtlich Bildung, Karriere, Familie etc. planen –, werden Sie in der Mitte Ihres Lebens, in den Vierziger- und Fünfzigerjahren, eine viel klarere Vorstellung von sich selbst haben, als Sie sie sonst je haben könnten. So leiden Sie möglicherweise nicht so sehr unter dem Streß der Wechseljahre, wie es früher normalerweise der Fall war. Dadurch, daß Sie das Ende Ihres Lebens nicht leugnen, sondern akzeptieren und sich darauf vorbereiten, können Sie Ihren späteren Lebensabschnitt mit neuer Initiative und Intensität angehen. Sie können Ihre Energievorräte voll ausschöpfen, da Sie ja realistischerweise nicht davon ausgehen müssen, sie für unendlich lange Zeit zu benötigen. Sicher wären Sie auch bereit, Mitglied einer oder mehrerer Selbsthilfegruppen zu werden.

Aber was können Sie tun, wenn Sie bereits zwischen vierzig und fünfzig Jahre alt sind? Vor allem sollten Sie ernsthaft überlegen, ob und wann Sie Ihr Leben beenden möchten. Natürlich können Sie nicht genau bestimmen, wie Sie sterben werden, aber vielleicht haben Sie wenigstens eine Vorstellung von dem, was Sie noch vom Leben erwarten. Gefällt sie Ihnen? Möchten Sie sie ändern? Das steht in Ihrer Macht. Überlegen Sie, wie es derzeit um Ihre Energievorräte steht und wie es in Zukunft damit aussehen wird. Wie anders könnten Sie Ihre Vorräte nutzen und genießen, wenn Sie wüßten, Sie würden sie nur bis zum Alter von fünfundsiebzig Jahren und nicht noch sehr viel länger ausschöpfen müssen? (Ich bestehe nicht auf dem Alter von fünfundsiebzig Jahren. Wenn es Ihnen mehr entspricht, können es auch fünfundachtzig oder nur fünfundsechzig Jahre sein! Die Entscheidung über den Rahmen für das Gemälde, das Werk Ihres Lebens, liegt allein bei Ihnen.) Wenn Sie – mit dem gleichen Verantwortungsgefühl, mit dem man eine Familie plant – beschließen, für ein gutes Ende des eigenen Lebens zu sorgen, so beachten Sie bitte folgendes: Verlieren Sie keine Zeit, jeden, der in Frage kommt, in eine offene Diskussion über den Sinn des Freitods – als Weg zu einem guten Tod – zu verwikkeln. Denken Sie daran, daß, wenn Sie es mit sechzig noch nicht geschafft haben, einen zuverlässigen Kreis von Helfern aufzubauen, die Wahrscheinlichkeit größer wird, daß Sie über das Ende Ihres Lebens keine Verfügungsgewalt mehr haben werden. Und deshalb sterben Sie dann vermutlich an einer Krankheit und/oder an Altersschwäche, Sie werden vielleicht eine Zeit des Siechtums erleiden anstatt eines selbstbestimmten, voll ausgekosteten Lebens.

Wenn Sie bereits zwischen sechzig und siebzig sind und zu der klaren Entscheidung gelangen sollten, daß Sie das Ende Ihres Lebens selbst bestimmen möchten, dann sollten Sie akzeptieren, daß Sie kaum noch Chancen haben, Helfer darauf vorzubereiten oder für sich zu gewinnen. Falls Ihre Bemühungen, Helfer zu finden, kläglich oder vergeblich sein sollten, wäre es gut, sich vielleicht darauf zu konzentrieren, Ihr eigener Helfer zu werden, gleichzeitig aber weiter versuchen, andere Hilfspersonen zu mobilisieren. Verlieren Sie nicht den Mut, wenn es Ihnen nicht gelingt, Hilfe zu finden.

Entscheidend ist, daß Sie Ihr eigenes, höchst zielgerichtetes Denken mobilisieren. Ich glaube, nichts wird Ihr Denken mehr aktivieren, als alle vagen Überlegungen über ihr mögliches Lebensende beiseite zu schieben und sich statt dessen für einen bestimmten Tag zu entscheiden. Lähmt Sie der Gedanke daran, so liegt dies vermutlich daran, daß Ihre Entscheidung noch zu ambivalent ist und Sie Ihre Gefühle noch genauer erforschen müssen.

Nehmen wir einmal an, Sie sind in Ihren späten Sechziger oder sogar schon in Ihren frühen Siebzigerjahren. Sie möchten vielleicht gern einen Tag festsetzen und fragen sich, woher Sie jemals wissen sollten, welchen. Dieses Problem hängt mit der Vorstellung zusammen, daß Freitod eine Affekthandlung zu sein hat. Denken Sie daran, daß Sie den Zeitpunkt nicht spontan bestimmen wollen, sondern rational geplant und wohl kalkuliert. Sind Sie verheiratet? Ist Ihr Hochzeitstag etwa willkürlich festgelegt worden?

Stellen Sie sich vor, Sie nehmen an einem Bankett teil; die reich beladene Tafel ist voller herrlicher Speisen. Sie haben sich satt gegessen und sogar ein bißchen darüber hinaus. Sie haben ein leicht unbehagliches Völlegefühl. Sie wissen, daß man weiter Speisen auftragen wird, und Sie spüren Ihre Neugierde, von jeder neuen Speise zu kosten. Sehen Sie sich die Leute um Sie herum an. Sehen Sie, daß einige von ihnen aus lauter Gier, von allem zu kosten, auch noch die letzten Brösel verspeisen, bis sie in der Agonie der Übersättigung unter den Tisch fallen. Haben Sie das Gefühl, daß sich diese Leute in einem beneidenswerten Zustand der Ekstase befinden?

Versuchen Sie Ihr Leben auf ähnliche Weise zu betrachten. Drängt es Sie danach, sich an jeden letzten Atemzug zu klammern? Oder würden Sie sich lieber aus dem Leben zurückziehen, solange Ihnen das noch bequem möglich ist? Wenn Fettleibigkeit Gier nach Essen ist, dann ist vielleicht Senilität Gier nach Leben.

Die »Kunst« des Freitods: Aufzeichnungen aus dem letzten Monat meines Lebens

Als vor mehr als einem Jahrzehnt meine frühen Vorstellungen von »Exit House« Gestalt annahmen, glaubte ich, daß es fünfundzwanzig bis fünfzig Jahre dauern würde, bis das öffentliche Bewußtsein reif genug sei, ein »Exit House« ins Leben zu rufen. Inzwischen drängte der anfangs nur unterirdisch fließende Strom so stark an die Oberfläche, daß ich glaubte, wir könnten schon in den nächsten zehn Jahren eine Einrichtung wie das »Exit House« schaffen. In den letzten paar Tagen nun bin ich zu der Erkenntnis gekommen, daß wir schon heute ein »Exit House« errichten könnten!

Ich stelle mir manchmal vor, ich sei Millionärin. Ich würde dann einen Landsitz oder ein großes Stadthaus in einem Staat erwerben, in dem die Beihilfe zum Freitod nicht gesetzlich verboten ist. Als Personal würde ich Personen anstellen, die an das Recht der Menschen glauben, die Dauer ihres Lebens selbst zu bestimmen. Ich würde als Personal umsichtige Personen wählen, die sich aus medizinischen, juristischen, psychologischen und sozialen Berufen zurückgezogen haben, eventuell auch jüngere Menschen, die noch in diesen Berufen tätig sind. Interessierte Laien wären willkommen zur Ausbildung des Personals. Ein paar Monate lang würden wir Arbeitskreise abhalten, um unsere Methoden abzustecken und politische Taktiken zu entwickeln. Wir würden uns von verschiedenen gesellschaftlichen Gruppen beraten lassen und versuchen, diese zur Mithilfe zu bewegen. Wir würden die unvermeidliche Opposition gegen uns versuchen zu verstehen und uns für ihre Rechte einsetzen, anstatt uns in Kämpfe mit ihr zu verwickeln. Dann würden wir unsere Bereitschaft publik machen, Personen mit Rat zur Seite zu stehen, die daran interessiert sind, für sich einen selbstbestimmten, guten Tod zu planen. Während wir anfangs vielleicht noch nicht ganz dazu in der Lage sein würden, könnten wir unseren Klienten vorerst dabei helfen, ihre besten Alternativen kennenzulernen. Vor allem würden wir den Ratsuchenden unsere Achtung und unser bereits erworbenes Wissen vermitteln. Jeder, der an rationalen oder irrationalen Freitod denkt, gleich welchen Alters, wäre willkommen, unsere

Dienste in Anspruch zu nehmen. Wir würden natürlich versuchen, irrationale Gründe zu entkräften und rationale Überlegungen und Handlungen zu unterstützen.
Wir müßten ein Modell und vorbildlich für weitere Einrichtungen à la »Exit House« sein. Wir müßten uns um eine finanzielle Struktur bemühen, die uns sowohl Dienstleistungen von hoher Qualität garantiert als auch die Möglichkeit für jeden – ob arm oder reich –, von uns beraten zu werden.

Ich glaube nicht, daß Kinder stärker suizidal werden könnten, wenn sie in einer Gesellschaft aufwachsen würden, die den Suizid als ein grundlegendes Menschenrecht akzeptiert und unterstützt. Im Gegenteil – ich gehe davon aus, daß die Kinder in einer solchen reifen Gesellschaft weniger selbstmordgefährdet wären.
Kinder unter achtzehn Jahren würden im »Exit House« nicht von vornherein ausgeschlossen werden. Sie würden jedoch nur dann Unterstützung finden, wenn die entsprechende »Exit House«- oder Krankenhausverwaltung zu der Überzeugung kommen würde, daß das Kind nicht fähig ist, ein für sein Ich befriedigendes Leben zu führen. Die Verwaltung würde Erwachsene anhören, die gegen den Freitod von Kindern protestieren, doch sie würde nicht zulassen, daß einem Kind das Leben aufgezwungen wird. Es gibt Leute, die nicht zögern würden, andere dazu zu zwingen, ein für sie, für ihr Ich unbefriedigendes Dasein zu fristen.
Wie ich vermute, gehört zu diesen Überlegungen auch die Frage, ob man beispielsweise einem Kind das Leben aufzwingen kann, das von Geburt an so geschädigt ist, daß es niemals in der Lage sein wird, für sich selbst zu sorgen. Ja, ich glaube, die Eltern des Kindes sollten nach sorgfältiger Beratung das Recht erhalten, das Leben des Kindes in dessen eigenem Interesse zu beenden, oder aber das Recht, ihr Kind einer Gruppe zu übergeben, die autorisiert ist, eine solche Entscheidung zu treffen und durchzuführen; sie sollten die Freiheit haben, ein Kind, das zu hilflos ist, um jemals selbst über sich bestimmen zu können, nicht zwingen zu leben. Natürlich könnte eine derartige Entwicklung auf heftigen Widerstand stoßen. Dieser würde zwar heftig, aber von überraschend kurzer Dauer sein. In den Menschen liegt, glaube ich, eine große Menge Mitgefühl verschüttet, die noch auszugraben ist.
Wir müssen uns vor Mißbrauch hüten, und manchmal werden wir nicht genügend auf der Hut sein können. Doch die uns

gesetzten Grenzen rechtfertigen nicht, einen Menschen gegen seinen Willen zum Leben zu zwingen oder es ihm zu nehmen. Doch wenn er nicht mehr fähig ist, einen eigenen Willen zu äußern – wer soll dann entscheiden? Hier geraten wir meiner Meinung nach in eine Grauzone. Wenn Eltern ein Kind haben, das auf keinen Fall das nötige Maß an Willen und Selbstbestimmung erlangen kann, dann sollten die Eltern dabei unterstützt werden, an Stelle des Kindes die Verantwortung für die Beendigung seines Leben zu übernehmen. Gleichzeitig sollten Eltern das Recht haben, ihr geschädigtes Kind großzuziehen, wenn sie dies wünschen. Dennoch habe ich Schwierigkeiten, mir vorzustellen, ein Kind zu sein, das so geschädigt ist, daß es keine Hoffnung haben könnte, für sich selbst zu sorgen. Ich wünschte, daß mein Schicksal nicht ausschließlich in den Händen meiner Eltern läge, die sich aus irgendwelchen Gründen besser fühlen, wenn sie mich am Leben lassen. Ich wünsche mir eine Gesellschaft, die auf die Existenz solcher Kinder aufmerksam machen und nicht nur nach Möglichkeiten suchen würde, solch menschliche Anomalien zu verhindern, sondern auch nach Wegen, sowohl die betroffenen Kinder als auch deren Eltern von einer aufgezwungenen Existenz zu befreien.

Ich erkenne an, daß ein Achtzehnjähriger noch nicht die Erfahrung hat, sein Leben so abzuwägen, wie beispielsweise ein Mann das mit Vierzig vermag. Meiner Meinung nach sollte eine Gesellschaft, die das Recht auf Freitod anerkennt, sich dies vergegenwärtigen. Ich halte es für angemessen, daß jeder Mensch, der vierzig Jahre lang gelebt hat – die durchschnittliche Lebensspanne vor dem Eingreifen des Menschen in die Natur – und beschließt, dies sei lange genug gewesen, das Recht auf Beihilfe zu einem menschenwürdigen Freitod haben sollte, und zwar innerhalb von vierundzwanzig Stunden nach seinem Ersuchen. (Dieser Spielraum von vierundzwanzig Stunden ermöglicht es dem Personal, Personen, deren Suizidwunsch zu impulsiv erscheint, Alternativen anzubieten.) Und Personen zwischen achtzehn und vierzig Jahren, die den Wunsch haben, aus dem Leben zu scheiden, könnten durch verschiedene Suizidprogramme die Zeit bis zu ihrem tatsächlichen Suizid überbrücken: Sagen wir, einen Monat Bedenkzeit für die Achtzehnjährigen – am unteren Ende der Skala – und eine Woche für die Neununddreißigjährigen – am oberen Ende der Skala.

Ich würde eine Sterbe-Droge auf den Markt bringen, die spezifisch dafür geschaffen sein sollte, einen raschen, schmerz-

losen, irreversiblen Tod herbeizuführen. Ich würde diese Pille mit einem Etikett versehen, das auf ihren Zweck hinweist – deutlich wie die Etikette anderer lebensgefährlicher Stoffe wie Pflanzenschutzmittel, Haushaltsprodukte und so weiter, die überall erhältlich sind. Ich würde keine ärztliche Verschreibungspflicht anordnen. Meiner Meinung nach würde der problemlose Kauf einer solch tödlichen Pille nicht zu einer enorm hohen Steigerung der Suizid- oder gar Tötungsrate führen. Es ist nicht die problemlose Erhältlichkeit eines Mittels, das einen Menschen zu dem Entschluß bringt, sein eigenes oder das Leben eines anderen zu beenden. Andererseits hat die Nichtverfügbarkeit eines angemessenen Mittels weder Suizide noch Tötungen verhindert. Diese Nichtverfügbarkeit hat zur Folge, daß Suizide auf häßlichere Weise verübt werden als nötig.
Wenn also eine angemessene Sterbe-Droge problemlos erhältlich sein wird, worin liegt dann noch der Sinn der Suizidprogramme? Zu den zahlreichen Gründen, die dafür sprechen, gehört ganz offensichtlich die Möglichkeit, seine Absicht bekanntzugeben, die Nachlaßverwaltung zu regeln, wodurch der Verdacht auf Betrug reduziert wird und so weiter. Weit wichtiger ist jedoch, daß die überlegte Planung eines rationalen Freitods – so paradox es auch immer klingen mag – eine lebensbereichernde Erfahrung ist. Für manchen sicherlich so sehr lebensbereichernd, daß sie – falls der Wunsch nach Freitod nicht durch unüberwindlichen seelischen Kummer oder körperliche Schmerzen bedingt ist – Grund zu einer Verlängerung des Lebens sein könnte.*
Ich wünschte, ich hätte an dem Tag, an dem ich das Guttman-Institut mit dem Befund Brusttumor verließ, direkt zu einem »Institut für überlegten Freitod« gehen können. Dort hätte ich den verantwortlichen Mitarbeitern erklärt, daß ich vielleicht Krebs habe; daß ich, wenn dies der Fall wäre und die Behandlung der Krankheit einen signifikanten Eingriff in die Qualität meines Lebens nach sich ziehen würde, so früh wie möglich damit beginnen wolle, meinen Freitod zu planen, weil ich mich selbst und meine Familie nicht dem Endstadium von Krebs aussetzen wolle.
In einem solchen Institut hätte man mir helfen können, den

* *Anmerkung:* Jo war davon überzeugt, daß die Gewißheit einer solchen Möglichkeit die Impulsivität reduzieren würde, den Betreffenden außerdem in die Lage versetzen, für seine Entscheidung zum Leben voll verantwortlich zu sein und dadurch vielleicht imstande, vitaler und sinnvoller zu leben als bisher. Ihrer Philosophie entsprechend ist Selbstbestimmung eine wesentliche Komponente eines verantwortungsbewußten Lebens.

Schock und Schmerz zu lindern, der durch die Aussicht eines möglicherweise reduzierten Lebens verursacht wird. Man hätte mir auch dabei geholfen, die medizinisch-therapeutischen Möglichkeiten abzuklären; man hätte mir geholfen, medizinisches Personal zu finden, das mein Recht ebenfalls respektierte. Ich hätte von einem Arzt die Informationen erhalten, die ich brauchte, um meine medizinischen Möglichkeiten für ein Leben einzuschätzen, das ich lieber beenden wollte, bevor die Schmerzen im Endstadium einsetzten, als – wie andere es vielleicht vorziehen – nachdem sie eingesetzt haben oder nie. Die Bestimmung des Zeitpunktes meines Todes sollte kein Wettkampf zwischen der Natur und der lebensverlängernden medizinischen Technologie sein.

Ich denke mir, daß es mir in meinem Fall geholfen hätte, einen Termin zu bestimmen, ähnlich dem, den meine Familie und ich nun festgelegt haben. Und ich vermute, ich hätte erfahren, daß es – im Hinblick auf meinen Suizidplan – keinen Sinn hatte, mich (und die mir Nahestehenden) dem Unbehagen und den Unkosten einer Chemotherapie zu unterwerfen. Da mir die Hilfe eines solchen Instituts fehlte, nahm ich zehn Monate Chemotherapie auf mich, die einen furchtbaren Eingriff in die Zeit und Qualität meines Lebens darstellten.

Stellen Sie sich vor: Sie haben einen Zeitpunkt erreicht, an dem Sie bereit sind, gern zu sterben. Sie kennen einen Weg, Ihr Leben auf eine so angenehme und sichere Weise zu beenden, wie es – ohne eine geprüfte, sichere Sterbe-Droge – nur möglich ist.

Sie sind eine Frau von siebzig Jahren, geistig noch sehr rege und allgemein in einigermaßen guter Verfassung. Ihre wirtschaftlichen Verhältnisse erlauben es Ihnen zwar nicht, im Luxus zu leben, aber die Rente aus Ihrer Sozialversicherung reicht aus, um Ihren Lebensstil noch ein weiteres Jahrzehnt aufrechtzuerhalten. Sie haben zwei erwachsene Kinder, die zu Ihrer Rente noch etwas beisteuern könnten, damit Sie – falls Sie dieses Alter erreichen – auch später noch gut versorgt sind. Die meisten Ihrer Verwandten sind achtzig, neunzig Jahre alt geworden, weshalb man davon ausgehen kann, daß auch Sie ein solch hohes Alter erreichen.

Wenn Ihre Familie und Ihre Freunde sich zu Ihrem siebzigsten Geburtstag versammeln, machen alle Bemerkungen über Ihre Vitalität und bringen ihre Erwartung zum Ausdruck, daß Sie noch mit Achtzig und Neunzig so rüstig sein mögen. Je jünger der Redner, desto munterer der Ton. Sie fühlen sich glücklich. Sie lachen fröhlich und akzeptieren die Komplimente. Richtig, Sie verdanken Ihre körperliche Fitness Ihrer zähen Konstitution, der Tatsache, daß Sie regelmäßig Gymnastik betreiben und sich vernünftig ernähren. Sie haben zahlreiche Interessen und finden Ihre Tage immer zu kurz für alles, was Sie noch tun möchten. Sie wissen es zu schätzen, daß man Ihre Verdienste für die Gemeinschaft würdigt. Sie sagen, daß das Leben gut zu Ihnen war und daß Sie sich noch mehr davon erhoffen.

Danach sitzen Sie zufrieden und allein in dem kleinen neuen Appartment, das Sie ein paar Jahre nach dem Tod Ihres Mannes bezogen haben. Obwohl es schmerzhaft gewesen ist, das Heim zu verlassen, in dem Sie beide Ihre Kinder aufgezogen hatten, sind Sie nicht allzu betrübt gewesen. Es schien wirklich vernünftig, sich eine kleinere, leichter sauber zu haltende Wohnung zu nehmen. Sie haben Platz für all Ihre Erinnerungsstücke. Während Sie es sich nun in Ihrem Lieblingssessel bequem machen, überkommt Sie ein wohliges Gefühl bei dem Gedanken an all die Komplimente, die Ihnen während der Geburtstagsfeier gemacht wurden. Wie schön doch die Ruhe und das Alleinsein ist.

Während Sie so dasitzen und sinnieren, denken Sie immer weniger an die Stimmung auf der Party und immer mehr an Ihren achtzigsten Geburtstag in zehn Jahren. Ihre achtzigjährige Cousine hat während der Party in einer Ecke gesessen, bei dem Stimmengewirr wenig von der Unterhaltung mitbekommen und merklich mit dem Kopf gewackelt. Jeder Besucher verweilte höflich ein paar Augenblicke bei ihr. Niemandem lag viel daran, mit ihr zusammenzusein, obwohl sie nicht etwa unausstehlich war. Es war nur recht schwierig, sich mit ihr zu unterhalten. Es schien so wenig zu geben, worüber man mit ihr reden konnte. Man mußte entweder weit ausholen oder sich in ihre Vergangenheit begeben, um auf ein einigermaßen akzeptables Gesprächsthema zu kommen.

Ihre Gedanken beschäftigen sich mit Ihrer Cousine: Sie erinnern sich daran, wie Sie vor zehn Jahren eifrig mitgeholfen haben, ein Fest zum siebzigsten Geburtstag dieser Frau vorzubereiten. War sie damals nicht ähnlich wie Sie heute – lebhaft, amüsant und von allen bewundert? Ihre Cousine hat nicht etwa eine schwere Krankheit durchgemacht. Woher kommt es dann, daß sie so verbraucht erscheint? Könnte Ihnen das auch passieren? Ihnen, die Sie so voller Lebensfreude sind?

Ihnen, die Sie so voller Lebensfreude sind? Sie stellen fest, daß Sie sich müde fühlen. Das ist nur natürlich, nachdem Sie den ganzen Nachmittag gefeiert haben! Vielleicht sollten Sie lieber zeitig zu Bett gehen und morgen früh aufstehen, weil Sie Verschiedenes zu erledigen haben. Ihr Sohn ruft an. »Na, Mom, hast du dich von deiner Party erholt?« Sie wagen es, ihm mitzuteilen, daß Sie sich fragen, ob Sie in zehn Jahren ebenso gebrechlich wie Ihre Cousine sein werden. »Sei doch nicht lächerlich, Mom! Natürlich wirst du nicht wie sie sein. Du wirst mit Neunzig noch steppen!« Ihnen wird bewußt, daß Sie mit Ihrer Frage ein absolutes Tabu berührt haben. Niemand, nicht einmal Ihr Sohn möchte etwas von Ihrer Besorgnis wissen.

Warum erlaubt Ihre ansonsten offene Familie Ihnen nicht, diese Sorge zu äußern? Es war schön, daß Sie heute soviel Lob zu hören bekommen haben, doch genau betrachtet galt all die Überschwenglichkeit weniger dem, was Sie tun, als der Tatsache, daß Sie all das noch mit Siebzig tun. Und noch genauer betrachtet, sieht es fast ganz so aus, daß Sie – ganz abgesehen von Ihrer gesunden Lebensweise – nicht tun könnten, was Sie tun, wenn Sie sich nicht außerordentlich anstrengen würden. Sie setzen Ihre Energie zum Teil dafür ein, nicht dem Image des Alt-und-langsamer-Werdens zu entsprechen. Wenn Sie allein sind, ruhen Sie sich tatsächlich öfter aus als je zuvor. Und wenn Sie ausgehen und »aktiv« werden, strengt es Sie mehr denn je an, Ihren Gang durch leichtes Federn zu betonen. Vielleicht erlauben Sie sich Ihre Besorgnis selbst nicht.

Sie wissen ganz genau, daß Sie mit Neunzig nicht mehr steppen werden. Sie würden es gar nicht wollen. Eine Woge von Schamröte überschwemmt Sie. Scham? Plötzlich tauchen vor Ihnen alle Neunzigjährigen auf, die Sie gekannt oder von denen Sie gehört haben. Sie versuchen sich auf diejenigen zu konzentrieren, deren Geist wach geblieben war, die noch täglich arbeiten, die man um weisen Rat bat. Sie wissen, daß Sie irgendwo einmal ein oder zwei von ihnen getroffen haben, aber wo sind sie jetzt? Alles, was Sie sehen, sind jene fröhlich tanzenden Leute auf den Werbeplakaten für Joghurt. Nein, Sie kennen kein neunzigjähriges Mannequin und Sie wollen auch kein neunzigjähriges Mannequin werden. Wozu auch! Sicher, wenn Sie neunzig und noch richtig munter und unternehmungslustig wären. Doch tief in Ihrem Innern wissen Sie, daß Sie gar nicht so alt werden möchten, auch wenn Sie oft behauptet haben, Sie würden ewig – oder zumindest bis hundert – leben wollen. Warum sagt man, sagen *Sie* so etwas! Warum glauben wir, daß das von uns erwartet wird? Warum hält man es für ein

Zeichen von Versagen oder Mißachtung des Lebens, wenn man nicht den Ehrgeiz hat – oder offen herausschreit –, ewig leben zu wollen?
Ihnen kommt der Gedanke, daß Sie sich nicht nur in Form halten, um fit und munter zu bleiben, sondern weil Sie sich als Versager fühlen würden, wenn Sie Ihren Schwung verlieren. Sie wissen nicht, wie lange Sie leben werden, und wenn Sie so lange leben sollten wie Ihre Cousine... nun, vielleicht können Sie durch Ihre Methode verhindern, so hinfällig zu werden. Vielleicht. Viel Bewegung. Richtige Ernährung. Gott sei Dank sind Sie ein aktiver Mensch. Vielleicht können Sie sich weiterhin selbst regenerieren.
Vielleicht. Und was ist, wenn »es« doch kommt? Sie stellen fest, daß Sie sich, während Sie so dasitzen, die Hände reiben. Diese allmählich steifer werdenden Gelenke. Im Fernsehen sind alte Leute, die müßig herumsitzen, ersetzt worden durch Typen, in deren Augen die Hoffnung auf Heilung ihrer Arthritis zu lesen ist. Knotige schmerzende Gelenke können heute wunderbarerweise durch plastische Wunder ersetzt werden. Nein, nicht auszudenken die Vorstellung, an unerträglich schwerer Arthritis zu leiden. Nicht auszudenken! Man soll die Hoffnung nicht aufgeben! Es kommen ja immer neue Medikamente auf den Markt. Außerdem wird Ihnen das schon nicht passieren. Oder doch? Passiert es nicht bereits? Haben Sie sich nicht die Pamphlete über Arthritis schicken lassen, die ganzen Hoffnungsduseleien durchgelesen und daraus entnommen, daß es für Sie so lange nichts weiter als Aspirin gibt, bis Ihre Arthritis wirklich schlimm ist? Ihr Arzt hat doch diese Schmerzen, die seit Jahren in Ihre Gelenke kriechen, als harmlos bezeichnet. Stimmt es nicht, daß Sie mit niemanden über diese Anzeichen des nahenden Alters sprechen, daß Sie sich schämen, darüber zu sprechen?
Sie dürfen nicht daran denken, daß Sie alt werden. Siebzig! Denken Sie nicht daran! Und darüber spricht man nicht. Anerkennung erhält man dafür, daß man jünger, nicht älter aussieht. Sie sehen nicht wie siebzig aus, sagen die andern und deuten damit an, daß es schrecklich wäre, wenn dem so wäre. Sie haben das Gefühl, es gehört sich irgendwie nicht, stolz darauf zu sein, daß Sie jünger aussehen als die meisten Frauen Ihres Alters, oder stolz darauf zu sein, selbstgenügsam zu sein, dem Leben kleine Freuden abzugewinnen, anderen nicht zur Last zu fallen. (Gott behüte!)
Sie denken über all dies nach. Sie sind siebzig, geistig rege und allgemein in einigermaßen guter Verfassung.

Sie haben einen Zeitpunkt erreicht, an dem Sie möglicherweise bereit wären zu sterben.

Ich möchte meine Energie nicht darauf verwenden, mich und meine Haltung vor meinen Gegnern zu verteidigen. Eine Gegnerschaft ist unvermeidlich und ich akzeptiere dies. Ich würde nicht wollen, daß es anders wäre. Ich respektiere die Rechte von Gegnern, solange sie meine Rechte nicht verletzen. Ich würde ihnen noch dabei helfen, ihr eigenes Leben zu leben, solange sie wollen und unter welchen Bedingungen auch immer. Ich verlange nur, daß man diese Leute davon abhält, anderen – vor allem mir – ihren Standpunkt aufzuzwingen. Ich möchte, daß jeder von uns das Recht hat, auf seine eigene Weise und zu seiner Zeit zu leben und zu sterben.

Des weiteren möchte ich meinen Gegnern meine Anerkennung aussprechen. Es ist gut, wenn das eigene Denken ständig in Frage gestellt wird. Opponenten sind eine große Hilfe, wenn sie auf Probleme sowie auf die kniffligen Fragen der Verantwortung und auf eventuelle Veränderungen hinweisen. Es empfiehlt sich, sich mit diversen religiösen und philosophischen Überzeugungen auseinanderzusetzen. Die Stimme der Opposition wird immer sehr direkt und schrill sein. Doch wenn man es wagt, auf leisere Stimmen zu hören – vor allem auf die Stimmen des Herzens und der Seele –, wird man, so glaube ich, ein entscheidendes Raunen vernehmen. Wenn Sie durch Ihre Umwelt und Mitmenschen so beeinflußt werden, daß Sie nur noch die dominierende Stimme der Opposition hören, Ihnen aber dennoch an der Freiheit der Entscheidung liegt, dann empfehle ich Ihnen, sich einen oder zwei Tage lang folgendermaßen zu prüfen: Suchen Sie das beste Pflegeheim auf und dann eine Institution für geistig Gestörte. Denken Sie daran, daß das Personal dieser Heime und psychiatrischen Anstalten größtenteils hingebungsvoll seine Pflicht tut und daher Respekt und Anerkennung verdient. Verständlich, daß man sich auch Ihnen nur von der besten Seite zeigen wird.
Am besten machen Sie sich ein eigenes Bild, das sich zusammensetzt aus dem, was Sie erwartet haben und dem, was Sie nun wirklich sehen. Im allgemeinen kann man davon ausgehen, daß das Verhalten des Personals traditionelle, gesellschaftlich anerkannte Regeln widerspiegelt. Man wird Ihnen also ein gepflegtes Haus präsentieren, in dem die Patienten bzw. Heiminsassen sauber und ordentlich untergebracht sind. Nachdem Ihnen die

Eingangshalle gezeigt worden ist, werden Sie wahrscheinlich den Teil des Gebäudes besichtigen, in dem die »leichten Fälle« untergebracht sind, das heißt diejenigen, die sich selbst sauber halten und sich artikulieren können, wenn sie Hilfe brauchen.
Vielleicht möchten Sie noch weitere Abteilungen sehen, vielleicht auch nicht. Wenn ja, bitten Sie darum; man wird sie Ihnen zeigen oder auch nicht. Doch bitten Sie auf jeden Fall darum, daß man Ihnen Räume zeigt, in denen desorientierte oder senile oder psychisch oder physisch kranke, behinderte Kinder oder Erwachsene leben. Wenn Sie auf einer solchen Station sind, dann fragen Sie sich, wie Sie sich fühlen würden, wenn Sie selbst dort leben müßten. Und wenn Sie nicht dort sein möchten, dann stellen Sie sich vor, man würde Sie dazu zwingen. Glauben Sie, Sie würden in einem solchen Fall dem Personal Ihre Wünsche und Gefühle anvertrauen? Hätten Sie den Mut, zu protestieren? Wer würde entscheiden, was das Beste für Sie ist, Sie oder das Personal? Stellen Sie sich vor, Sie kämen zu der Überzeugung, lange genug gelebt zu haben und Sie würden gern sterben. Würden die Ärzte, Schwestern und anderen Betreuer Sie überhaupt anhören? Würden sie Ihnen dabei helfen zu sterben? Würde man nicht bestenfalls glauben, daß Sie falsch behandelt wurden; hätte man Angst, daß ein Besucher, der Sie hört, denken könnte, das Personal sei nicht kompetent; würde man fürchten, daß Sie sich vernachlässigt fühlen? Würden die Ärzte Sie etwa mit Medikamenten vollstopfen, um zu verhindern, daß Sie auf Ihrem Wunsch, zu sterben, beharren? Würde man Ihr Verhalten als provokativ betrachten und Sie aus den Räumen fernhalten, in denen ein Besucher Sie hören könnte? Würde man Ihnen auch dann noch einen Herzschrittmacher einsetzen, wenn Sie schwach und dem Tode nahe wären?
Aber, fragen Sie, spricht nicht alles dagegen, daß Sie oder Ihre Lieben jemals so eingesperrt werden? Die Chance, dem zu entgehen, wird immer geringer. Immer wenn Sie von den Wundern der medizinischen Technologie hören, dann denken Sie daran, daß auf jeden Menschen, der die Möglichkeit erhält, ein längeres, vielleicht sogar besseres Leben zu führen, viele kommen, die ihr Leben in Kliniken, Heimen oder anderen Anstalten verbringen müssen. Wenn Sie von der sinkenden Zahl der Krankenhausbetten hören, so denken Sie daran, daß eine ganze neue Industrie von Alten- und Pflegeheimen diese Betten ersetzt. Und auch daran, daß immer mehr Menschen ihr Leben in psychotherapeutischen Wohngemeinschaften oder ähnlichen Einrichtungen verbringen, wenn auch unter Kontrol-

le, mit Hilfe von Beruhigungsmitteln und anderen Medikamenten. Und denken Sie vor allem daran, daß Sie – wenn Sie Ihr Leben in die Hände der »Lebensverlängerer« legen – die Kontrolle über Ihr eigenes Leben verringern und die Wahrscheinlichkeit erhöhen, einen Teil Ihres Lebens in Institutionen oder unter Medikamenten zubringen zu müssen. Sie werden überwacht werden von Menschen, denen daran liegt, Ihren Tod zu verhindern, es sei denn, daß medizinische Autoritäten zu erklären wagen, sie könnten nichts mehr tun, um Ihr Leben zu verlängern – eine Situation, die noch immer selten ist und meist nur in den Krankenhäusern eintritt, die sich ihre Selbstbestimmung erkämpft haben. Solche Kliniken, wie sie allmählich da und dort entstehen, mußten sich in unserer Zeit einfach entwikkeln. Sie sind die Avantgarde des Widerstands gegen Lebensverlängerung um jeden Preis. Sie sind zwar auf harte Gegner gestoßen, aber sie haben sich nach und nach durchgesetzt – eine vielversprechende Entwicklung und eine wunderbare Hoffnung für zahlreiche todkranke Patienten.
Es sollte mehr Heime für Menschen geben, die bereit sind zu sterben und die den Sterbeprozeß – abgesehen von Schmerzlinderung – durch keinerlei menschliche Intervention beeinflussen möchten.
Wir müssen »Exit Houses«, also Sterbehäuser für diejenigen entwickeln, die bereit sind zu sterben und die die Verantwortung für den Zeitpunkt und die Art und Weise ihres Scheidens selbst und freiwillig übernehmen.

Ich habe für mich eine Gemeinschaft von Menschen geschaffen, die bereit ist, mich bei der verantwortungsbewußten Beendigung meines Lebens zu unterstützen. Während ich dies niederschreibe, gibt es mehr als hundert Menschen, die von meiner Freitodabsicht wissen. Und noch mehr kennen meine Philosophie, meine Gedanken über den Freitod als ein allgemein erforderliches Menschenrecht. Weil ich mit so vielen Menschen offen diskutiert habe, war ich in der vorteilhaften Lage, aus einem größeren Kreis diejenigen auszuwählen, die der Aufgabe, mich zu unterstützen, am besten gewachsen schienen. Doch eigentlich entstand mein privater Kreis von Helfern und Betreuern erst, als sich herausstellte, daß ich Krebs hatte und daher meinen Freitodtermin vorverlegen wollte.
Die Personen, an die ich mich zuerst wandte, wußten nichts von meinem langjährigen Interesse am Thema Freitod. Und ich kannte ihre wirkliche Meinung darüber nicht. Immer wenn ich

bisher mit jemandem über Freitod gesprochen hatte, war ich sehr zögernd an die Sache herangegangen – so, als ob ich Reaktionen des Entsetzens oder der Ablehnung erwartete. Ich wollte zwar Achtung vor dem Entschluß zum Freitod bewirken, ging aber sehr behutsam vor. Doch als dann der Zeitpunkt meines Freitods näherrückte, brauchte ich rasche und sichere Hilfe und konnte mir keine zaghafte Rücksicht mehr erlauben. Primär ging es nun um mich selbst und die mir Nahestehenden. Mein Hauptanliegen war nicht mehr, mit anderen – theoretisch – das Für und Wider eines Freitods abzuwägen, mich um mehr Verständnis zu bemühen. Wie immer ihre Ansichten sein mochten, ich mußte mich nun damit auseinandersetzen, um zu einer sinnvollen Zusammenarbeit zu gelangen. So ist aus ängstlicher Rücksicht verwegene Herausforderung geworden.
Den Anlauf unternahm ich bei meinem neuen Ärzteteam – alles Fremde für mich. Bei meinem ersten Zusammentreffen mit ihnen äußerte ich offen, daß ich mein Leben als mir gehörig betrachte. Ich forderte, daß sie mein Recht darauf respektierten, bestimmen zu dürfen, welche Behandlung für mich akzeptabel sei und welche nicht. Mir lag sehr daran, von ihnen zu erfahren, welche medizinischen Alternativen es für mich gab. Ich war jedoch nicht daran interessiert, mir ihre Ansichten darüber aufdrängen zu lassen, welche Qualität meines Lebens ich akzeptieren sollte, welche nicht. Ich gab ihnen zu verstehen, daß ich mein Leben auf jeden Fall beenden würde, bevor das Endstadium der Krebserkrankung einsetzte. Deshalb sollte alles, was sie mir über medizinische Möglichkeiten sagen würden, darauf ausgerichtet sein, mein Leben nicht ohne Rücksicht auf seine Qualität zu verlängern, sondern mir vielmehr dabei zu helfen, herauszufinden, ob es irgendeine medizinische Maßnahme gäbe, die mir erlauben würde, ein Leben unter physischen Bedingungen zu führen, die *ich* als lebenswert akzeptieren könnte. Ich bestand darauf, die einzige Person zu sein, die das Recht hatte, eine endgültige Entscheidung zu treffen, gleichzeitig erbat ich aber ihre Hilfe, um gegebenenfalls meine Möglichkeiten optimal abwägen zu können.
Meine Worte trafen auf erstaunte Gesichter. Mein Mut verwunderte und stärkte mich zugleich. Von Anfang an spürte ich, daß ich mit meinen Überlegungen einen neuen Weg eingeschlagen hatte. Obwohl mir noch immer daran lag zu spüren, was die anderen dachten und fühlten und ich ihre Ablehnung nach wie vor als schmerzlich empfand, war es nun *ihr* Problem, ihre Meinungen aufeinander abzustimmen. Meine Aufgabe war es,

darauf zu achten, daß die Meinung des Arztes zum Thema Freitod weder meinen wohlüberlegten Plan beeinflußte noch die medizinischen Informationen, für die der Arzt schließlich bezahlt wurde.
Ich lehnte die Unterstützung verschiedener Ärzte ab, deren sture Haltung unüberwindlich schien. Schließlich traf ich auf einen, der wenigstens so viel Kommunikationsfreudigkeit besaß, daß er – weniger ablehnend als besorgt – ausrufen konnte: »Sie sind ja suizidal!« Endlich tat sich eine Öffnung zu einem anderen Menschen auf. Auf diese Reaktion hin mußte ein Dialog möglich sein. Die zwanzig Minuten, die uns für die Sitzung zur Verfügung standen, waren sehr anstrengend, aber sogar dieses kurze Gespräch erschien mir von – möglicherweise – großem Wert zu sein. Nein, erklärte ich, ich sei nicht suizidal, obwohl ich, ja, Suizid begehen werde. Ich liebe das Leben und habe verschiedene Pläne, die ich besonders gern zu Ende gebracht hätte. Ich hätte damit gerechnet, mindestens noch zehn Jahre vor mir zu haben, in denen ich das tun könnte. Jetzt aber – mit Krebs – schien ich mit diesem Jahrzehnt nicht mehr rechnen zu können. Ich bräuchte seine Hilfe nicht dazu, mir zehn Jahre Krebsbehandlung in Aussicht zu stellen, sondern dazu, auszurechnen, wie lange mein Leben – meinen Forderungen entsprechend – noch von sinnvollem Wert sein würde. Ich fordere ihn weder auf, Gott zu spielen und das Datum meines Todes vorauszusagen, noch den Sieger über Gott zu spielen, indem er mein Leben über den Willen Gottes hinaus ausdehnte, noch dazu, mir zu sagen, wie lange und unter welchen Umständen ich am besten leben sollte. Ich sei mir bewußt, daß er nicht genau wissen könne, welchen Verlauf meine Krebskrankheit nehmen würde, aber ich sei auch sicher, daß er sowohl die statistischen Chancen als auch die Behandlungsmöglichkeiten abklären könne. Diese Informationen bräuchte ich von ihm – ob er sie mir nun geben könne bzw. wolle oder auch nicht –, um für mich selbst die längstmögliche Dauer bis zum Beginn der Endphase der Krankheit berechnen zu können. Meine Pläne für die nächsten zehn Jahre müßte ich wohl – würde ich unter menschenwürdigen Bedingungen existieren wollen – innerhalb eines kürzeren Zeitraums realisieren. Könnte ich vom medizinischen Standpunkt damit rechnen, noch fünf Jahre an der Schreibmaschine sitzen zu können? Wenn ja, wie groß wäre dann das Risiko, daß die Schmerzen im Endstadium mich daran hindern würden, das letzte Kapitel von *Exit House* niederzuschreiben? Ich wolle nicht, daß er berechne,

wie lange ich noch leben könnte, sondern ich benötige Informationen, aufgrund derer ich meine eigenen Berechnungen anstellen könnte. Wie lange wohl könnte ich mit Sicherheit damit rechnen, daß es mir gut genug gehe, um jeden Tag arbeiten zu können?

Ich konnte den Kampf des Arztes an seinen Augen ablesen. Er hatte genügend Selbstachtung und Selbstvertrauen, um meinem Blick nicht auszuweichen. Konnte ich wirklich davon ausgehen, daß er sich mit mir auf eine Stufe stellte? Dieser Fremde? Dieser Mann in den späten Sechzigern, dem jahrelang eingehämmert worden war, das Leben um jeden Preis zu verlängern und den Freitod abzulehnen? Unsere zwanzig Minuten umfaßten – außer unserem kurzen Gespräch über Freitod – eine körperliche Untersuchung und eine Diskussion über medizinische Fragen. Ich spürte Hoffnung – nicht nur weil er sich auf das Gespräch einließ (das er natürlich unter Kontrolle hatte), sondern auch, weil er es zu meinem Erstaunen wagte, mir Informationen zu geben, die den anderen Ärzten bekannt gewesen sein mußten, die sie mir jedoch vorenthalten hatten, und zwar mit der Begründung, diese und jene Medikamente seien noch nicht ausreichend auf ihre Wirkung hin geprüft. Die Achtung und das Vertrauen dieses Arztes mir gegenüber erleichterten es ihm, mir seinen anfänglichen Eindruck zu bestätigen, daß meine Tumore bösartig seien. Gewiß war diese Mitteilung betrüblich, doch ich war dankbar für das Vertrauensverhältnis zu diesem Arzt. Ich ging mit klopfendem Herzen, Angst und Tränen, und all dies war erträglich, weil ich Hoffnung auf eine offene Aussprache mit jemandem hatte, der mir die medizinischen Informationen geben würde, die ich brauchte, um den besten Plan für mein – vermutlich nur noch kurzes – Leben zu machen.

So kam im Frühjahr 1978, ganz zu Beginn meiner Behandlung, der erste Helfer in meinen Kreis. Er kam nur zögernd und im Laufe der folgenden Monate nicht regelmäßig. Ich mußte ihn immer wieder überreden und beruhigen. Er akzeptierte mein Recht darauf, die Dauer meines Lebens zu bestimmen. (Ich hatte inzwischen das Datum festgelegt.) Er gab zu, daß die schwächende Chemotherapie, der ich mich zehn Monate lang unterzogen hatte, nicht notwendig gewesen sei, um mich bis zum Sommer 1979 funktionsfähig zu halten. Er fragte mich, ob ich im Früh- oder im Spätsommer aus dem Leben scheiden wollte, und als ich ihm sagte, aller Voraussicht nach im Frühsommer, schien er zu akzeptieren, daß ich meine Chemotherapiebehandlung nicht fortsetzte.

Ich würde diesen Arzt gern beim Namen nennen und ihm öffentlich dafür danken, daß er mein Recht darauf respektiert hat, Qualität, Inhalt und Dauer meines Lebens selbst zu bestimmen. Aber da ich – abgesehen von unserem letzten Gespräch – meine Schlußfolgerungen mehr seinen Reaktionen und Andeutungen als direkt seinen Worten entnommen habe und da ich glaube, daß seine Kollegen ihm seine Offenheit und seine Toleranz meinen Forderungen gegenüber übelnehmen könnten, möchte ich seine Privatsphäre lieber schützen, indem ich seinen Namen nicht nenne.

In meinem letzten Gespräch bestätigte mir mein Arzt, daß es keinen berechtigten Grund zu der Annahme gäbe, daß meine Krebskrankheit durch Chemotherapie auch nur einen Tag erfreulicher verlaufen würde als ohne. Zwar könnte die Chemotherapie mich vielleicht länger am Leben erhalten, doch die Qualität meines Lebens würde absolut vermindert. Er akzeptierte meinen Entschluß, eine kurze Zeit ohne Medikamente, aber von relativ hoher Lebensqualität, einer längeren Lebenszeit, belastet durch die Unannehmlichkeiten und Kosten einer Behandlung, vorzuziehen. Er bot sich an, mir weitere Diskussionen mit meinem Chemotherapeuten zu ersparen. Diesen hatte ich schon seit langem nicht mehr versucht, durch meine Argumente zu überzeugen. Meine Haltung verwirrte ihn so, daß ich fürchtete, er würde mir aus lauter Nervosität nicht einmal mehr meine Spritzen geben können.

Vielleicht beruhigte meine schriftliche Erklärung meinen Arzt, da er nun keine Angst mehr haben mußte, für meinen Freitod verantwortlich gemacht zu werden. Auf jeden Fall rate ich jedem zu einer solch wohldurchdachten schriftlichen Erklärung – bewahren Sie sich eine Kopie davon auf! –, um sicherzustellen, daß Ihr Arzt Ihren Standpunkt und die Art Ihrer Fragen versteht.

Wie sehen Sie die Landschaft Ihres Lebens? Inwiefern ist oder wird sie wie Ihre Träume? Bevor Sie zur Schule kamen, fiel es Ihnen sicher sehr leicht, tiefschürfende Überlegungen über Ihre Zukunft und die wichtigsten Ereignisse Ihres Lebens anzustellen. Wie oft sind Sie dazu ermutigt worden, Ihren Kopf anzustrengen, einen Lebenssinn für sich zu finden, Ihr Spiel, Ihr Studium, Ihre Arbeit, Ihre Familie zu planen?

Hat Ihnen jemand geholfen, von Ihrem Tod zu träumen und diesen zu planen? Wenn nicht, werden Sie, wenn Sie Ihre Landschaft betrachten, am Ende einen blinden Fleck finden;

Sie werden sehen, daß Ihr Spiel, Ihr Studium, Ihre Arbeit und Ihr Leben unrealistisch auf ein offenes Ende mit ewigem Leben hin orientiert sind, das Ihnen jedoch nicht gegeben sein wird.
Denken Sie daran, wie wichtig es ist, daß Sie im Urlaub Ihre Aktivitäten in Einklang bringen mit der Zeit, die Ihnen zur Verfügung steht. Denken Sie daran, welchen Unterschied es beim Studium oder Arbeiten macht, ob Sie Ihr Tempo bestimmen können oder nicht, ob Sie wissen, daß Sie etwa acht Stunden zu arbeiten haben oder arbeiten müssen, ohne daß ein Ende in Sicht ist.
Es stimmt zwar, daß es Dinge gibt, für die Sie gern mehr Zeit hätten, als Ihnen zur Verfügung steht. Aber sind Sie nicht gewöhnlich in der Lage, Ihr Tempo so zu bestimmen, daß Sie innerhalb der Ihnen zugemessenen Zeit genug geleistet haben. Genug und Besseres? Und wenn Sie feststellen, daß Sie noch ein wenig mehr Zeit brauchen, sind Sie dann nicht meistens imstande, es so einzurichten, daß Sie sie haben können, eben weil überlegte differenzierte Planung die Flexibilität erhöht?

Das Problem des Rechts zu sterben gäbe es nicht, wenn die Medizin auf die Technologie zur Verlängerung des Lebens verzichten würde.
Es mag als phantastische Science-fiction erscheinen, sich Hochhäuser voller Gewölbe vorzustellen, die elektrisch erhaltenes menschliches Leben bergen. Ganze Körper und auch einzelne Körperteile. Wenn das möglich ist – wie ja schon beinahe der Fall –, warum nicht? Ich würde nicht dagegen protestieren. Sie können sogar meine Körperteile haben. Warum sollte jemand nicht die Freiheit haben, sein Leben so lang wie möglich auszudehnen oder umzugestalten, solange dadurch nicht andere Menschenleben gefährdet werden? Gesichtslifting, Organtransplantationen, Geschlechtsumwandlungen, was auch immer. Als Künstlerin bin ich die letzte, die menschlicher Kreativität Einhalt gebieten würde. Ich verlange nur, daß *meine* eigene Freiheit jederzeit vollständig geschützt ist und ich entscheiden kann, ob ich an der Kreativität eines anderen teilnehmen möchte oder nicht und daß ich davor geschützt werde, daß mir der Wille eines anderen aufgezwungen wird. Das gleiche verlange ich für Sie.
Es ist für mich überhaupt kein Problem, daß die Menschheit dazu neigt, das irdische Leben auszudehnen. Im Gegenteil – ich bewundere und bestaune unseren Erfindungsreichtum. Ich bin glücklich darüber, daß ich durch menschliches Bemühen in der

Lage bin, über die ursprüngliche menschliche Lebensspanne hinaus leben zu dürfen.

Während ich dies niederschreibe, haben wir das Jahr 1979 der Landschaft Ihres Lebens; es ist gleichzeitig der Beginn der letzten siebenundsechzig Tage der Landschaft meines Lebens. Ich fühle mich wie ein Astronaut, der aus der Ferne auf die Erde blickt und alle Absurditäten und Möglichkeiten in unverfälschter Perspektive sieht. Ich möchte Ihnen vermitteln, das zu sehen, was ich sehe.

Wir und unsere Ärzte sind Fremde füreinander geworden, ebenso weit voneinander entfernt wie der Bomber von seinem Ziel. Den Ärzten können wir zumindest zugute halten, daß sie es gut meinen. Sagt der Bomber sich das gleiche? Ich meine damit nicht, daß der Arzt die Verantwortung dafür hat, unser Dilemma zu lösen, ebensowenig wie ich glaube, daß der Bomber die Verantwortung dafür hat, daß wir Krieg haben. Weder Krieg noch willkürliche Verlängerung des Lebens – ohne Rücksicht auf dessen Qualität - können durch irgend jemand anderen als uns selbst beendet werden. Historisch betrachtet hat es den Anschein, daß wir nicht sehr geschickt sind, Probleme zu lösen, wenn sie erst einmal existieren. Wenn sich neue mächtige Dinge ereignen, neigen sie dazu, in der blinden Menge zu verschwinden und sich dort festzusetzen, bevor man ihrem negativen Einfluß entgegenwirken kann.

Wie paradox es ist:

Je mehr wir beanspruchen, daß menschliches Leben ewig währen soll, je mehr Achtung vor dem menschlichen Leben wir bekunden und fordern und je stärker unser Wunsch ist, die menschliche Existenz über die ursprüngliche Lebensspanne der Menschheit – von etwa vierzig Jahren – hinaus auszudehnen, desto mehr zerstören wir unsere ökologischen Quellen und desto unersättlicher wird unser Appetit auf Krieg.

Dagegen meine ich,
daß die Konfrontation mit der Alternative des weltweiten Selbstmords – durch die Erfindung der Wasserstoffbombe unserer Zeit Realität geworden – den menschlichen Trieb zum Krieg eher zügelt und dazu führt, daß menschliche Sterblichkeit akzeptiert wird, was sich in der Bereitschaft ausdrückt, für

Einrichtungen zu sorgen, in denen man sein Leben positiv und schöpferisch beenden kann.

Stimmen wir darin überein, daß jeder das Recht hat zu leben? Daß Sie das Recht haben zu leben? So zu leben, wie es Ihnen gefällt, solange Sie niemanden gefährden? Daß die Gesellschaft dazu verpflichtet ist, dieses Recht anzuerkennen und zu schützen? Die Anerkennung eines solch grundlegenden Rechts und die zu seinem Schutz geschaffenen Gesetze waren nicht in Granit gemeißelt, als die Menschheit entstand. Die Anerkennung dieses Rechts und – später – die es schützenden Gesetze entwickelten sich erst allmählich. In der Tat bewirken die sich ständig ändernden menschlichen Bedingungen und die ständig vorhandenen Grauzonen unseres Lebens, daß wir zu einer absoluten Erfüllung dieses Rechts noch immer nicht in der Lage sind. In vielen Ländern dieser Welt sind wir immer noch dabei, anderen das Leben zu nehmen, wobei wir unsere Taten bereitwillig motivieren und rationalisieren. Die schützenden Gesetze und deren Anwendung variieren von Land zu Land und innerhalb jedes Landes beträchtlich.
Ich unterstelle Ihnen, daß Sie, falls Sie in ein Gebiet geraten würden, in dem Ihr Recht zu leben nicht respektiert würde – abgesehen von Ihrem Wunsch nach einer gesellschaftlichen Struktur, die Sie schützt –, um dieses Recht kämpfen würden, auch wenn andere Ihr Recht nicht anerkennen und schützen.
Stimmen Sie mit mir darin überein, daß jeder Mensch das Recht hat zu sterben? Daß Sie das Recht haben zu sterben? So zu sterben, wie es Ihnen gefällt, solange Sie niemanden gefährden? Daß die Gesellschaft dazu verpflichtet ist, dieses Recht anzuerkennen und zu schützen? Die Anerkennung eines solch grundlegenden Rechts und die zu seinem Schutz geschaffenen Gesetze *waren* sehr wohl in Granit gemeißelt, als die Menschheit entstand – nur ist die Inschrift leider durch Erosion verwischt worden.

Je nach den Verhältnissen, in denen ein Kind aufwächst, wird es – höchstwahrscheinlich – in seiner Umgebung auf Erwachsene stoßen, die versuchen, seine Wahrnehmung und seine Anschauung zu beeinflussen und damit auch die Weltanschauung, derer sich das Kind schließlich zu seiner eigenen Entwicklung bedient.
Als Kind waren Sie vermutlich imstande, Ihre Lebenszeit zu überdenken und an die Aufgabe heranzugehen, deren Inhalt zu

formen. Bevor Sie zur Schule kamen, hatten Sie sich vermutlich schon Antworten auf allgemeine Fragen in bezug auf Ihre Zukunft zurechtgelegt. Sie hatten eine bestimmte Vorstellung von Zeit, wenn Sie sagten, wann Sie zur Schule kommen würden, wann Sie erwachsen sein würden, daß Sie irgendwann alt werden und sterben würden. Abgesehen von Ihrer eigenen Vorstellungskraft ist es jedoch wahrscheinlich, daß Ihre Antworten beeinflußt wurden durch die Ansichten Ihrer Umgebung, vor allem durch die Ihrer Eltern. Vermutlich wollten diese bewußt, daß Sie ihre Weltanschauung übernehmen, die sie Ihnen ohne große Worte vermittelt haben. Wären Sie also, sagen wir mal, vor 1940 in Amerika geboren, so hätte Ihr Leben vermutlich so ausgesehen, daß Sie bis zu Ihrer Heirat im Hause der Eltern gewohnt hätten, in Ihrer Ehe dann vier Kinder gehabt hätten und Arzt oder Feuerwehrmann geworden wären. Sie hätten religiöse, politische oder andere Überzeugungen Ihrer Eltern wohl nicht in Frage gestellt. Wären Sie dagegen später geboren, so bestünde die Wahrscheinlichkeit, daß Sie ganz anderen Problemen und Einflüssen ausgesetzt gewesen wären und noch vor Schulbeginn ein Leben vor sich gesehen hätten, in dem Sie – abgesehen von Arzt oder Feuerwehrmann – auch Astronaut hätten werden können. Sie hätten vielleicht nicht geheiratet und eventuell – verheiratet oder nicht – Kinder in die Welt gesetzt.
Während Sie die Landschaft Ihres Lebens betrachten, fordere ich Sie auf, jenen blinden Fleck zu beachten, der wahrscheinlich im Hinblick auf das Ende Ihres Lebens existiert. Natürlich wissen Sie, daß Sie sterben werden. Es wäre nicht verwunderlich, wenn Sie sich der Frage des Todes sogar früher bewußt geworden wären als etwa der der Sexualität.
Überlegen Sie, wie die Gesellschaft Sie von allen Seiten ermutigt hat, sich eine Vorstellung von allen größeren Ereignissen des Lebens zu machen und möglichst schon im voraus ausführlich von ihnen zu träumen, damit Sie gegebenenfalls gut vorbereitet sind. Wie alt waren Sie, als Sie von den wichtigen Ereignissen Ihres Lebens zu träumen, an sie zu denken, über sie zu sprechen und sie zu planen begannen?

Wir wissen heute über Ansichten und Verhalten in bezug auf Freitod ebensowenig, wie wir über Sexualität wußten, bevor Kinsey um 1950 wagte, erste Türen für uns zu öffnen. Die ganze sexuelle Blindheit, die bis zu diesem Zeitpunkt existierte, besteht überall in der Welt größtenteils noch heute, aber die Welt wird nie mehr die gleiche sein, weil das Bewußtsein

erweitert worden ist und Alternativen geschaffen wurden. Die Leute sind frei, in der dunklen Kammer zu bleiben oder hinaus ins Licht des Tages zu treten. Ich glaube, daß sich in unserem Verhältnis zum Freitod eine ähnliche Veränderung anbahnt. Gefangen in unserer Kultur, wird der Freitod fast ebenso tabuisiert wie früher die Sexualität. Er ist etwas, worüber man nicht spricht, etwas Beschämendes, ein Tabu, an das man nicht rühren darf.
Warum sollten Sie nicht für sich selbst und für diejenigen, die Ihnen nahestehen, eine Lebensdauer ins Auge fassen, von der Sie alle profitieren können? Sprechen Sie offen mit Ihrem Partner, Ihren Kindern und Ihren besten Freunden darüber, wie lange Sie tatsächlich gern leben und unter welchen Bedingungen Sie es nicht so lange tun würden. Lernen Sie die Grenzen kennen, die andere für sich selbst setzen würden. Demütigen Sie sich nicht gegenseitig, indem Sie das Thema mit der simplen Erklärung abtun, Sie würden gern ewig leben oder bis hundert. Zwingen Sie sich dazu, Ihre Hoffnungen und Erwartungen realistisch und so genau wie möglich zu artikulieren.

Ohne lange nachzudenken: Wie viele Jahrzehnte erwarten Sie zu leben?
Nach gründlicher Überlegung: Wie viele Jahrzehnte haben Ihre Verwandten durchschnittlich gelebt? Haben Sie Grund zu der Annahme, daß Ihre Forderungen an das Leben oder Ihr Lebensstil Ihnen ein längeres Leben bescheren werden? Oder ein kürzeres?
Stellen Sie sich selbst mit Zwanzig vor. Mit Dreißig. Mit Vierzig. Mit Fünfzig. Mit Sechzig. Mit Achtzig. Mit Neunzig. Mit Hundert. Kennen Sie irgendeinen Hundertjährigen? Würden Sie sich ein solch langes Leben wünschen? Entspricht Ihr Lebensstil einer solchen Lebensdauer?

Stellen Sie sich selbst im höchsten Alter vor, das Sie glauben erreichen zu *können.* Welche Lebensqualität wäre für Sie die Bedingung dafür, sich über ein Von-Tag-zu-Tag-Dasein freuen zu können?

Glauben Sie, daß es – wegen all der unbekannten Variablen – nicht möglich ist, diese Dinge abzuwägen? Haben die unbekannten Variablen der Zukunft Sie, als Sie ein Kind waren, davon abgehalten, darüber nachzudenken, ob und wann Sie

heiraten würden, oder sich auf andere für Ihr Leben wichtige Eventualitäten vorzubereiten?
Ich vermute, daß die Gründe, weshalb die Menschen gewöhnlich das Ende ihres Lebens nicht selbst bestimmen, mannigfaltig sind und daß es in jeder Familie, in jedem Kulturkreis und zu jeder Zeit jeweils andere, ganz bestimmte Gründe gibt. Freitod wurde in einigen Kulturen als ehrenhafter und traditioneller Lebensabschluß angesehen. In anderen Kulturen und zu anderen Zeiten ist er auf noch stärkeren Widerstand gestoßen als gegenwärtig in unserer westlichen Zivilisation.

Wenn jemand sich das Leben nimmt, so wird er dies, je rationaler, überlegter er vorgehen kann, um so gekonnter »kunstvoller« verheimlichen.

Auch wenn Sie sich nicht für einen Künstler – sagen wir einen Maler – halten, können Sie sich wahrscheinlich vorstellen, wie anders Ihr Gefühl wäre, wenn Sie die Wahl hätten, entweder Ihre Zeit damit zu verbringen, auf eine Leinwand zu malen, die sich langsam und unentwegt entrollt, oder auf eine große Leinwand zu malen, deren Begrenzung Sie selbst bestimmt haben. In beiden Fällen haben Sie das Ziel, wenn nicht ein Meisterwerk, so doch ein optimales Gemälde zu schaffen. Sie wissen, daß Ihr körperliches Leben mit der Fertigstellung des Gemäldes enden wird.
Sie wissen, daß die langsam sich entrollende Leinwand – Sie können ihre Bewegung nicht aufhalten – irgendwann enden wird, aber Sie haben keine Ahnung, wann. Falls Sie nicht zufällig ums Leben kommen, werden Sie so lange malen, bis die Leinwand abgelaufen ist. Da Sie nicht wissen können, wann das sein wird, gibt es für Sie keine Möglichkeit, Ihr Gemälde, Ihr Werk zu organisieren. Sie können Ihren letzten Pinselstrich nicht planen. Ihr Gemälde mag sich als wunderschön erweisen, aber Sie können es nicht als Ihre Schöpfung ausgeben, weil Sie den letzten Pinselstrich anderen Kräften als Ihren eigenen überlassen werden müssen.
Wenn Sie die Begrenzungen Ihrer Leinwand selbst festsetzen und sich die gleiche Aufgabe stellen – nämlich ein optimales Gemälde zu schaffen –, werden Sie vielleicht kein Meisterwerk, nicht einmal ein besonders schönes Bild malen, aber Sie werden durch den einfachen Entschluß, den letzten Pinselstrich selbst anzubringen, wenigstens ein in sich abgeschlossenes Gemälde geschaffen haben.

Jeden Tag werden Ihre Chancen, zu gewinnen, kleiner – selbst wenn Sie versuchen, das näherkommende Ende der sich entrollenden Leinwand vorwegzunehmen, indem Sie ganz genau auf ihre langsamer werdende oder ungleichmäßige Bewegung achten; selbst wenn Sie glauben, daß Sie bereit seien, jeden Augenblick diesen letzten Pinselstrich auszuführen. Sie stehen wartend vor der Leinwand und möchten den letzten Pinselstrich anbringen. Sie sind vielleicht müde von der Anstrengung, vielleicht tun Ihnen Ihre alten Knochen weh. Sie befinden sich in einem Dilemma. Angenommen, Sie führen diesen Pinselstrich aus, die Leinwand entrollt sich weiter, und Sie haben keine Farbe mehr. Würde es Ihnen gefallen, eine jener Gestalten zu werden, die in den verschiedensten Stellungen vor den noch immer abrollenden Leinwänden hocken, unfähig, die Monotonie des scheinbar endlosen Weiß zu durchbrechen? Von dort zum Korbflechten geholt zu werden? Geistesabwesend, unter Einfluß von Medikamenten oder unter Protest zum Essen gezwungen oder künstlich ernährt und damit am Leben erhalten zu werden? Ist eine solche Alternative besser oder schlechter als die Alternative, auf diese letzten Dinge zu verzichten und dafür die eigenen Pinselstriche auf dem Gemälde Ihres Geistes zu verfolgen, solange Sie aufrecht stehen können?

Wenn Sie sich die Mühe machten, würden Sie feststellen, daß es – was den Suizid betrifft – in keinem Staat, in keinem Land konkret festgelegte Rechte, sondern eine verwirrende Anzahl von Gesetzen gibt. Diese Gesetze sind so weitmaschig, daß sie in erster Linie denjenigen als Quelle der Angst dienen, die rationalen Suizid begehen oder Beihilfe dazu leisten möchten. Die Gesetze scheinen vor allem deshalb überlebt zu haben, damit durch Suizid weder Mord, Tötung noch ein anderer krimineller Akt verhüllt werden kann. In wenigen Ländern gibt es noch vorsintflutliche Gesetze, nach denen Suizid strafrechtlich verfolgt werden muß, was jedoch selten geschieht. Ein Mensch, der einen Suizidversuch unternimmt oder zu einem Suizid Beihilfe leistet, wird meist nicht gesetzlich verfolgt. Häufiger kommt es vor, daß Selbstmordgefährdete eingesperrt werden – oftmals handelt es sich dabei um Menschen, die nicht nur sich selbst, sondern auch andere zu töten drohen. Es ist sehr unwahrscheinlich, daß ein rational handelnder Mensch – als solcher erkannt – eingesperrt oder strafrechtlich verfolgt wird. Dennoch muß jede Gefahr, gefangengenommen oder bestraft zu werden, abschreckend auf jemanden wirken, der sich das Leben nehmen möchte – vor allem im Hinblick auf das Wohlergehen derjenigen ihm Überlebenden, die die Hauptlast dieses »Makels« zu tragen haben.

Unsere Gesellschaft scheint der Ansicht zu sein, daß der willkürlichen Beendigung des Lebens – sogar des eigenen – eine unverzeihliche Schuld anhaftet.

Ich fühle mich meinen Vorfahren zu tiefem Dank verpflichtet, die ihr eigenes Leben dazu benutzt haben, die Erkenntnis zu verbreiten, daß das Überleben und die Entwicklung der Menschheit abhängig sind von der Klärung und Förderung individueller Rechte zur Selbstbestimmung. Ich schäme mich, weil ich diese Rechte auf die leichte Schulter genommen habe. Erst jetzt erkenne ich, daß Rechte meist schwer erworben werden und des ständigen Schutzes bedürfen. Und außerdem, daß ihre Ausgangspunkte und Orte, an denen sie entstehen, sich in einem nie endenden Zustand des Fließens befinden, so daß diese Rechte ständig neu überdacht und modernisiert werden müssen.
Meine Scham entspringt der Überzeugung, daß ich aus meinen eigenen Lebenserfahrungen mehr Nutzen hätte ziehen können. Ich hatte das Glück, schon früh im Leben die Gefahr für mich zu erkennen, die dadurch entstand, daß Menschen mit unterschiedlichen Lebensanschauungen miteinander wetteiferten, mir ihre Meinung oktroyieren zu können und dadurch meine Selbstbestimmung zu verringern. Es spielt dabei keine Rolle, daß all diese Leute – es handelte sich hauptsächlich um religiöse Gruppen – äußerst ernst und mir wohlgesinnt waren, mich sogar liebten. Fest steht, daß jede dieser Gruppen ihre eigene Weltanschauung als die beste oder richtige ansah, jede abgeneigt war, ihre Ideologie mit anderen zu vergleichen und jede meine geistige Entwicklung beeinflussen, wenn nicht gar übernehmen wollte.

Wir wissen alle, daß unser Leben im Nu ausgelöscht werden kann, ob nun auf mehr oder weniger romantische Weise – nämlich während wir etwas Schönes tun – oder auf eher tragische Weise – etwa bei einem Unfall – oder sanft im Schlaf. Wir wissen aber auch, daß ein relativ schneller Tod nicht die Regel ist. Die meisten Menschen werden sich vermutlich in einer Periode ihres Lebens bewußt werden, daß sie aktiv im Sterben

begriffen sind. Dieses Problem werden sie – je nach Umständen und Persönlichkeit – eine Zeitlang entweder leugnen, oder sie bereiten sich auf einen guten Tod vor. Jeder seiner Mentalität nach, jeder aus seiner Lebensperspektive heraus. Menschen, Dinge und Schauplätze des Lebens werden in einer völlig neuen Sicht gesehen, die sich, so glaube ich jedenfalls, durch prophylaktische Überlegungen positiver gestalten läßt.
Im Licht meiner eigenen gegenwärtigen Lebens- und Todesperspektive kann ich beispielsweise sehen, daß der Ort, den ich heute für meinen Tod wähle, ganz anders ist als der, den ich vor zehn Jahren gewählt hätte. Ich war damals abhängiger als jetzt und hätte mehr Bedürfnis nach Billigung und Beistand anderer gehabt. Händehalten und die Liebe anderer ist immer noch sehr wichtig für mich, aber allein zu sterben erscheint mir heute nicht mehr bedrohlich. Damals hätte ich eher an eine romantische Umgebung – etwa ein von Mondlicht beschienener Hügel – gedacht, während ich heute die Bequemlichkeit meiner Wohnung vorziehe. Wenn ich jedoch in diesem Stadium meines Lebens allein wäre – ohne den engsten Familienkreis und ohne Freunde, ohne ein Heim, das ich mit einem anderen Menschen teile –, so würde ich wahrscheinlich lieber die Möglichkeit haben, meine Wohnung hinter mir zuzuschließen und mich an einen Ort zum Sterben zu begeben, ein gesellschaftlich sanktioniertes »Exit House«. Dort könnte ich bequem letzte Besuche von meiner Familie und von Freunden empfangen, dort könnten letzte gemeinsame Wünsche erfüllt werden, dort könnte ich zu einem von mir gewählten Zeitpunkt rasch und schmerzlos sterben. Gäbe es einen solchen Ort, würde ich, wie ich glaube, obwohl umgeben von meiner liebevollen Familie, vorziehen, dort zu sterben. Ich glaube, ein »Exit House« könnte für meine Familie, meine Freunde und mich sehr einladend und in mancherlei Hinsicht besser sein. Ich bin zwar sehr glücklich darüber, daß ich nun zu Hause so etwas wie ein »Exit House« habe, aber ich wäre noch glücklicher, wenn ich die Wahl hätte zwischen meinem »Exit House« zu Hause und einem von der Gesellschaft institutionalisierten. Ich stelle mir »Exit House« als einen Ort vor, an dem den Lebenden und Lebensmüden geholfen wird, einen Ort, der auf einzigartige Weise Menschen zum Sterben verhilft, die bereit sind, ihr Leben zu beenden, einen Ort, der das öffentliche Bewußtsein des Lebens- bzw. Todeszyklus und der Erhaltung unseres Planeten durch diesen Zyklus fördert, einen

Ort, an dem es – neben Leid – Gesang und Fröhlichkeit, Alltägliches und außergewöhnlich Schöpferisches gibt, das das Leid lindern hilft.

»Exit House« möchte nicht mit anderen, unterschiedlichen Ideen und Vorstellungen zum Thema Freitod konkurrieren oder versuchen, diese zu übertrumpfen. Es ist nicht nötig, traditionelle Ansichten zum Leben und zum Tod zu ignorieren. Es ist ebensowenig nötig, irgendwen dazu zu drängen, sich entweder für einen Tod durch Zufall oder einen Tod durch eigene Entscheidung zu entschließen. Diese beiden Möglichkeiten gab es immer und sie werden auch immer vorhanden sein. Seit jeher haben die Menschen selbst entschieden, wie sie ihr Leben beenden wollten – doch bisher blind. Von nun an soll diese Entscheidung nicht mehr blind, oder zumindest weniger blind gefällt werden.

Ich denke ständig daran, daß ich es eigentlich vorziehen sollte, in meiner eigenen – zu einer Art »Exit House« umgewandelten – Wohnung zu sterben und nicht in einem gesellschaftlich institutionalisierten »Exit House«. Aber seltsamerweise empfinde ich nicht so, obwohl ich unsere Wohnung sehr liebe. Eine Zeitlang dachte ich, daß durch mein Zu-Hause-Sterben dieser Ort für meinen Mann vielleicht irgendwie »verunreinigt« würde, ihm die Möglichkeit, hier in Zukunft ohne mich zu leben, irgendwie erschweren könnte, daß er vielleicht von dem Phantasiegebilde meines leblosen Körpers in unserem Bett heimgesucht werden könnte, oder dergleichen. Doch daran glaube ich nicht mehr. Ich empfinde eine starke Abneigung dagegen, in einem Krankenhaus oder an einem fremden Ort zu sterben. Doch »Exit House«, wie ich es mir vorstelle, hat etwas so Respektvolles, etwas so Gastfreundliches und Anheimelndes und bemüht sich so eindeutig darum, die Zeit des Sterbens zu der bestmöglichen Erfahrung – in Übereinstimmung mit seinen Wünschen – des den Tod Suchenden zu machen, daß ich zugegebenermaßen lieber dort sterben würde als zu Hause. Ist das nicht erstaunlich! Ich spüre förmlich die Realität der Atmosphäre dort und die Hilfe, die »Exit House« gewähren könnte. Natürlich müßte ich, wäre es schon möglich, dort zu sterben, meine vertraute häusliche Umgebung verlassen. Ich würde meine Familie und meine Freunde nicht in den eigenen vier Wänden treffen. In »Exit House« wäre das kein Problem –

der eigenen Wohnung sogar vorzuziehen. Ich finde das bemerkenswert.

Ich blicke jetzt, kurz vor meinem Tod, in mich selbst hinein und bin von Ehrfurcht erfüllt und sprachlos – angesichts meiner ungenutzten Möglichkeiten –, wie ein Reservoir ungehobener Schätze, die durch mein Leben reichhaltiger geworden sind und jetzt mit mir sterben werden. Ich weine vor Schmerz – weniger um mich selbst (das auch!) als um jene Menschen, die – wie ich – unnötigerweise verkrüppelt werden, weil wir in einer Welt ohne Achtung vor unserer Entscheidung leben.

Man könnte nun zu der Vermutung neigen, daß ich aufgrund meiner Kindheitsentbehrung Schuld projiziere, aber ich glaube, daß mir eine solche Reaktion nicht unterstellt werden kann, wenn ich auf die Notwendigkeit hinweise, Kinder aus dem Besitz ihrer Eltern zu befreien. Man muß unterscheiden, ob man Kinder nur besitzen will oder ob man primär Verantwortung oder Liebe für sie empfindet. Dies ist ein entscheidender Unterschied, der nur zu oft übersehen wird. Wir sind der Meinung, daß unsere Gesetze zum Schutz der Kinder einen großen Fortschritt darstellen. Nun, sie sind zwar wichtig – obwohl nur ein kleiner Teil der Kinder dieser Erde durch sie geschützt wird –, aber sie sind nur ein Tropfen auf den heißen Stein im Vergleich zu all dem, was noch getan werden muß, um die Kinder wirklich zu schützen: vor der geistig-seelischen Vergewaltigung durch ihre Eltern, und um ihnen dazu zu verhelfen, sich selbst zu entdecken und zu verwirklichen.

Ich glaube daran, daß solch aufregende Dinge getan werden müssen, um die Qualität des menschlichen Lebens zu bereichern. Und stellen Sie sich vor! Stellen Sie sich vor, wie anders unsere Forschungen über Lebensverlängerung und Raumentwicklung aussehen würden, wenn wir unseren Drang, das Leben zu verlängern, so lange zurückstellen könnten, bis wir eine – weltweit – gute Lebensqualität besäßen! Wir könnten den Idealzustand anstreben, in dem keinem – gegen seinen Willen – das Leben genommen würde und keiner länger leben müßte als er möchte; eine Zeit, in der Kinder dazu ermutigt würden, sich selbst zu entdecken, in der sie geschützt wären vor aufgezwungenen Weltanschauungen und imstande, ihr Leben sinnvoll zu gestalten.

Was für ein Widerspruch, daß die Achtung vor dem Freitod ein Sprungbrett für eine solche Zukunft ist. Ich gehe davon aus, daß dies nur ein Recht von vielen ist, das auf dem Weg der Menschheit zur Menschlichkeit anerkannt und gesichert werden muß.

»Exit House« –
eine Zukunftsvorstellung

Inhalt

Hintergrund

Die »Bundeskommission für Tod aufgrund eigener Entscheidung« wurde am 3. Februar 1982 in einer außerordentlichen Sitzung vom Kongreß der Vereinigten Staaten gegründet. Die Kommission wurde mit der Aufgabe betraut, »ein Modell für einen würdigen Tod durch Suizid oder Euthanasie« zu entwikkeln. Da kein Bundesstaat sich freiwillig für dieses Unternehmen zur Verfügung stellte, trug der Kongreß dem Staat New York auf, eine entsprechende Gesetzesvorlage zu schaffen und außerdem dafür zu sorgen, daß den entsprechenden Einrichtungen und dem Personal Schutz gewährt wird.
Seit einigen Jahren war die Suizidrate in vielen Teilen der Welt ständig angestiegen, und zwar rascher als der Bevölkerungszuwachs. Bemühungen, den Bevölkerungszuwachs zu kontrollieren, hatten Veränderungen zur Folge. Bemühungen, die Flut der Suizide einzudämmen, schienen den Trend noch zu verschlimmern und obendrein Unruhe auszulösen. Die Vereinigten Staaten hatten fast die höchste Suizidrate der Welt und äußerst strenge Gesetze, obwohl deren abschreckende Wirkung gleich Null war. Die suizidalen Personen der Achtzigerjahre planten ihren Tod einfach vorsichtiger. Sie wußten außerdem auch, daß die Gefängnisse überfüllt waren mit Gewalttätern und daß suizidale Personen mit Sicherheit fast nie verhaftet wurden. Die wenigen Personen, die tatsächlich wegen eines Suizidversuches festgenommen wurden, bekamen meist einfach ein Beruhigungsmittel in die Hand gedrückt. Falls nicht eine selbst zugefügte Verletzung die Einlieferung ins Krankenhaus notwendig machte, wurden die Personen sofort wieder entlassen, und es wurde nicht einmal darauf gedrungen, daß das Medikament eingenommen wurde. Nachfolgeuntersuchungen suizidaler Patienten, die – entweder zur physischen, psychologischen oder zu einer kombinierten – Behandlung ins Krankenhaus eingeliefert wurden, zeigten, verglichen mit denen, die nicht nachbehandelt wurden, in der Relation die gleiche Tendenz, einen

weiteren Suizidversuch zu unternehmen. Die Untersuchungen wiesen jedoch nach, daß spätere Versuche in der Regel erfolgreicher und durchdachter waren.
1981 waren praktisch die gesetzgebenden Gremien sämtlicher amerikanischer Bundesstaaten sowie der Kongreß in hitzige Debatten verwickelt. Hauptbrennpunkt war der Staat New York. Seine Legislative hatte ein Gesetz erlassen, das jede Bestrafungen für Suizid abschaffte und finanzielle Mittel für Suizidpräventivkliniken vorsah. Doch der Gouverneur hatte gegen das Gesetz sein Veto eingelegt und erklärt, die Maßnahmen seien zu kostspielig und ihr Erfolg zweifelhaft. Er hatte statt dessen ein Gesetz vorgeschlagen, demzufolge einfach die bisher geltenden gesetzlichen Regelungen aufgehoben werden sollten. Die gut organisierten Antiabtreibungskräfte im Staat – bekannt unter der Bezeichnung AAF – argumentierten, daß durch die Aufhebung der bestehenden Gesetze die Zerstörung menschlichen Lebens sanktioniert würde.
Genau zu dem Zeitpunkt, als die Gesetzgeber Weihnachten 1981 ihre Ferien antreten wollten, begann eine Gegenbewegung zur AAF, nämlich die nationale Organisation SLIM (Bewegung zur Beschränkung des eigenen Lebens), sorgfältig geplante, überregionale Fernsehinterviews mit rhetorisch gewandten älteren Leuten auszustrahlen, die eine leidvolle Zeit des Sterbens durchmachten und sich kein besseres Weihnachtsgeschenk vorstellen konnten als das Privileg, von ihrem qualvollen Leben erlöst zu werden. Derart unter Druck gesetzt, doch in der Erwartung, daß der Gouverneur wiederum sein Veto einlegen würde, ließ die AAF es zu, daß das erste »Pro-Suizid«-Gesetz des Landes verabschiedet wurde.
In diesem gespannten Klima war die New Yorker Legislative nicht gerade erfreut über die Aufgabe, mit der der Kongreß sie 1982 betraute. Doch der Kongreß hatte seine Wahl nicht willkürlich getroffen. Der Staat New York war in der Tat in seinen Überlegungen in bezug auf Euthanasie weiter als die meisten anderen Staaten; er war überdurchschnittlich erfolgreich, die Exzesse seiner gesetzgebenden Körperschaft zu kontrollieren. In anderen Staaten waren die Debatten von öffentlichen Tumulten begleitet – es waren sogar Schüsse gefallen. Gesetzgeber aus dem ganzen Land zogen es vor, sich durch Leibwächter schützen zu lassen, nachdem ihr Standpunkt zum Thema Euthanasie öffentlich bekannt war. Während der Kongreß über dieses Problem beriet und den Plan faßte, einen Staat auszuwählen, dem man die Verantwortung übertragen

würde, forderten die meisten Staaten ihre Unabhängigkeit, oder drohten damit, abtrünnig zu werden oder sich mit anderen Staaten zu einer solidarischen Opposition zusammenzuschließen. Man hatte daher erwogen, den Verwaltungsbezirk Columbia mit der Aufgabe zu betrauen, da dieser nicht abtrünnig werden kann; aber aus offensichtlich symbolischen Gründen wurde dieser Plan wieder fallengelassen. Der vermeintliche Engpaß wurde überwunden, als der Bürgermeister von New York City zwar im Spaß, aber öffentlich den Vorschlag machte, daß die Stadt ihre finanzielle Misere der Abhängigkeit von den kärglichen Zuwendungen der Staatslegislative dadurch lösen könnte, den Kongreß dazu zu bewegen, sie – als Gegenleistung für ihre Bereitschaft, ein Programm für rationalen Tod zu entwickeln – zum einundfünfzigsten Bundesstaat zu machen.
Unter allerlei Witzen und zynischen Statements entstand eine Idee, die sowohl die Unterstützung einer überraschend großen Zahl der Bewohner von New York City fand als auch – erstaunlicherweise – aller ihrer Repräsentanten im Kongreß. Die Idee war folgende: Falls dem Staat New York die Verantwortung übertragen werden würde, gab es eine Möglichkeit, den lokalen Protest einzudämmen. New York City konnte unter bestimmten Sonderbedingungen, die der Kongreß festlegen müßte, tatsächlich zu einem eigenen Staat gemacht werden. Abgesehen davon, daß New York City diese Rolle ohne die Gefahr eines nicht zu kontrollierenden Aufruhrs übernehmen könnte, schien die Stadt auch aus anderen Gründen besonders geeignet: Die Anwesenheit der Vereinten Nationen sowie das deutliche internationale Interesse an der Frage des rationalen Todes ließen die Möglichkeit erkennen, die Bürde der Forschung und Entwicklung eines Tages vielleicht sogar von amerikanischen auf internationale Schultern verlegen zu können.
Nachdem der Staat New York akzeptiert hatte, seine Gesetze einem innerhalb seiner Grenzen durchzuführenden Programm für rationalen Tod anzupassen, war man sich bereits darüber einig, daß dieses Programm auf New York City beschränkt werden und finanziell voll von der Bundesregierung unterstützt werden sollte. Außerdem wurden der Stadt New York als Anreiz zahlreiche andere Unterstützungen – wie zum Beispiel ein größerer Etat für Wohnprojekte – gewährt. Vor allem sagte die Bundesregierung zu, New York City als einundfünfzigsten Staat zu akzeptieren, falls es dem Staat New York nicht

gelingen sollte, daß das Programm für rationalen Tod in absehbarer Zeit die Unterstützung der Gesetzgeber fände. Diese Haltung der Bundesregierung gab den entscheidenden Ausschlag – obwohl die meisten Bewohner des Staates New York eine Abneigung dagegen hatten, ihre Brüder und Schwestern in New York City finanziell zu unterstützen, war ihnen klar, daß das Ansehen und Wohlergehen des Staates New York großen Verlust erleiden würden, wenn man sich von New York City trennen würde.
Im September 1982 hatte die »Bundeskommission für rationalen Tod« das »Friedensgebäude«, das sich oberhalb des Geländes der Vereinten Nationen und dem East River erhob, erworben, umgestaltet und personell besetzt. Bei den Eröffnungsfeierlichkeiten wurde es offiziell als »Haus für bundesweite Untersuchungen über rationalen Tod« bezeichnet. Doch seit Januar 1983, als man den Bewohnern von New York City seine Dienste anzubieten begann, ist es einfach unter der Bezeichnung »Exit House« bekannt.

Definition des rationalen Todes
(des Todes aufgrund eigener Entscheidung)

Im »Exit-House«-Handbuch und im allgemeinen Sprachgebrauch der »Bundeskommission für Tod aufgrund eigener Entscheidung« bezieht sich der Ausdruck »rationaler Tod« ausschließlich auf zwei Arten von Tod, nämlich auf:

1. Selbstbeendigung, wobei der Tod einer Person freiwillig und mit eigener Hand durch diese herbeigeführt wird (das heißt, nicht durch eine andere Person),
2. Lebensbeendigung durch Euthanasie, wobei der Tod durch das »Exit-House«-Personal, das die Genehmigung hat, Sterbehilfe zu leisten, herbeigeführt wird. Personen, an denen Euthanasie durchgeführt wird, nehmen, soweit sie dazu in der Lage sind, an den Entscheidungen teil.

Organisatorische Struktur

»Die Bundeskommission für Tod aufgrund eigener Entscheidung« hat ihren Sitz in New York City, First Avenue 100, ein Gebäude mit Blick über den East River. Ihre verschiedenen Örtlichkeiten und Programme sind unter der populären Bezeichnung »Exit House« bekannt und werden in der Folge auch so genannt. Zu »Exit House« gehören außerdem mehrere Hektar bewaldetes Land auf Staten Island, aber die wichtigsten Aufgaben übernimmt das »Hauptquartier« in Manhattan.
Die Verwaltungsbüros und Beratungsräume der Kommission befinden sich in den oberen Stockwerken. Jedes der neun Kommissionsmitglieder hat ein eigenes Büro. Einige größere Räume stehen für diverse Gruppenveranstaltungen und Konferenzen zur Verfügung. Die Kommission ist dafür verantwortlich, alle Vorgänge in Zusammenhang mit »Exit House« zu beaufsichtigen.
Im Stockwerk darunter befinden sich verschiedene Büros und ein Zentrum für Sekretariatsdienste.
Die Forschungsabteilung befindet sich in den beiden Stockwerken direkt über den Verwaltungsbüros – was vielleicht die Bedeutung der Forschung im Rahmen des »Exit-House«-Programms symbolisiert. Die Forschungsergebnisse werden die Grundlage für künftige Entwicklungen sein. Man bemüht sich sehr darum, die bestqualifizierten Forscher zu verpflichten. Sie müssen die Bedingungen der Selbstbeendigung des Lebens (mit und ohne Euthanasie) und wie diese in »Exit House« erfahren werden, gründlich untersuchen und mit ähnlichen Bedingungen außerhalb vergleichen; und sie müssen die öffentliche Meinung gegenüber Freitod und Euthanasie erforschen. Sie müssen ihre Ergebnisse veröffentlichen, außerdem Vorschläge für »Exit House« und die Öffentlichkeit zur Diskussion stellen.
Die Bibliothek befindet sich in den beiden obersten Stockwerken (wo auch ein Gesellschaftsraum und ein Speiseraum ist.) Teile der Bibliothek sind der Öffentlichkeit zugänglich, während ein abgetrennter Bereich nur dem autorisierten Personal zur Verfügung steht. (Geheimes Material ist im Keller verschlossen.) Der Gesellschafts- und der Speiseraum sind den Benützern der Bibliothek zugänglich. Die Bibliothek enthält sämtliche erhältliche Literatur über Freitod sowie Tonbandaufzeichnungen über jeden von »Exit House« bestätigten Todesfall.
Auf dem Dachgarten befinden sich Grünanlagen, ein Swimming-pool und eine Sporthalle.

Die Public-Relations-Abteilung liegt im ersten Stock (von der Empfangshalle aus mittels Aufzug zu erreichen). Diese Abteilung befaßt sich mit der Öffentlichkeit, die die Dienste von »Exit House« nicht in Anspruch nehmen möchte. Sie bereitet geeignete Literatur vor und verteilt sie, sorgt für Information und Beeinflussung der Medien etc.
Die juristische Abteilung umfaßt drei der unteren Stockwerke. Sie hat verschiedene Unterabteilungen. Eine davon befaßt sich mit allen anfallenden Versicherungsfragen. Eine andere mit Streitfällen. Eine weitere kümmert sich um die Lizenzen für diejenigen Personen, die zu Euthanasie berechtigt und befähigt sind. Wieder eine andere kümmert sich um die finanziellen Hinterlassenschaften und den Besitz der Freitodkandidaten. Eine weitere befaßt sich mit Transplantationen und wieder eine andere mit den verschiedenen Bestattungszeremonien. Eine Reihe von Euthanasie-Gerichtssälen nimmt ein ganzes Stockwerk ein.
Die »Exit-House«-Stiftung verwaltet alle Gelder, die »Exit House« aufgrund von Zuschüssen, Hinterlassenschaften und Schenkungen zur Verfügung stehen.
Die Ausbildungsstätte, ein staatlich anerkanntes Institut, befindet sich in den nächsten vier unteren Stockwerken. Sie bildet Studenten zu Beratern und Pflegern aus, ohne große Anforderungen an ihren intellektuellen Horizont zu stellen, und führt Forscher in die Probleme ein, die mit Freitod und Euthanasie zusammenhängen. Diese Schule ist der einzige Ort, an dem man sich dazu ausbilden und qualifizieren kann, Euthanasie durchzuführen.
Die Dienstleistungsabteilung erstreckt sich über das Erdgeschoß von »Exit House« sowie über die flachen Anbauten, die sich durch die Gartenanlage hinziehen. Die Dienstleistungsabteilung unterteilt sich in zwei Unterabteilungen: die Abteilung für Freitod und die Abteilung für Euthanasie. Jeder von ihnen stehen vier allgemeine Dienste zur Verfügung: der Heimdienst, der Notdienst, der Überweisungsdienst und der Bestattungsdienst. Der Anbau beherbergt sämtliche Beratungsräume – die eigentlichen Sterbe-Räume –, Meditationsräume, ein medizinisches Zentrum, einen Gesellschaftsraum für das Personal sowie einen Swimming-pool, außerdem die Zentrale für die Pfleger, eine Cafeteria, die rund um die Uhr geöffnet ist, und Ruheräume. Im ersten Stock des Hauptgebäudes befinden sich die übrigen Dienstleistungsräume: das Heimzentrum, das Notdienstzentrum, das Sozialzentrum und das Bestattungsberatungszentrum.

Das Kellergeschoß umfaßt die üblichen Betriebsanlagen sowie Garagen, Aufbewahrungsräume für vertrauliches Bibliotheksmaterial und Leichenhallen; von dort aus werden die Toten zu den »Rational Death Woods« auf Staten Island überführt.

Hinweise zur Innenausstattung der Sterbe-Räume

Die Sterbe-Räume umfassen jeweils eine Wohnung, die von einem der jeweils zwei »Berater«, die mit dem Freitodkandidaten und gegebenenfalls mit den ihm nahestehenden Menschen arbeiten, benutzt werden kann. Die Wohnung eignet sich auch für die Arbeit mit einem Paar, das aus dem Leben scheiden will, oder – in Zeiten der Überbelegung – für die Arbeit mit zwei einander fremden Freitod-Kandidaten.
Die Berater sind zwar nicht verpflichtet, in den Gebäuden von »Exit House« zu leben, aber diese Möglichkeit wird ihnen angeboten. Alleinstehende oder mit einem Partner in »Exit House« lebende Berater werden feststellen, daß jede Wohneinheit bestens ausgestattet ist für ein einfaches, tatkräftiges Leben. (Ursprünglich jedoch nicht für ein Familienleben mit Kindern gedacht.) Im Haus wohnende Berater können ihre Wohnungen persönlich gestalten. Nicht im Haus lebenden Beratern stehen identisch eingerichtete Wohnungen zur Verfügung. Die Möglichkeit, sie persönlich zu gestalten, ist weniger gegeben, da sie – im Wechsel – mit einem anderen Berater geteilt werden müssen. Abgesehen von Zeiten der Überbelegung wird alles darangesetzt, in einer Wohnung nicht mehr als einen Freitod-Kandidaten zu betreuen. Da alle Berater rund um die Uhr arbeiten, gelten für Berater, die außerhalb des Hauses leben, die gleichen Bedingungen wie für Berater, die im Haus leben. Man ist sehr darauf bedacht, daß die Berater sich behaglich fühlen.
Jede Wohnung hat zwei großzügig geschnittene Haupträume. Vom öffentlichen »Meditationsgarten« aus betritt man den vorderen Raum, der eine sehr gemütlihe Atmosphäre ausstrahlt, obwohl es Einrichtungsgegenstände gibt, die einer solchen Entwicklung Grenzen setzen. Doch Teppiche, Vorhänge, Bilder und Wandschmuck, Kunstgegenstände und eine Bücherwand verleihen dem Raum Behaglichkeit. Die Möblierung beschränkt sich auf ein ausklappbares Doppelbettsofa,

sechs leichte Korbsessel mit gemütlichen Kissen, vier kleine Tische und vier Tischlampen. Der Raum hat Telefon, Radio und einen Fernseher. Die Farben im Raum sind weder grell noch düster. Die Atmosphäre soll anheimelnde Wärme ausstrahlen. Der Raum kann entweder zum Garten hin weit geöffnet werden oder teilweise beziehungsweise total abgeschirmt werden durch Holzjalousien oder Vorhänge an der Fensterfront.

Der andere Hauptraum heißt »Außenraum«. Er ist im wesentlichen kahl, gewährt aber Ausblick – durch eine durchgehende Glaswand – auf die »Gute-Erde-Gärten«. Der Raum hat keine Decke, nur die Kuppel über den Gärten. Trotz dieser ungewöhnlichen Öffnung nach oben eignet sich der Außenraum gut als Schlafzimmer, weil der vollkommen überdachte Garten Feuchtigkeitsmesser und Thermostat hat. Vorhänge und Holzjalousien schirmen – je nach Wunsch – die neugierigen Blicke der Leute ab, die sich im Garten aufhalten. Aus der Wand lassen sich zwei geräumige Betten herausziehen, die zu einem Doppelbett umfunktioniert werden können. Der Außenraum ist mit einer riesigen Schrankwand ausgestattet, in der neben Extrastühlen, Bettwäsche und anderen Gebrauchsgegenständen auch die Utensilien des Klienten vorübergehend aufbewahrt werden können. Das natürliche Licht, das von oben und durch die Fensterfront hereinfällt, kann durch Holzjalousien abgeschirmt werden. Außerdem gibt es elektrische Beleuchtung.

Zwischen den beiden Räumen befindet sich ein schallgedämpfter Raum, der nur vom Berater benutzt wird. Er enthält einen eingebauten Tisch, an dem zwei Personen essen oder Schreibarbeiten erledigen können, eine Einbauküche mit zwei Kochplatten, Spülbecken und Eisschrank und einen Kleiderschrank.

Die beiden Haupträume – von denen aus man Zugang zu den Waschräumen hat – kann man ineinander übergehen lassen oder völlig unabhängig voneinander benutzen. Diese flexible Benutzungsmöglichkeit wird durch verschiedene Türen gewährleistet, die die Räume entweder ganz oder teilweise abschließen. Die Türen lassen sich per Hand oder durch elektrische Kontrollknöpfe im Beraterraum schließen oder öffnen.

Überall ist darauf geachtet worden, daß keine Atmosphäre entsteht, die an altmodische Sterbezimmer oder traditionelle Zeremonielle erinnert. Man betont, daß der Tod nicht so sehr

als Trennung vom Leben gesehen wird, sondern vielmehr als Teil eines erdbereichernden, fortlaufenden Recycling-Prozesses – Tod als Bestätigung des Lebens.
Pflanzen und Blumen dringen aus den Gärten ins Innere der Räume, wie zufällig – nicht bewußt so angelegt.

Kleidung

Die einzigen Angehörigen des Personals, die bestimmte Kleidung tragen müssen, wenn sie im Dienst sind, sind die Helfer bzw. die Gärtner. Das männliche und weibliche Hilfspersonal hält sich überall innerhalb und außerhalb von »Exit House« auf – pflegt die Gärten, fungiert als Führer, hält alles in Ordnung, überbringt der Öffentlichkeit und dem übrigen Personal allgemeine Informationen und leistet einfache Hilfsdienste. Die Uniformen sind unauffällig, aber dennoch leicht zu erkennen – Baumwollstrumpfhosen und erdbraune, graue und grüne Tuniken.
Freitod-Kandidaten, Besucher sowie die Berater können sich ihre Kleidung aussuchen. Ihnen steht eine große Auswahl von Moderichtungen in allen möglichen, wenn auch ausgewählten Farben zur Verfügung – einige leuchtend, andere gedämpft. Es sind locker sitzende Jerseygewänder, die ein Höchstmaß an Bequemlichkeit garantieren und besonders geeignet sind für Personen, die Wache halten müssen. Berater tragen, wenn sie im Dienst sind – unabhängig von ihrer sonstigen Kleidung – Armbinden.
Alle Personen, die die »Gute-Erde-Gärten« (außerhalb der Außenräume) betreten, müssen entweder eins der oben genannten Gewänder oder eine extra zu diesem Zweck vorgesehene Toga tragen.

Die Architektur des Hauses und die Helfer

Äußerst wichtige Elemente der Umgebung:
Eine riesige Glaskuppel umschließt alle Nebengebäude des Hauptquartiers von »Exit House«. Der geschlossene Raum ist temperatur- und feuchtigkeitsreguliert. Er enthält einmalig schöne Rasenflächen, Büsche, blühende Blumen und Bäume.

Kleine ungefährliche Tiere wie Backenhörnchen und Eichhörnchen gehen ihrem Geschäft nach, leben und sterben hier. Wasser rauscht auf einer Seite, gluckert auf der anderen, seine Geräusche gesellen sich dem Zirpen und Flöten farbenprächtiger Vögel hinzu. Menschliche Stimmen vermischen sich mit diesen natürlichen Geräuschen. Gelächter und Kreischen von Kindern, belehrende und beschwichtigende Stimmen, leises Weinen, ein gequältes Stöhnen, Flüstern – all dies ist zu hören und wird doch von den übrigen natürlichen Geräuschen absorbiert. Es gibt keine Gebots- und Verbotstafeln. Man kann sich frei überallhin bewegen, auf einem der wenigen Pfade oder auf dem Rasen wandeln. Man kann sich allein unter einen Baum setzen oder auf den üppigen Rasen legen oder sich mit anderen in eine natürliche Laube zurückziehen. Es gibt zwar geschützte, aber keine abgeschlossenen Plätze, doch man kann immer für sich allein sein. Fast überall sind Wärter in Sichtweite, die bedächtig den Garten pflegen – den Boden, das Gras, die Blumen, die Büsche und Bäume; die Quellen, Wasserfälle und Bäche; die Skulpturen – und die Menschen, die hier pflanzen, düngen, beschneiden, wiederverwerten, ständig auf die Bedürfnisse der Erde und ihrer Kreaturen achtend. Das Personal ist jederzeit bereit, jedem, der sich in der Nähe befindet, Anleitung und Hilfe zu gewähren. Grün- und braungekleidete Männer und Frauen kümmern sich um alles; jeder kann sich an sie wenden.

Ein Mann, der einen geliebten Menschen verloren hat, sitzt weinend auf der Bank. In der Nähe kniet eine Gärtnerin vor einem Gartenbeet und versorgt es mit Kompost. Zwei Kinder kommen fröhlich lachend angelaufen. Die Gärtnerin setzt ihre Arbeit fort, achtet jedoch genau darauf, was passiert. Gibt es Anzeichen, daß der Mann sich durch die Kinder gestört fühlt? Oder daß er sie gar nicht bemerkt? Oder daß die Geräusche der Kinder ihn wieder mit neuem Leben erfüllen? Vielleicht wird die Frau ihre Gartenarbeit einfach fortsetzen, oder aber sie wird die Kinder zu dem »Kletterfelsen dort drüben hinter dem roten Baum« schicken.

Jeder, der Interesse daran hat, kann eine solche Ausbildung als Helfer in »Exit House« absolvieren.

»Exit House«:
Wo man sein Leben ohne Schmerz und in Würde und Verantwortung beenden kann

Es ist ein einsamer Entschluß, als Mensch sein bewußtes Leben zu beenden. Bis zur Errichtung von »Exit House« war dieser Entschluß gewöhnlich mit großen Qualen verbunden. Die schrecklichen Fragen in bezug auf Freitod – wie und wo, und dazu die Belastung durch Schuldgefühle – haben den Freitod-Kandidaten gewöhnlich so beschäftigt, daß er wenig Gelegenheit hatte, sich mit den Dingen des Lebens zu befassen, die es ihm hätten ermöglichen können, friedlich, ja fröhlich zu sterben.

Kennen Sie das beglückende Gefühl, das einen überkommt, wenn man sich nach harter Arbeit zum Schlafen niederlegt? Vielleicht haben Sie nicht alles erreicht, was Sie sich vorgestellt haben oder was andere hätten erreichen können, aber Sie haben gearbeitet. Sie haben Fehler gemacht, und die Ergebnisse waren nicht die allerbesten, aber sie waren auch nicht die schlechtesten. Sie haben getan, was Sie tun konnten, und das gibt Ihnen eine gewisse Befriedigung. Sie fühlen sich sehr erschöpft. Und es ist ein gutes, herrliches Gefühl, in den Schlaf zu sinken. Wenn nun eine Zeit käme, und die Erschöpfung nicht mehr durch Schlaf gelindert werden würde und Sie es als zu schwierig empfinden würden, weiterzumachen, würden Sie dann die Möglichkeit, sanft in den Tod zu gleiten, nicht als angenehm empfinden? Das Personal von »Exit House« ist der Ansicht, Sie seien dazu sehr wohl in der Lage und hätten das Recht, den Zeitpunkt dafür selbst zu bestimmen.

Doch angenommen, Sie machen sich Gedanken darüber, was andere bei Ihrem Tod empfinden könnten. Sie fühlen sich schrecklich bei dem Gedanken darüber, daß jemand darunter leiden könnte? Der »Exit-House«-Berater könnte Ihnen dabei helfen, diese Gefühle in einem Brief in Worte des Trostes umzusetzen.

Wenn Sie sich nicht in der Lage fühlen, alle Verpflichtungen, die Sie haben, zu durchdenken – Rechnungen, die noch bezahlt werden müssen, unerledigte Geschäfte, Dinge, die zu annullieren sind –, so kann der »Exit-House«-Berater Ihnen vielleicht dabei helfen, Ordnung zu schaffen und sich zu beruhigen.

Sie fühlen sich wertlos? Wenn Sie sich nicht mehr so fühlen möchten, wenn Sie lieber ein Gefühl des Selbstwertes haben

möchten, kann Ihnen der »Exit-House«-Berater vielleicht dabei helfen, daß auch Ihre letzten Augenblicke noch Sinn haben.
»Exit-House«-Berater respektieren Ihr Recht darauf, die Fülle und Länge Ihres Lebens selbst zu bestimmen. Sie wissen den Ernst eines Freitods zu würdigen. Sie glauben, daß im Sterben Güte, Würde, Frieden und Schönheit liegen können, und sie sind dazu ausgebildet, Menschen dabei zu helfen, eben solche Augenblicke zu erleben.

Vorbereitung auf die letzten Augenblicke

Es ist Ihr Recht, den Augenblick Ihres Todes zu bestimmen. Unser Wunsch ist es, Ihnen dabei zu helfen, verantwortungsvoll zu planen und Ihnen ein würdiges Recycling Ihrer selbst zu ermöglichen. Es folgen eine Reihe von zufälligen Gedanken und Fragen, die wir am besten gemeinsam überlegen sollten. Sie beruhen auf der Annahme, daß Sie den Zeitpunkt für Ihr Recycling bereits bei sich festgelegt haben.
Wer sind die Menschen, die mit größter Wahrscheinlichkeit von Ihrem Tod betroffen sein, ihn überhaupt zur Kenntnis nehmen werden? An wem liegt Ihnen? Und wem liegt an Ihnen? Wen dieser Leute mögen Sie und wen mögen Sie nicht?
Wünschen Sie sich, daß Ihre Beziehung zu einer dieser – vielleicht bedeutsamen – Personen anders gewesen wäre? Würden Sie sich besser fühlen, wenn diese Menschen Ihre Wünsche verstehen könnten? Wenn ja, würden wir Ihnen gern dabei helfen, entsprechende Mitteilungen an sie vorzubereiten. Wenn Sie wollen, werden wir den anderen helfen, Ihre Gefühle zu verstehen.
Hinterlassen Sie irgendwelchen Besitz? Würden Sie sich besser fühlen, wenn Sie bestimmen könnten, was mit ihm geschehen wird? Wir können Ihnen dabei helfen. Haben Sie ein Testament gemacht und darüber verfügt, was aus Ihrem Besitz werden soll, wie klein, bescheiden, groß oder wertvoll er auch sein mag? Wird jemand belastet, wenn Ihr Besitz verteilt, Ihr Nachlaß aufgelöst werden muß? Wer? Würden Sie sich besser fühlen, wenn Sie diesen Menschen die Verantwortung abnehmen könnten? Wir können Ihnen dabei helfen.
Können wir gemeinsam eine vernünftige Lösung finden und schätzen, wie lange es dauern würde, all diese Dinge zu er-

ledigen? Würde der Zeitpunkt Ihres Abschieds eventuelle verschoben werden müssen, wenn wir Nachforschungen anstellten? Wenn ja, würden Sie es vorziehen, einen gedrängten Plan zu machen, der Ihr Recycling innerhalb der nächsten zwölf Stunden erlauben würde, oder würden Sie diesen Augenblick lieber verschieben, bis wir alles erledigt haben?
Wir würden Ihnen gern dabei helfen, die Verteilung Ihres Besitzes so vorzunehmen, daß Sie ein möglichst gutes Gefühl dabei haben. Sie haben mindestens vier Möglichkeiten. Die eine besteht darin, schriftlich festzulegen, daß bestimmte Besitztümer zum Eigentum bestimmter Personen oder Organisationen werden sollen. Die zweite besteht darin, daß Sie Ihren Besitz einfach hinterlassen; in diesem Fall würde der öffentliche Nachlaßverwalter von New York City routinemäßig eine Liquidierung auf einer öffentlichen Auktion vornehmen. Verwandte, gegebenenfalls Gläubiger könnten dann an dem Erlös ein Jahr lang ihre Ansprüche geltend machen. Danach wird der Rest des Geldes Eigentum der Regierung. Die dritte Möglichkeit besteht darin, daß Sie Ihren Besitz »Exit House« vermachen, woraufhin dieser liquidiert und der »Exit-House«-Stiftung zugeführt wird, die aus solchen Nachlässen und Schenkungen die »Exit-House«-Programme finanziert, die unsere Dienstleistung für Sie ermöglicht haben und die dazu beitragen werden, daß die Menschen später einmal noch bessere Hilfe erhalten. Viertens können Sie die drei genannten Alternativen miteinander kombinieren. »Exit House« hilft Ihnen dabei, Ihre Wahl zu treffen.
Wir können Ihnen dabei helfen, die Kosten Ihrer Besitzauflösung einzuschätzen und die Kostendeckung zu planen. Für den Fall, daß der Besitz die Kosten seiner Auflösung nicht deckt, stehen dem Sterbewilligen begrenzte Geldmittel zur Unterstützung zur Verfügung.
Besitzen Sie eine Aufstellung Ihrer einzelnen Vermögensposten? Wir können Ihnen dabei helfen, eine Liste anzufertigen. Kennen Sie den Wert Ihres Besitzes? Wir können ihn einschätzen. Möchten Sie Ihren Besitz vor Ihrem Tod liquidieren? Wir können dies ermöglichen. Möchten Sie verschiedenen Personen bestimmte Erinnerungsstücke vermachen?
Stellen Sie sich die letzten Momente vor dem Recycling vor. Möchten Sie, daß eine oder mehrere Personen in diesen Augenblicken bei Ihnen sind? Wer? Warum?
Spielt es für Sie eine Rolle, wo Sie sterben? In einigen Fällen können wir es für Sie arrangieren, daß Sie außerhalb von »Exit

House« sterben. Stellen Sie sich vor, welche Alternativen Sie haben und was Ihre Wahl für Ihre Gefühle sich selbst gegenüber bedeuten würde. Wir möchten dazu beitragen, daß Ihre letzten Augenblicke so sind, wie *Sie* sie gern hätten.
Würde es Sie beruhigen, sich vorstellen zu können, wie Sie im Tode wohl aussehen mögen? Und selbst bestimmen würden, wie das wäre?
Die »Exit-House«-Philosophie drückt sich in unserer Hoffnung aus, sich in Ihren letzten Augenblicken bewußt zu werden, daß das Recycling Ihres Körpers unmittelbar nach Ihrem Tod anfangen wird, von Wert zu sein – ob Sie ihn zu wissenschaftlichen Zwecken der Forschung vermachen, ihn zur Transplantation bestimmen oder, so wie er ist, in der Erde begraben oder verbrannt und in fruchtbaren Dünger verwandelt haben wollen. Doch auch wenn Sie eher traditionelle Vorkehrungen getroffen haben für das, was mit Ihrem Körper geschehen soll, so möchte »Exit House« gern dabei behilflich sein. Es ist uns möglich, jede gesetzlich erlaubte Bestattung Ihres Körpers zu organisieren, die Ihnen oder denen, die an Ihnen interessiert sind, zusagt.
Gibt es religiöse Überlegungen, die Ihre letzten Augenblicke verschönern könnten?
Gibt es Forderungen, die Sie an »Exit House« stellen möchten?
Gibt es irgend etwas, das wir vor oder nach Ihrem Tod für Sie tun können, um Ihre letzten Augenblicke oder Stunden eindrucksvoller zu gestalten?
Möchten Sie dabei mithelfen, die »Exit-House«-Akte über Sie anzulegen und diese vor Ihrem Tod noch überprüfen? Möchten Sie sie noch ergänzen, etwas hinzufügen? Dokumente aus Ihrer Vergangenheit? Andere Photographien als die offiziellen »Exit-House«-Photographien? Gesuche? Vermächtnisse? Anweisungen? Kopien von Briefen aus der Gegenwart oder der Vergangenheit? Eine Stellungnahme über Ihre Erfahrungen in »Exit House«? Möchten Sie, daß Teile Ihrer Akte für eine bestimmte Zeit, die fünfzig Jahre nicht übersteigen darf, geheimgehalten werden?
Denken Sie an die verschiedenen Methoden, die Ihnen zur Beendigung Ihres Lebens zur Verfügung stehen. Ziehen Sie eine bestimmte Methode vor? Würde es Ihnen helfen, wenn wir Ihre Alternativen mit Ihnen diskutierten?
Haben Sie anderen Freitod-Kandidaten noch irgendwelche Vorschläge zu machen? Der Regierung? Oder »Exit House«?

»Exit-House«-Leistungen

1. Die Möglichkeit für jeden, einen würdigen, schmerzlosen Freitod zu sterben oder sich der Euthanasie zu bedienen.
2. Die Möglichkeit, daß die Erben nach dem Freitod aufgrund der Freitod-Urkunde ihre vollen Besitzansprüche geltend machen können.
3. Die Möglichkeit, interessierte Personen zur Planung des Freitods heranzuziehen.
4. Die Möglichkeit, der Wissenschaft über Freitod zu dienen, sowie für die grundlegende Lebensforschung einen Beitrag zu leisten.

Freie Wahl von Orten für den Lebensabschluß

In »Exit House«: Die zuvor beschriebenen Möglichkeiten stehen all den Menschen offen, die sie benutzen möchten. Es gibt eine große Anzahl von Gründen dafür, »Exit House« als Sterbeort zu wählen. Ein entscheidender Grund ist der, daß es »Exit House« den Freitod-Kandidaten ermöglicht, ihre sämtlichen Angelegenheiten vor ihrem Tod zu ordnen (Auflösung der Wohnung und so weiter). Weitere Gründe sind der unmittelbare Zugang zu den von »Exit House« gebotenen Wegen sowie die Wahrscheinlichkeit – wegen der geringeren Ablenkungsmöglichkeiten –, schnellere Entscheidungen treffen zu können.
Zu Hause: Ein häufiger Grund für die Entscheidung, zu Hause zu sterben, ist der Wunsch, die letzten Augenblicke in vertrauter Umgebung zu verbringen, eventuell gemeinsam mit Verwandten oder Freunden. Zuweilen wird auch die Wohnung eines Freundes zu diesem Zweck gewählt. Das eigene Zuhause wird von »Exit House« akzeptiert, manchmal sogar empfohlen, nicht jedoch routinemäßig, da dies für das Personal mehr Zeitaufwand bedeutet.
Andere Orte: Manchmal werden Berater in Krankenhäuser oder an Unfallorte gerufen. Für letzteren Fall ist in der Regel der »Exit-House«-Notdienst zuständig.

Was geschieht mit dem Besitz des aus dem Leben Scheidenden?

Nach Möglichkeit werden Freitod-Kandidaten gebeten, vor ihrem Tod zu klären, was mit ihrem Besitz geschehen soll; solche Verfügungen sollen möglichst von dafür ernannten Personen bestätigt werden. Wenn der Freitod-Kandidat – mit oder ohne die Hilfe von »Exit House« – keine spezifische Verfügung über seinen Besitz trifft, so wird er darüber informiert, daß sein Eigentum möglicherweise in den Besitz von »Exit House« übergehen oder dem öffentlichen Nachlaßverwalter von New York City zur öffentlichen Auktion übergeben wird.
Sollte das Eigentum in den Besitz von »Exit House« übergehen, wird ein Helfer in die Wohnung des Freitod-Kandidaten geschickt, um eine Aufstellung der Vermögensgegenstände anzufertigen. Diese wird der juristischen Abteilung von »Exit House« zur weiteren Verfügung ausgehändigt.
Falls es sich als notwendig erweist, kann »Exit House« den Besitz eines Freitod-Kandidaten bis zum Zeitpunkt der Versteigerung aufbewahren.

Wer erhält die Berechtigung für Freitod?

Nur Bewohner von New York City (bis die Gesetze geändert werden, so daß im ganzen Land Sterbehäuser wie »Exit House« eingerichtet werden können), die achtzehn Jahre alt sind und älter.
Jede der oben genannten Personen, die in der Lage ist, Dienstleistungen von »Exit House« entgegenzunehmen und am dortigen Forschungsprozeß teilzuhaben.
Die Personen müssen in der Lage sein, ihre Wünsche mitzuteilen (entweder selbst oder durch einen Vormund).
Die Personen müssen in der Lage sein, sich das erwählte Freitodmittel eigenhändig zuzuführen.
Jede Person, die die oben genannten Bedingungen erfüllt, kommt in Frage und hat Anspruch auf die Leistungen von »Exit House«.
Personen, die die oben genannten Bedingungen erfüllen, aber nicht in der Lage sind, *in* »Exit House« selbst am Programm teilzunehmen, können den »Exit-House«-Heimdienst oder den »Exit-House«-Notdienst in Anspruch nehmen.

Wer erhält die Berechtigung für Freitod durch Euthanasie?

Nur Bewohner von New York City, die 40 Jahre oder älter sind.
Die oben genannten Personen, die sterben möchten und in der Lage sind, gemeinsam mit einem »Exit-House«-Berater die nötigen Entscheidungen zu treffen, die jedoch aus irgendeinem Grund physisch oder psychisch nicht in der Lage sind, ihren eigenen Freitod herbeizuführen. Solchen Personen kann durch einen »Exit-House«-Berater, der eine Lizenz für Euthanasie besitzt, ein Freitodmittel verabreicht werden.
Falls nötig, können die oben genannten Personen durch den »Exit-House«-Notdienst oder den »Exit-House«-Heimdienst die Dienstleistungen von »Exit House« in Anspruch nehmen.
Jede Person, die die oben genannten Bedingungen erfüllt, kommt in Frage und hat wie diejenigen, die eigenhändig Freitod begehen wollen, Anspruch auf die »Exit-House«-Leistungen.

»Exit-House«-Einzugsgebiet und Bedingung der Ortsansässigkeit

Das Einzugsgebiet von »Exit House« ist New York City. Personen, die in »Exit House« aufgenommen werden wollen, müssen nachweisen, daß sie ihren Wohnsitz in New York City haben.

»Exit-House«-Leistungen für Personen, die nicht für einen Freitod in »Exit House« selbst in Frage kommen

Personen, die nicht in New York City wohnhaft sind, die unter achtzehn sind oder die nicht in der Lage sind, am »Exit-House«-Prozeß teilzunehmen, haben gegenwärtig keinen Anspruch auf die »Exit-House«-Berechtigung oder auf Erhalt von Freitodmitteln. Hingegen werden jedem, der an Freitod oder Euthanasie interessiert ist, begrenzte Dienstleistungen angeboten.

Die »Sozialdienstabteilung« von »Exit House« stellt einen Berater zur Verfügung, der fast die gleichen Dienstleistungen wie gegenüber einem »Exit-House«-Kandidaten gewährt, nur daß er gesetzlich daran gehindert ist, Freitodmittel zu verteilen und nicht die gleichen Rechte in bezug auf den persönlichen Besitz garantieren kann. Er hilft einem Ratsuchenden dabei, seine Rechte kennenzulernen, seine Entscheidungen abzuwägen, Vorbereitungen für sich selbst und seine Erben zu treffen, falls er den Entschluß faßt, sein Leben ohne offizielle Berechtigung zu beenden; außerdem kann der Ratsuchende Einblick in die Forschung von »Exit House« nehmen. Solchen Personen gewährt die Sozialdienstabteilung kurzfristige Beratung und eine umfassende Einführung.
Außerdem berät die Sozialdienstabteilung Personen, die mit Freitod-Kandidaten zu tun haben, oder potentielle Freitod-Kandidaten, gleichgültig, ob ihr Freitod legitimiert werden soll oder nicht.

»Exit-House«-Heimdienst

»Exit House« ist so konzipiert, daß qualifizierte Personen unter bestimmten Umständen auch außerhalb des »Exit-House«-Geländes ihre Dienste zur Verfügung stellen können, vor allem solchen Personen, die nicht transportfähig sind, oder solchen, die den »Exit-House«-Prozeß zwar abgeschlossen haben, es aber vorziehen, ihr Leben in einer ihnen vertrauten Umgebung zu beenden.

»Exit-House«-Notdienst

»Exit House« besitzt ein Notdienstteam, dem die beste Standard-Ambulanzausrüstung zur Verfügung steht und das ausgebildet ist, kritische Situationen außerhalb des »Exit-House«-Geländes (jedoch innerhalb des Einzugsgebiets) zu bewältigen.
Das Team setzt sich aus einem Berater, einem Arzt, einem Assistenten und einem Fahrer zusammen. Alle vier haben in »Exit House« eine Sonderausbildung erhalten. Neben ihren traditionellen Routinerettungsmaßnahmen haben sie gelernt,

Entscheidungen – in bezug auf Freitod – richtig einzuschätzen; sie haben gelernt, die Wünsche des Freitod-Kandidaten in Beziehung zu den Menschen, die ihn potentiell überleben werden, aber unabhängig von deren Wünschen, zu berücksichtigen; sie haben gelernt, es dem Freitod-Kandidaten physisch so angenehm wie möglich zu machen und ihm gleichzeitig dabei zu helfen, eine wohlbedachte Vorbereitung auf den Tod zu treffen und die Konsequenzen für die Überlebenden zu bedenken; sie haben gelernt, Material für die Hinterbliebenen, die Rechtskommission und die Forschung zu sammeln. Jeder Berater besitzt eine Euthanasielizenz.

Die »Exit-House«-Stiftung

Dieser Zweig von »Exit House« ist verantwortlich für die Verteilung aller Gelder, die »Exit House« aus Vermächtnissen und Schenkungen zufließen. Die Verwaltungskosten werden von der Bundesregierung getragen. Während die Stiftung die meisten Geldmittel wieder in die verschiedenen »Exit-House«-Programme – Forschung, Bibliothek und Ausbildung – einfließen läßt, unterstützt sie auch andere entsprechende Einrichtungen.

Die »Exit-House«-Forschungsstiftung und -Bibliothek

Die Stiftung wurde vom Bundesstaat zu dem alleinigen Zweck gegründet, Untersuchungen über das experimentelle »Exit-House«-Programm anzustellen. Sie hat keine Kontrollfunktion über »Exit House«. Es ist ihre Aufgabe, sämtliche »Exit-House«-Daten zu untersuchen, die Ergebnisse an die Regierung und an »Exit House« weiterzuleiten und der allgemeinen Öffentlichkeit zugänglich zu machen. Die Stiftung kann selbstverständlich Vorschläge machen. »Exit House« muß ihren Aufforderungen zur Kooperation nachkommen, soweit dadurch die »Exit-House«-Ziele und sein Programm nicht übermäßig beeinträchtigt werden.
In Übereinstimmung mit den Wünschen der Stiftung legt »Exit House« über jeden Freitod-Kandidaten eine Akte an. Die meisten Akten sind nicht umfangreicher als ein Heft oder ein

kleines Buch. Einige Akten erfordern die Ablage in Kartons. Für jeden Freitod-Kandidaten stehen Standard-Aktenordner, Umschläge und Kartons zur Verfügung. Größere Gegenstände, die für die Forschung der Stiftung von Nutzen sind, kommen ins Lagerhaus der Stiftung und bleiben dort so lange, wie es für nötig erachtet wird. Falls der Freitod-Kandidat keine anderen Anordnungen trifft, verfügt die Stiftung später – ihren eigenen Wünschen entsprechend – über diese Gegenstände.
Die »Exit-House«-Forschungsstiftung erlaubt unter den bibliotheksüblichen Kontrollbedingungen Zugang zu den Akten der Freitod-Kandidaten. Der Freitod-Kandidat kann jedoch veranlassen, daß der Zugang zu seiner Akte auf Wissenschaftler beschränkt bleibt. Der Freitod-Kandidat kann außerdem bestimmen, daß Teile seiner Akte innerhalb eines bestimmten Zeitraums – der fünfzig Jahre nicht überschreiten darf – als vertraulich behandelt werden. Solch vertrauliche Akten werden versiegelt und innerhalb des festgesetzten Zeitraums nicht einmal Wissenschaftlern zur Verfügung gestellt.

Die juristische Abteilung für rationalen Tod

Als die Bundesregierung dabei war, »Exit House« zu gründen, erkannte sie, daß zahlreiche außergewöhnliche juristische Probleme auftauchen würden. Es gab verschiedene Gesetze, die das Recht eines Individuums auf Freitod entweder nur bedingt anerkannten oder einfach leugneten. Es war üblich, daß Besitzrechte Priorität über die Rechte eines Individuums auf Leben oder Tod besaßen. Unter solchen Umständen hätte »Exit House« ohne Zweifel Schwierigkeiten gehabt, Personal anzuwerben und – ohne ständige Bedrohung durch Prozesse – zu funktionieren. Als deshalb die Bundesgesetze entsprechend revidiert wurden, mußten der Staat New York und New York City notwendigerweise nachziehen.
Nach dem Bundesgesetz müssen seither alle genehmigten »Exit-House«-Freitode rechtlich wie Todesfälle als Folge natürlicher Ursachen behandelt werden.
Die »Juristische Abteilung für rationalen Tod« hat viel Personal, das von der Bundesregierung finanziert wird, und ebensoviel Verantwortung. Sie hat dafür zu sorgen, daß das Personal von »Exit House« vor Anklagen und strafrechtlicher Verfolgung bewahrt bleibt. Kein Mitglied des Personals kann wegen

Tötung strafrechtlich verfolgt werden, es sei denn für Handlungen, die außerhalb des Arbeitsbereichs ausgeführt wurden. Das Personal der »Juristischen Abteilung für rationalen Tod« trägt die Verantwortung dafür, daß die Besitzrechte der Hinterbliebenen respektiert werden. Außerdem werden hier sämtliche weiteren juristischen Angelegenheiten im Zusammenhang mit »Exit House« und den Reaktionen in der Öffentlichkeit geregelt. Diese Abteilung kann zwar die Organisation von »Exit House« nicht bestimmen, hat aber die Verantwortung dafür, neue Vorschläge zu machen und Empfehlungen zu geben. Außerdem ist sie dafür verantwortlich, bundesstaatliche und städtische Gesetzgeber zu beraten.

Die juristische Abteilung und Versicherungsfragen

Größere Rechtsstreitigkeiten ergeben sich meist aus Versicherungsfragen. Einschränkende Freitodklauseln in bestehenden Versicherungspolicen der Bewohner von New York City sind hinfällig geworden. Neubewerber um Versicherungen mußten vor erhöhten Versicherungskosten geschützt werden; deshalb ist den Versicherungsgesellschaften verboten worden, ihre Beiträge – im Hinblick auf einen Freitod vor Ablauf von fünf Jahren – zu erhöhen, und nach dieser Frist dürfen sie nur erhöhen, wenn sie die Notwendigkeit dazu mit nachweisbaren Zahlen belegen können. Um die Versicherungsgesellschaften vor Mißbrauch zu schützen, erhalten die Policen von Neubewerbern eine Freitod-Begrenzungsklausel für einen Zeitraum von mehr als drei Jahren. (Interessanterweise haben einige Versicherungen daraus keinerlei Nutzen gezogen, und einige haben ihren Policen beschränkte Freitod-Klauseln – für weniger als drei Jahre – hinzugefügt.) Alle Versicherungsgesellschaften sind von der Staatskasse aufgefordert worden, neue Daten über Versicherungen von Freitod-Kandidaten zu liefern. Überall arbeiten Versicherungsgesellschaften, die die Zeichen der Zeit erkennen, an neuen Bedingungen und Formulierungen. Man hatte ursprünglich angenommen, daß die Versicherungen am Ende der ersten fünf Jahre – aufgrund des legalisierten Freitods – schwere Verluste erleiden oder Gefahr laufen würden, sie zu erleiden. Die meisten sind heute sehr zuversichtlich und nehmen an, daß nur eine sehr geringfügige Anhebung der Beitragssätze notwendig sein wird – und daß sogar im Falle einer höheren Freitodrate ein Ausgleich stattfinden kann. Alle neuen Policen, die eine Freitod-Begrenzungsklausel enthalten, müssen auch eine über Euthanasie enthalten, die jede Beschränkung der Ansprüche von Erben von Personen, die durch beglaubigte Euthanasie gestorben sind, außer Kraft setzt.

Photographien und Ermächtigungen

Die Akte eines jeden Freitod-Kandidaten muß mindestens eine von einem »Exit-House«-Photographen vor oder nach dem Freitod aufgenommene Photographie enthalten. Dies ist besonders wichtig, weil es manchmal kaum eine andere Möglichkeit gibt, den aus dem Leben Geschiedenen zu identifizieren. Andere Photographien können ebenfalls in die Akte aufgenommen werden, aber *eine* offizielle »Exit-House«-Photographie ist unerläßlich.
Eine Kopie der offiziellen »Exit-House«-Photographie muß der unterzeichneten Erklärung des Freitod-Kandidaten beiliegen, mit der er »Exit House« dazu ermächtigt, an seinem Freitod mitzuwirken und, falls gewünscht, seine verschiedenen Vermögensangelegenheiten zu regeln.

»Exit-House«-Urkunde

Die »Exit-House«-Urkunde ist gegenwärtig die einzige legitime Freitodbescheinigung, die – entsprechend den Bundesgesetzen – den Erben die gleichen Rechte garantiert wie den Erben derjenigen Personen, die eines natürlichen Todes gestorben oder durch einen Unfall ums Leben gekommen sind.

Methoden zur Beendigung des Lebens

Ein Freitod-Kandidat, der in der Lage ist, seine eigene Entscheidung zu treffen und sich selbst den Tod zu geben, kann zwischen der Einnahme einer Sterbe-Droge als Pille oder Flüssigkeit wählen. Außerdem stehen Injektionen und Gas – zum Inhalieren – zur Verfügung. Diese Sterbemittel können nur unter Aufsicht eines Beraters verabreicht werden.

Jede der zuvor genannten vier Methoden zur Beendigung des Lebens steht auch Euthanasie-Kandidaten zum regulierten Gebrauch offen, von denen diejenigen im Grunde Freitod-Kandidaten sind, die noch die Möglichkeit haben, bewußt eigene Entscheidungen zu treffen. Sie unterscheiden sich von den anderen nur dadurch, körperlich außerstande zu sein, sich selbst den Tod zu geben, und müssen deshalb die Dienste eines für Euthanasie zuständigen, geschulten Beraters in Anspruch nehmen. Euthanasie-Kandidaten, die nicht in der Lage sind, ihre eigene Entscheidung zu treffen, scheiden durch Gas oder eine Injektion aus dem Leben.
Alle genannten Methoden sind ausgesprochen schnell wirksam und physisch schmerzlos – abgesehen von einem momentanen Unbehagen, das jede Injektion begleitet.

Leichenbestattung/Recycling

Nach Möglichkeit werden sämtliche Wünsche des Freitod-Kandidaten erfragt und erfüllt. Wenn ein Mensch keine besonderen Wünsche in bezug auf Bestattung und Recycling geäußert hat, können Verwandte oder Freunde diesbezüglich entscheiden. Wenn diese sich jedoch nicht einig werden können, trifft »Exit House« die Entscheidung. Die Bestattung kann außerhalb von »Exit House« und auf jede Weise stattfinden, die der Verstorbene und/oder dessen Angehörige bestimmt haben. In allen anderen Fällen verfügt »Exit House« über die Leichen folgendermaßen:
Das Ziel von »Exit House«, Menschen dabei zu helfen, vollsten Gebrauch von sich zugunsten der Erde – einschließlich der Menschheit – zu machen, spiegelt sich in den alternativen Bestattungsmethoden wider, die »Exit House« den Freitod-Kandidaten – abgesehen von den anderswo offerierten Diensten – anbietet.
Begräbnis auf »Exit House«-Grund: Wärter bringen die Leichen zu den »Rational Death Woods«, einem bewaldeten Gebiet, das »Exit House« auf Staten Island besitzt und unterhält. Dort begraben die Wärter die körperlichen Überreste voller Ehrfurcht (ohne Einbalsamierung oder Einsargung und ohne Zeremonien), damit sie sich auflösen und so die Erde auf die natürlichste Weise bereichern können. Der bereicherte Boden des Waldes wird in den Gärten von »Exit House«

wiederverwertet. Die »Rational Death Woods« sind ein wunderbarer Ort, der geehrt und für die Öffentlichkeit nutzbar und zugänglich gemacht wird. Es gibt keine markierten Gräber, keine Fläche, die nicht genutzt wird. Die üppigen Wälder leisten der Öffentlichkeit gute Dienste. Anfänglich hatten Menschen, die Angst vor dem Tod hatten, Bedenken, die Wälder zu besuchen, aber als man dann ihre Schönheit entdeckte, wurden sie zu einem beliebten Ort für Spiele. Im Frühling blühen in den Lichtungen der Wälder unzählige Blumen. Denjenigen, die gern Blumen pflücken, zeigen die Gärtner, welche Blumen gepflückt werden dürfen und welche nicht. Letztere werden von den Wärtern ab und zu gepflückt und an einem der Öffentlichkeit zugänglichen Ort eingepflanzt.

Verbrennung: In den Krematorien von New York City. Sämtliche Asche wird zur Düngung der Ende benutzt, es sei denn, der Verstorbene hat über seine Asche anderweitig verfügt.

»Recycling« von Körpern durch die Wissenschaft: Falls ein Verstorbener vor seinem Tod keine anderen Wünsche geäußert hat, werden die Leichen wissenschaftlichen Institutionen zu Zwecken der Forschung und/oder der Transplantation übergeben.

Sowie ein Freitod-Kandidat für tot erklärt ist, beginnt das »Recycling«. Wärter kümmern sich in den folgenden Stunden um die Leiche. Die Dauer der Zeit, für die sie die Leiche umsorgen, ist je nach Situation verschieden, erstreckt sich jedoch gewöhnlich nicht über mehr als vierundzwanzig Stunden. In der Regel werden die Leichen aus den Sterbe-Räumen entfernt. Um den Transport zu erleichtern, werden sie in ein einfaches Baumwolltuch gehüllt und in die »Exit-House«-Gärten getragen, wo die Leiche an einer abgelegenen Stelle auf den Boden gelegt wird. Verwandte, Freunde und andere interessierte Personen dürfen die Toten dort sehen, die so lange in den Gärten bleiben, bis sie von einem »Exit-House«-Wagen nach Staten Island in die »Rational Death Woods« geschafft werden.

Religion

»Exit House« verzichtet auf jegliche religiöse Zeremonie. Freitod-Kandidaten können jedoch – als Teil ihrer Vorbereitung auf den Tod – religiösen Rat erhalten. Die Berater helfen

den Sterbewilligen gegebenenfalls dabei, religiöse Zeremonien außerhalb des »Exit-House«-Geländes zu arrangieren. Besteht zwischen den Wünschen des Freitod-Kandidaten und denen seiner Familie und seiner Freunde eine Diskrepanz, so bemüht sich »Exit House« um Einigung und unterstützt im Zweifelsfalle die Wünsche des Freitod-Kandidaten.
Wärter und Führer werden unterwiesen, den Freitod-Kandidaten nicht ihre religiösen Meinungen und Anschauungen zu oktroyieren.

Öffnungszeiten für Besucher

Das »Exit-House«-Gelände ist der Öffentlichkeit täglich zwischen der Morgen- und der Abenddämmerung zugänglich. Zwischen zwölf Uhr mittags und fünf Uhr nachmittags finden täglich Führungen statt. Für Bewerber, Familienangehörige und Freunde ist der Empfangssaal rund um die Uhr geöffnet.

Schreiben in einer Lebenskrise
Literarische Zeugnisse

Hans Frick
Die Flucht nach Casablanca
Roman. Band 5078

»Frick gelingt mit diesem Roman eine genaue Milieuschilderung des Alkoholismus. Mit kaltblütiger Akribie versteht er es, den Leser in die traumhafte, perverse Antiwelt eines Trinkers zu entführen. Aus der Distanz, die nur durch Eigenerfahrung entstehen kann, werden Sequenzen eines pathologischen Gehirns offengelegt, die manchmal Alpträume kafkaesker Natur sind.« *Nürnberger Nachrichten*

Caroline Muhr
Depressionen
Tagebuch einer Krankheit. *Band 2035*

Diese Tagebuchaufzeichnungen, mit der letzten Kraft einer Verzweifelten geschrieben, um zu fühlen, noch »ein Mensch« zu sein, sind ein erschütterndes Zeugnis menschlicher und ärztlicher Unzulänglichkeit und ein Stück Literatur zugleich.

Elisabeth Opitz
Horch in das Dunkel
Ein Bericht über eine Depression. *Band 5193*

Elisabeth Opitz hat ihr Buch mit der Schonungslosigkeit eines Menschen geschrieben, der bis an den äußersten Rand seiner Existenz gedrängt worden ist. Sie hatte die Kraft, von dort zurückzukommen, nicht zuletzt deshalb, weil sie für die anderen, die stumm bleiben oder stumm gemacht werden, darüber schreiben wollte, was in unserer vermeintlich wohlgeordneten, humanen Gesellschaft einem Menschen passieren kann, dem es nicht mehr gelingt, täglich die Erwartungen seiner Umwelt zu erfüllen, also zu funktionieren wie alle anderen.

Fischer Taschenbuch Verlag

2